사찰
어느 것도 그냥 있는 것이 아니다

사찰
어느 것도 그냥 있는 것이 아니다

사찰에 담긴 상징과 의미

사찰, 어느 것도 그냥 있는 것이 아니다

1판 1쇄 발행 2008년 3월 14일
1판 15쇄 발행 2023년 3월 31일

지은이 목경찬
펴낸이 정지현
펴낸곳 (주)조계종출판사

출판등록 제2007-000078호
등록일자 2007년 4월 27일
주　소 서울시 종로구 삼봉로 81 두산위브파빌리온 1308호
전　화 02-720-6107
팩　스 02-733-6708
구입문의 불교전문서점 향전(www.jbbook.co.kr) 02-2031-2070~1

ⓒ 목경찬, 2008
ISBN 978-89-86821-76-5 03600

※ 저작권법에 의하여 보호를 받는 저작물이므로 무단으로 복사, 전재하거나 변형하여 사용할 수 없습니다.
※ 책값은 뒤표지에 있습니다.
※ (주)조계종출판사의 수익금은 포교 · 교육 기금으로 활용됩니다.

"힘겹게 찾아온 부처님 품 안,
한걸음에 빠져나가지 마시고 잠시 자리하여

내 마음속 부처님 나라로 다녀감이 어떠하십니까?"

○

책을 펴내며

역마살!

시작은 역마살이었습니다. 집 안에 진득하게 있지를 못했습니다. 산이고 들이고 어디든지 돌아다녔습니다. 집에 있는 날일지라도 어디를 갈까 상상의 날개를 펼쳤습니다. 이십대 초반 부산에서 목포까지 정처 없이 걸어갔습니다. 그 뒤 발걸음은 눈 덮인 겨울산으로 이어졌습니다. 눈 위에 텐트를 치고 눈을 녹여 밥을 해 먹었습니다. 그렇게 보름 또는 한 달 동안 이 산 저 산 다녔습니다.

만남!

또 다른 시작은 만남이었습니다. 우연히, 어쩌면 필연인지도 모릅니다. 어떤 이는 악연이라 농할지도 모릅니다. 술자리에서 만난 선배와 이해관계(?)가 맞아 시작한 것이 한겨레문화센터 사찰기행 강사였습니다. 어디론가 떠날 수 있다는 매력과 밥값이 생긴다는 유혹을 떨쳐버릴 수 없었습니다. 물론 더 큰 것을 얻었습니다. 사찰기행 때마다 함께 한 전문가들로부터 느꼈던 문화를 바라보는 다양한 시각, 그리고 참여자의 사찰에 대한 의문과 질문.

강의!

또 다른 시작은 강의였습니다. 강사 수가 너무 적은 사찰의 교육 현장, 더욱이 불교문화 강사가 많지 않은 현실, 무식하면 용감하다고, 이런 현실에 어깨너머 배운 잔재주로 사찰 불교대학에서 불교문화 강의를 시작하였습니다.

불교!

시작의 기본 바탕에는 부처님 가르침이 있었습니다. '일체유심조(一切唯心造)!' '왜 모든 것을 마음이 만들었다고 하지?' 그 궁금증 속에 뛰어든 불교. 긴 세월 동안 손에 잡힐 듯 말 듯, 아직 그 궁금증은 해결하지 못했습니다. 그러나 부처님 가르침이 너무 좋기에 사람들과 함께 불교를 접하고 싶었습니다. 사람들과 함께 할 수 있는 것 중 하나로 사찰을 생각하였습니다. 어디를 가도 절이 있고, 대부분 절에 대한 궁금증은 있기 때문이었습니다.

이러한 여러 시작이 있었기에 감히 용기를 내어 '사찰문화'에 관한 글을 쓰게 되었습니다. 저는 불교문화를 전문적으로 공부한 사람이 아닙니다. 불교교리 가운데 유식을 전공

하고 있습니다. 그러나 앞에서 언급한 역마살, 사찰기행 강사, 불교문화 강사 등을 하면서 느꼈던 많은 경험과 의문은 제 나름대로 소중하다고 봅니다. 물론 이 소중한 것은 저만의 것이 아닙니다. 불교문화를 전문적으로 연구하신 분들의 결과물이 있었기에 의문을 정리할 수 있었습니다. 선배님께 감사의 마음을 전합니다.

문화는 살아 움직이는 것입니다. 사찰은 박물관이나 민속촌이 아닙니다. 사찰은 대중이 부처님 가르침을 실천하는 도량입니다. 그러한 도량 안에는 어느 것 하나 그냥 있는 것은 없습니다. 아무런 의미가 없어 보이는 것도 다시 보면 훌륭한 가르침을 던져줍니다. 그리고 모든 이들의 정성이 담겨 있습니다.

대웅전이 어떠한 건축 양식이라는 지식보다도, 대웅전에 계신 분이 누구라는 것을 알았으면 합니다. 아니, 대웅전에 계신 분이 누구인지 모르더라도 잠시 법당에 앉아 쉬어 가는 여유가 있었으면 합니다.

아는 만큼 보인다고 합니다. 그러나 이 책을 통해 아는 것 너머를 볼 수 있는 힘이 조금이나마 생겼으면 합니다. 천안 각원사 청동대불을 돌아보고 어떤 보살이 말했습니다.

"저 부처님은 엉덩이가 제일 멋있어!"

많은 시간이 흘렀습니다. 그 흐름 속에는 많은 도움과 힘이 있었습니다. 우선 불법승 삼보님께 감사의 예를 올립니다. 특히 여러 조언과 도움을 주셨던 각 사찰 스님께 감사드립니다. 그리고 제자의 모습을 묵묵히 지켜봐 주시는 지도교수 오형근 교수님, 불교문화에 대한 중요성을 언급해주셨던 목정배 교수님, 막내를 늘 챙겨주셨던 선배님, 미약한 저와 함께 공부했던 각 사찰 불교대학 불자님, 이 책이 나오기까지 함께한 조계종 출판사 여러분 등 모든 분들에게 감사의 마음을 전합니다.

끝으로 고우나 미우나 함께 하는 가족들에게 고마움을 전하며, 특히 저의 서울 생활에 큰 힘이 되어주셨던 숙부님과 숙모님께 이 자리를 빌어 감사드립니다.

2008년 1월 창밖에 흰 눈이 하염없이 내리는 어느 날 오후
사랑하는 사람과 함께 목경찬 씀

차례

| 들어가는 말 |

부처님 뵈러 절로 가는 길 … 14

01
산문과 수미산

고통의 바다를 건너 일주문에 이르다 … 24
남섬부주와 수미산 24   극락교, 해탈교 26   하마비 28   당간지주 30   일주문 32

물러남 없이 불이문에 이르다 … 35
일주문 36   금강문과 천왕문 38   불이문 42   범종각과 사물 45

02
불보살님과 불상

시방세계 한량없는 불보살님께 귀의하며 … 50
많은 불보살님이 계신 까닭 50   불상의 의미 55

원만한 상호로 부처님께서 나투시다 … 60
32상 80종호 60   불상과 수인 62

염원 따라 여법하게 나투신 불보살님 … 73
불상의 분류 73   불보살님 명호 아는 방법 75

보리좌에 앉아 중생을 굽어 살피는 불보살님 … 82
― 삼존불 배치에 대한 몇 가지 기준 ―
시간적 기준 83   공간적 기준 87   체와 용, 또는 정과 동의 기준 88   순차적 기준 91
경전의 근거 94

03
법당을 장엄하다

불국토의 중심, 법당에서 말 없는 법문을 듣다 … 98
지혜와 복덕이 충만한 곳, 법당 98　법당의 구조 100　법당장엄은 부처님의 덕성 102
수미단 103　닫집 104　불단을 돌며 부처님께 예경하다 106

법당을 장엄하며 신심나게 하는 법구 … 109
정성스럽게 불보살님께 공양을 올리다 109　불보살님이 계신 법당을 장엄하다 113
범음으로 불국토를 장엄하다 116　법상에서 사자후를 토하다 121

04
각 법당을 참배하며 불보살님께 예를 올리다

법당 현판은 불보살님의 문패 … 130

지혜와 복덕을 갖추신 부처님이 계신 곳 … 134
적멸보궁 134　대웅전 137　대적광전 140　극락전, 무량수전 144　약사전, 유리광전 147
미륵전, 용화전 149　천불전 153

자비하신 보살님이 계신 곳 … 156
관음전, 원통전 156　지장전, 명부전 160　문수전 164

부처님 가르침이 숨 쉬는 곳 … 166
영산전, 팔상전 166　응진전, 나한전 170　대장전, 장경각 172　조사전 175

이 땅의 신앙이 살아 있는 곳 … 177
칠성각, 북두각 177　독성각, 천태각 179　산신각, 산령각 180　삼성각 182
그 외 가람각 등 183

차례

사찰의 생활 공간 … 186
큰방 187　공양간 188　해우소 190

05 그림으로 나투신 불법승 삼보

불화의 분류 … 194

탱화, 마음의 천에 부처님이 젖어들다 … 197
상단탱화 198　중단탱화 201　하단탱화 204　괘불, 괘불대 205　복장낭 207

벽화, 벽은 벽이 아니라 길이다 … 209
팔상도 210　심우도 213　단청, 오방색으로 불국토를 장엄하다 216

06 말없이 이어지는 불멸의 삼보

부처님이 계신 곳, 탑 … 220
탑은 부처님의 사리를 봉안한 곳 220　탑 이름과 탑의 구조 224　탑과 대승불교 231
금강계단 232

온 누리에 가르침을 비추는 곳, 석등 … 234
석등의 구조와 의미 234　석등의 분류 236　빈자의 일등 237

옛 스님들의 삶이 전해지는 곳, 부도와 비 … 239
부도의 유래 240　다비와 사리 240　부도의 분류 241　부도비 242

07 상징물과 삶의 흔적

불국토를 장엄하는 여러 상징물 … 246
불기 246 십바라밀 248 법륜 250 만 251 일원상 253 원이삼점 254 법계도 256

어느 것도 그냥 있는 것이 아니다 … 259
석조 259 구시 261 드무 261 배례석·봉로대 263 법당 앞 연꽃 모양 기왓장 263
그럼, 이것은? 264

08 사찰 생활과 신행

삼보와 함께 하는 사찰의 하루 … 268
도량석 269 종송 269 사물 270 새벽 예불 271 아침 공양 272 대중공사 274
정진 275 사시마지 278 울력 279 저녁 공양 280 저녁 예불 281
정진 그리고 취침 281

불보살님께 공양 올리고 가피를 구하다 … 283
불공과 법회 283 법회로 지혜를 밝히다 285 천도재, 영가에게 가피를 288

_일러두기

_본문의 사진 설명 중 한 장에 여러분의 부처님이 계실 경우 사진 왼쪽부터 순서대로 부처님의 이름을 붙였습니다.

_부처님의 좌우보처를 설명할 때는 우리가 바라보는 것을 기준으로 하지 않고 부처님의 입장에서 좌우를 명기하였습니다.

_표지 및 본문 속 사진은 모두 저자의 작품이기 때문에 따로 저작권 표기를 하지 않았습니다. 다만 일부 그렇지 않은 사진의 경우, 사진 밑에 별도로 표기하였습니다.

들·어·가·는·말

부처님 뵈러
절로 가는 길

    한때, 사찰이 도시로 내려왔으면 하는 바람이 있었습니다. 물론 지금도 그렇게 주장하는 사람이 많습니다. 그것은 좀 더 많은 이들에게 부처님의 자비가 함께하기를 바라는 마음에서입니다. 이런 생각과 달리 요즈음은 교통이 발달해서인지, 아니면 성장 위주의 현대 문명으로 야기된 정서에 대한 목마름 때문인지, 산사를 찾는 사람들이 많습니다.
    일반적으로 사람들은 절은 산에 있다고 생각합니다. 도심에도 절이 많이 있는데 말입니다. 신라의 수도 경주를 보더라도 수도 중심에 절이 있었습니다. 그런데 왜 사람들은 '절' 하면 산사를 생각하는 것일까요? 그것은 아마 현재 대부분의 절이 산에 있는 데다, 불교 하면 떠오르는 분위기와 느낌 때문이 아닐까 합니다. 그 분위기와 느낌이란 세속과 떨어져 수행하는 분들의 모습을 연상하고, 부처님 가르침 하면 세상과 좀 다른 차원의 가르침으로 여기고 있기 때문이 아닌가 합니다.
    그럼 부처님 당시 절의 위치는 어디였겠습니까? 경전에서는 다음과 같이 말씀하십니다.

봉화 청량사 전경 ⓒ청량사

"부처님께서 거처하시는 곳은 어디가 가장 좋을까. 마을에서 그다지 멀지도 않고 가깝지도 않은 곳으로, 설법을 듣기 위해서 부처님을 찾아오는 모든 사람이 왕래하기에 수월한 장소가 필요하다. 더욱이 낮에는 많은 사람이 내왕하여 붐비는 일 없고, 밤에는 소란스러움이 없는, 조용하게 머물며 조용히 수행하기에 알맞은 곳이어야 한다."

— 『사분율』 32

이 이야기는 부처님께 최초의 절인 죽림정사를 보시한 빔비사라 왕의 생각이기도 하고, 부처님이 가장 많이 머무셨던 기원정사를 보시한 급고독장자(수닷타 장자)의 생각이기도 하였습니다. 이와 같이 부처님 당시 절의 위치는 포교하기 편리하고 수행하기 편리한, 마을에서 가깝지도 멀지도 않은 공간에 위치하였다고 전해집니다. 그 후 절의 위치는 무엇을 중심으로 하는가에 따라, 시대와 자연 여건에 따라 달라졌습니다.

지금 우리나라의 경우 산에 절이 많은 이유는, 조선시대의 억불숭유 정책 때문에 마을에 있던 사찰은 많이 없어지고 산에 있는 사찰이 그나마 남아 있기 때문입니다. 또 하나의 이유는 앞서 말한 바와 같이, 수행 공간으로 혼잡한 마을보다는 산속이 적당하다고 보기 때문에 상대적으로 산에 절이 많은 것이라고 보고 있습니다.

사실 이야기의 주제는 왜 절이 산에 있는가가 아닙니다. 물론 그에 대한 이해도 필요하지만, 무엇보다 '산' 하면 떠오르는 여러 가지 이미지 때문에 이렇게 시작하였습니다. '아늑하다', '멀다', '힘들다' 등등이 떠오를 것입니다. 이런 느낌에서 시작해볼까 합니다.

부처님은 시방삼세 아니 계신 곳이 없습니다. 그렇지만, 우리 같은 아둔한 중생은 무엇인가 시각적으로 보여야 마음을 냅니다. 무엇이라 나타낼 수 없는 근본 자리를 찾아가라고 중생에게 그냥 말하기에는 너무도 어렵습니다. 시방삼세 아니 계신 곳이 없으신 부처님이시지만, 중생은 부처님의 나툼(보여줌)에 신심을 내는 경우가 많습니다.

그래서 부처님(불상)을 조성하여 모셨다고 볼 수 있습니다. 그러한 맥락에서 부처님을 모신 곳도 상징적인 의미가 있습니다.

천상천하무여불 시방세계역무비
天上天下無如佛 十方世界亦無比
세간소유아진견 일체무유여불자
世間所有我盡見 一切無有如佛者

하늘 위 하늘 아래 부처님 같은 이 없고
시방 세계 어디에도 견줄 이 없네
세상 모든 것 내가 다 보아도
일체 모든 것 부처님 같은 이 없네

이처럼 부처님께서는 세상의 모든 이 가운데 어느 누구도 견줄 자가 없으신 분입니다. 그러므로 그러하신 부처님을 중생의 시각에 맞추어서 세상 땅에서 가장 높다고 생각하는 곳, 즉 불교 세계관에서 제일 높은 곳인 수미산 정상에 계신다고 상정한 것입니다. 그래서 법당에 모셔진 부처님이 계신 자리가 바로 수미단(須彌壇)입니다. 따라서 부처님을 뵈러 간다는 것은 높디높은 수미산에 올라가는 여정이라고 볼 수 있습니다.

그러면 출발점은 어디인가? 그 출발점은 남섬부주라고 보는 것입니다. 부처님 당시 세계가 어떻게 구성되었는지, 사람들은 이렇게 생각하였습니다. 가운데 수미산이 있습니다. 수미산을 중심으로 둥글게 나머지 여덟 개의 산이 있어 총 아홉 개의 산이 있습니다. 수미산을 포함하여 아홉 개의 산 사이에 여덟 개의 바다가 있습니다. 이를 9산(山)8해(海)라고 합니다. 그 마지막 바다의 동남서북에 각각 하나의 대륙이 있습니다. 그것을 4대주라고 합니다. 그 중의 하나가 우리가 살고 있는 남섬부주입니다. 남쪽에 있는 섬부주(또는 염부제)라는 말입니다.

우리는 수미산 정상에 있는 부처님을 뵙기 위하여 남섬부주에서 긴 여정을 시작하는 것입니다. 수미산은 그냥 산이 아닙니다. 세상에서 제일 높은 산입니다. 그리고 신성한 산입니다. 그곳에 계신 부처님을 뵈러 간다는 것은 그냥 가는 것이 아닙니다. 단단하게 마음을 먹고 그 마음을 정갈하게 하지 않으면 안 되는 것입니다. 불공드리러 가는 날에는 새벽같이 일어나 몸과 마음을 깨끗이 하셨던 이 땅의 어머님들의 모습에서 그런 마음을 찾아 볼 수 있습니다. 그 고운 마음으로 길을 나서다가도 길가에 동물들의 주검을 보면 당신의 마음이 부족하다 하시며 다시 발걸음을 돌리셨던 어머님들….

강조하여 말씀드립니다. 세상의 모든 것이 가르침 아닌 것이 없다고 합니다. 그러할진대, 삼보가 계신 절을 그냥 지었겠습니까? 그 안에는 다양한 가르침이 녹아있습니다. 어떻게 하면 우리 같은 중생에게 가르침을 전해 줄까 하는 그러한 자비심이 깃들어 있는 곳이 절입니다.

깊은 산속에 있는 절이든, 도심 가운데 있는 절이든, 우리는 긴 여정을 시작하는 것입니다. 시방삼세 아니 계신 곳 없는 부처님이지만, 이 세상에서 제일 높은 곳인 수미산에 계신 부처님을 뵙기 위하여 우리는 길을 떠나는 것입니다. 높은 산을 오르는 동안에 계곡을 만나기도 하고 고개를 넘기도 하는 것처럼, 우리는 부처님을 뵈러 가는 도중에 다양한 생각을 합니다.

좋은 마음을 낼 때도 있지만, 나쁜 마음을 낼 수도 있습니다. '왜 왔는지' 후회를 할 때도 있고, 기쁜 마음에 빨리 가고파 무리할 수도 있습니다. 그러한 것이 길을 떠나는 여정 속에 다 포함되어 있습니다. 그러면서 순간순간 자신의 마음을 살펴보게 됩니다. 가령 산속에 있는 절이라면 굽이굽이 돌아가면서 산속의 기운을 받아 마음이 흥분되기도 하지만, 어떤 때는 무거운 발걸음에 '왜 왔는지' 잠시 엉뚱한 생각을 하기도 합니다. 그러나 지금 가고 있는 이 길이 결코 나만의 길이 아니기에, 그 옛날 스님들과 불자들이 어떤 마음으로 이 길을 지나갔을까, 하며 자신을 돌아볼 수 있습니다.

문화답사를 하는 단체에게 스님이 말씀하셨습니다.

"절을 찾을 때, 그냥 그 절을 보지 말고, 그 부처님을 보지 말고, 그 절을 가꾼 사람들의 마음을, 그 부처님을 모신 대중들의 마음을 살펴보세요. 그 당시 어떤 마음으로 절을 만들었고, 어떤 간절함에 부처님을 모셨는지, 그들의 마음을 살펴보시길 바랍니다."

참으로 중요한 말씀이라고 생각합니다. 지금 우리가 절을 가고 있지만, 결코 나 혼자의 길이 아닙니다. 그 길에는 많은 이의 정성과 노력이 담겨 있습니다. 그런데 우리는 그런 것을 잊고 사는 것이 아닌지 생각해 보아야 합니다. 아니 어쩌면 그런 생각조차 하지 못하고 있는지도 모릅니다.

그런데 이러한 것을 느끼면서 절을 찾고자 한다면, 마음에 조급함이 있으면 안 됩니다. '느림'과 '과정'이 또 하나의 중요한 요소입니다. 우리는 현대 문명의 이기 속에 살다 보니 어느 날 그 '과정'을 무시해 버리고 '결과'만 보게 됩니다. 그러나 그 결과는 무미건조한 증류수와 같습니다. 무슨 말이냐? 지금 우리가 산속에 있는 절에 간다고 생각해 봅시다. 집에서 자가용을 타고

대구 동화사 입구 마애불
비로암 주차장으로 차를 타고 가는 경우 이 부처님을 친견할 수 없다.
옛길 따라 일주문으로 가야 친견할 수 있다.

길을 나섭니다. 도로망의 발달로 길은 쭉 뻗어 있습니다. 그러나 앞에 가는 차만 보이지 도로 옆은 방음벽이나 차단벽 때문에 풍경도 제대로 보이지 않습니다. 굽은 길이라면 지나온 길도 잠시 볼 수 있을 터인데, 쭉 뻗은 길 때문에 그것도 힘듭니다.

여하튼 산에 도착하였습니다. 산 역시 도로 사정이 좋습니다. 바로 절 앞까지 차가 갑니다. 그 옛날 스님들이 구도심으로 거닐던 계곡도 있는지 없는지 도통 알 수 없습니다. 더 심한 경우 일주문을 거치지 않고 옆길로 들어가 바로 절 마당에 들어서는 경우도 있습니다. 그리고 가장 중요시하는 법당 참배를 하고 그렇게 다시 똑같은 방법으로 돌아옵니다.

여기에는 '결과'만 있을 뿐 '과정'이 없습니다. 물론 그 결과도 온전하다고 장담할 수 없습니다. 거기에는 나만이 있을 뿐, 다른 사람의 흔적(스님들의 구도심, 불자의 신심 등등)이나 절 자체가 주는 가르침을 제대로 느낄 수가 없습니다. 그래서 가끔 이야기합니다. 극히 특별한 경우가 아니라면 산 입구에 차를 세워 두고 쉬엄쉬엄 걸어서 절에 가보시라고.

설악산 봉정암을 다녀온 사람들은 대부분 신심이 넘쳐흐릅니다. 만약 봉정암 앞까지 차가 갈 수 있다면 그런 신심이 나올 수 있었을까요? 봉정암이 위치한 장소가 참으로 좋은 곳이기도 하지만, 다른 방도 없이 모든 이들이 걸어서 다섯 시간 이상을 가야만 부처님을 뵐 수 있기에 그런 신심이 나오는 것이 아닌가 합니다.

그 먼 여정을 가면서 얼마나 많은 생각을 하고, 자신의 생각을 살펴볼 시간을 가졌겠습니까? 그 긴 시간 동안 얼마나 간절하게 불보살님을 생각하였겠습니까? 아마 성철 큰스님이 봉정암에 계셨다면 봉정암을 찾아오는 불자님들에겐 굳이 삼천배를 강조하지 않았을 것입니다.

설악산 봉정암 진신사리탑

01

산문과 수미산

고통의 바다를 건너 일주문에 이르다

절은 그냥 산속에 있는 것이 아닙니다. 다양한 가르침을 안고 그곳에 있습니다. 우리가 건너는 다리 하나, 우리가 지나가는 문(門) 하나도 부처님 가르침을 안고 있습니다. 부처님 뵈러 절로 가는 길에도 위대한 가르침이 다양하게 나타나니 우리 중생에게 깨우침을 주고자 하는 자비심을 느낄 수 있습니다.

남섬부주와 수미산

예불문을 보면 석가모니부처님을 '삼계도사(三界導師)'라고 합니다. 즉, 삼계의 중생을 올바르게 이끌어 주시는 스승님이라는 뜻입니다. 여기서 '삼계(三界)'라고 하는 말은 욕계(欲界), 색계(色界), 무색계(無色界)를 말합니다. 욕계에 해당하는 세계는 지옥, 아귀, 축생, 아수라, 인(人), 천(天)입니다. 그리고 욕계천에는 아래부터 사왕천(四王天), 도리천(忉利天, 三十三天), 야마천(夜摩天), 도솔천(兜率天), 낙변화천(樂變化天), 타화자재천(他化自在天)이 있습니다. - 참고로 경전에서 하늘(天)이라고 할 때에는 공간적인 하늘을 말하기도 하지만, 하늘에 살고 있는 중생도 하늘이라고 합니다. 그래서 어떤 곳에서는 하늘중생이라고 표현하기도 합니다. - 색계는 초선천(初禪天), 제2선천, 제3선천, 제4

선천이 있고, 무색계는 공무변처천(空無邊處天), 식무변처천(識無邊處天), 무소유처천(無所有處天), 비상비비상처천(非想非非想處天)이 있습니다.

그리고 경전을 보면 '삼천대천세계(三千大千世界)'라는 말이 많이 나옵니다. 이는 3,000세계를 말하는 것이 아니라 1,000(千)의 3승(乘), 즉 1,000,000,000(십억) 세계를 말합니다. 여기서 한 세계란 다음과 같습니다. 평면으로는 수미산을 중심으로 나이테 모양으로 아홉 개의 산과 여덟 개의 바다가 있습니다. 그 마지막 바다에 우리가 살고 있는 남섬부주(또는 염부제)를 비롯하여 동승신주(불바제), 서우화주(구야니), 북구로주(울단월)의 4대주(大洲)가 있습니다. 그 바다를 마지막으로 철위산이 감싸고 있습니다. 수직으로 볼 때 아래로는 풍륜(風輪), 수륜(水輪), 금륜(金輪)으로부터 위로는 욕계천, 범세(梵世: 색계의 초선천)가 있습니다. 그리고 여기에 해와 달이 포함됩니다. 오늘날로 말하면 하나의 태양계 개념으로 생각하면 될 것 같습니다. 이러한 한

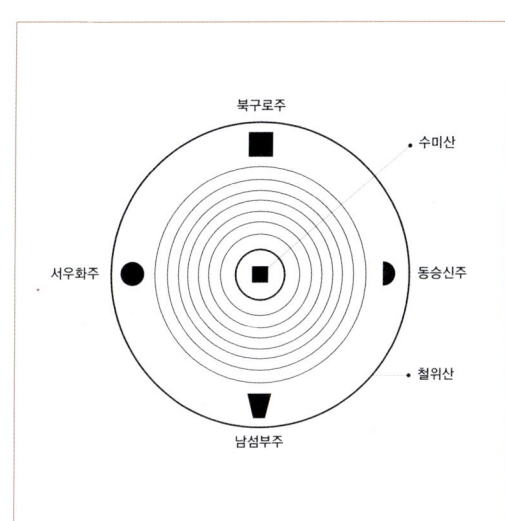

구산팔해(九山八海)

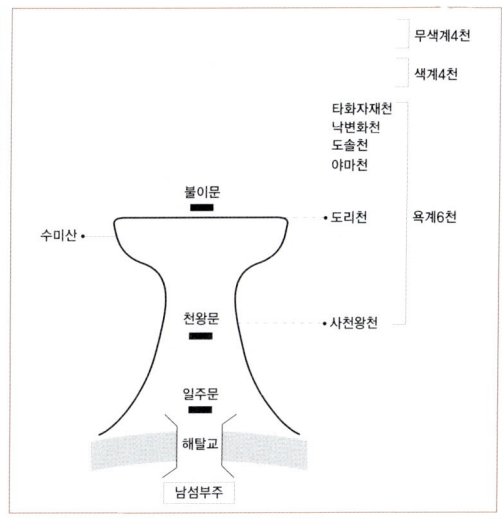

수미산과 산문

세계가 1,000개 있는 것이 소천(小千) 세계이고, 이 소천 세계가 1,000개 있는 것이 중천(中千) 세계이고, 이 중천 세계가 1,000개 있는 것이 대천 세계입니다. 이 대천 세계를 1,000이 거듭 세 번 곱하여졌기 때문에 삼천대천세계(三千大千世界)라 합니다(『구사론』권11 참조). 한편으로 삼천대천세계는 숫자상으로는 10억 세계를 말하지만, 또는 헤아릴 수 없는 세계를 지칭하기도 하고, 한 부처님이 교화하는 하나의 불국토를 말하기도 합니다.

이처럼 불교에서뿐만 아니라 고대 인도의 세계관을 보면, 수미산을 중심으로 세상이 펼쳐져 있습니다. 육지로 볼 때 가장 높은 곳이 수미산입니다. 따라서 부처님이 아니 계신 곳이 없지만, 우리 중생을 위해 가장 높은 곳인 수미산 정상에 부처님이 계신다고 보아 부처님이 자리하고 계신 곳을 수미단(須彌壇)이라고 합니다. 따라서 그곳에 계신 부처님을 뵙기 위해 우리는 남섬부주에서 긴 여정을 시작합니다. 이런 관점에서 절로 가는 길을 살펴보면 자비로운 부처님의 가르침을 느낄 수 있습니다.

극락교, 해탈교

절을 가다 보면 우리는 자연스럽게 개울을 건너는 다리를 만나게 됩니다. 절이 위치한 곳이 산이고, 산이기에 계곡이 있는 것은 당연한 것. 따라서 그 계곡을 건너기 위해서는 조그마한 징검다리나 돌로 만든 다리를 건너게 됩니다. 그런데 이 다리는 그냥 다리가 아닙니다. 수미산 중심의 세계관에서 볼 때, 남섬부주에서 수미산을 가려면 여덟 개의 바다를 건너야 합니다. 지금 건너게 되는 다리는 바로 여덟 개의 바다를 건너는 다리입니다. 그리고 부처님을 뵙기 위해 세상사 고통의 바다(苦海(고해))를 건너는 다리입니다. 그래서 다리에 보면 극락교니, 해탈교니 이름이 붙어 있습니다.

하나 더, 무엇보다 관심을 가지고 살펴보아야 할 것이 있습니다. 바로 다리 밑 천장에 있는 무엇입니다. 자세히 보면 그것이 용(龍)임을 알 수 있습니다. 물론 모든 다리에 있는 것은 아닙니다. 송광사 청량각 다리 밑이나, 선암사 승선교 다리 밑을 보면 용이 있습니다. 왜 용이 있겠습니까? 그 용들은 물을 통해 들어오는 사악한 무리나 기운을 제압하는 역할을 합니다. 즉, 호법신장입니다. 그렇다면 여기서 사악한 무리나 기운은 무엇을 말하겠습니까? 물론 물을 통해 그런 무리가 오는지도 모릅니다. 그러나 불교에서 주고자 하는 가르침은 이중의 의미가 있습니다.

순천 송광사 청량각

순천 선암사 승선교

첫 번째는 사실 그러한 것들일 수 있습니다. 현재 우리의 인식으로 알 수 없는 세상에 대한 설명입니다. 그러나 그것을 알 수 없는 우리에게는 그렇게 지금 당장 중요한 부분이 아닐 수 있습니다. 그렇지만 우리 눈에 보이지 않는다고 하여 그냥 무시할 수도 없습니다. 일단 그 부분에 대해서는 잠시 접어두는 것도 한 방법입니다. 두 번째는 그러한 가르침을 통해 언제나 자기 자신을 돌아보라는 것입니다. 즉, 상징적인 의미로 우리에게 그 상징 너머의 가르침을 던져주는 것입니다. 그렇다면 여기서 사악한 무리나 기운이란 바로 우리 마음속에 있는 것을 말한다고 생각할 수 있습니다. 따라서 이 다리를 건너면서 부처님을 뵈러 가는 스스로의 마음을 살펴볼 일입니다.

하마비(下馬碑)

이렇듯 우리는 다리를 건너면서 자신의 마음을 한번 살펴보고 길을 재촉합니다. 길을 가다 보면 일주문 전에 외나무다리나 하마비(下馬碑)를 만날 수도 있습니다. 옛날에는 말이나 가마를 타고 다녔습니다. 말이나 가마를 타고 절을 찾을 경우, 여기부터는 말이나 가마에서 내려야 합니다. 말이나 가마를 타고서는 외나무다리를 통과할 수 없습니다. '하마비'란 '내릴 하(下)', '말

부산 범어사 하마비

마(馬)'로 '말에서 내리라'는 뜻입니다. '가마'나 '말'은 사회적 신분을 말한다고 볼 수 있습니다. 세상에서 아무리 위세가 있는 사람이라 할지라도 여기서부터는 똑같은 부처님의 제자, 부처님의 신도라는 의미 이외에는 다른 것이 없습니다.

그러면 오늘날 우리가 외나무다리나 하마비를 만났을 때 어떻게 해야 하겠습니까? 예. 대부분 차에서 내려야 한다고 합니다. 다시 한 번 강조합니다. 부처님 가르침은 이중의 의미가 있습니다. 한편으로 실제 형식적인(행동적인) 측면이 있고, 다른 한편으로 내용적인 측면이 있습니다. 차에서 내린다는 것도 어느 의미에서 맞습니다. 그렇다면 차가 없는 사람은 그 표시와 상관없는 것입니까? 아닙니다. 결국 형식이란 내용을 채우고자 하는 것입니다. 내용적인 측면에서 보면 차가 있는 사람이나 차가 없는 사람이나 똑같이 적용됩니다. '말에서 내리라'라는 말은 자신이 가지고 있는 '상(相)을 내려 놓아라'는 뜻으로 이해할 수 있습니다. '내가 무엇이라는 생각을 내려 놓아라'는 것입니다. 즉 하심(下心)을 말합니다. 자신을 내려놓지 않고서는 결코 부처님을 만나 볼 수 없습니다. 자신을 비우지 않고는 자신의 부처를 찾을 수 없습니다.

여기서 '절(寺)'이라는 이름과 의미에 대해 생각해 봅시다. 우선 많은 대중이 모여 수행하기에 가람이라 합니다. 이는 범어(인도어 가운데 하나)로 상가라마를 음역한 승가람(僧伽藍)에서 나온 것입니다. '상가'는 중(衆), '라마'는 원(園)을 뜻해 중원(衆園)이라고 번역합니다. 또한 수행자가 머무는 깨끗한 집이기 때문에 정사(精舍)라고 합니다. 또한 항상 부처님이 계시고 대중이 불법을 배우고 구현하는 곳이기에 도량(道場)이라 합니다. '사(寺)'는 불교 전래와 관련됩니다. 불교가 전해질 무렵 인도 스님들이 중국에 들어왔을 때, 외국 사신을 접대하는 홍로시(鴻盧寺) 관청에 머물게 하였습니다. 나중에 관청을 뜻하는 '시(寺)'와 구별하여 스님들이 수행하는 곳을 '사(寺)'라 하였습니다.

그런데 왜 사찰을 절이라고 했을까요? 누구는 신라에 불교가 처음 전래되었을 때 관계된 모례라는 인물이 살던 '모례(毛禮)의 집'에서 단서를 찾아냅니다. 모례의 모가 '털 모(毛)' 자여서 '털례의 집'으로, 그리고 또 이 털이 음운변화를 하여 절로 불리지 않았을까 추측을 합니다. 또 누구는 '절'에 가면 '절'을 많이 하기 때문에 '절'이라고 한다고 말합니다. 어떤이는 소금에 배추를 절이면 배추의 숨이 죽듯이, '절'은 절을 찾는 사람들의 여러 가지 상(相)을 절이기 때문에 절이라고 한다고 말합니다. 물론 마지막 부분은 세상에 그렇게 회자되지 않은 근거가 희박한 말입니다. 그렇지만, 여러 가지 그럴듯한 말 가운데 소금에 배추를 절이듯이 여러 가지 상(相)을 절이고 자신을 낮추게 한다는 의미에서 '절'이라고 한다는 마지막 말이 제 개인적으로는 가슴에 와 닿습니다.

이처럼 불자가 지녀야 하는 마음 가운데 중요한 것 중의 하나가 하심(下心)입니다.『자경문(自警文)』을 보면 "무릇 하심을 지닌 자는 만복이 스스로 귀의하니라〔凡有下心者 萬福自歸依〕"라고 하였습니다. 이렇듯 외나무다리나 하마비를 통해서 우리는 하심의 가르침을 배웁니다. 그리고 자신을 돌아봅니다. 우리는 그냥 절에 가는 것이 아닙니다. 가는 여정에 그 걸음걸음마다 부처님의 자비로운 가르침과 함께 하는 것입니다.

당간지주

이제 수미산이 가까워졌는지 저 멀리 깃발〔幢(당)〕이 보입니다. 절에 행사

서산 보원사지 당간지주

가 있는 모양입니다. 물론 상상입니다. 오늘날 사찰에는 깃발은 나부끼지 않고, 깃대[幢竿(당간)] 또는 깃대를 지지하던 당간지주만 옛날의 모습을 전합니다. 당간을 찰간(刹竿)이라고도 합니다.

옛날 삼한시대에 천신께 제사를 지내는 신성한 지역인 소도(蘇塗)라는 곳이 있었습니다. 이곳으로 죄인들이 도망쳐 들어오면 나라님도 어쩔 수 없었다고 합니다. 이곳은 세속의 세력이 범접하지 못하는 성스러운 공간이기 때문입니다. 솟대로써 이곳이 신성한 공간임을 알렸습니다.

솟대와 마찬가지로 당간 역시 여기서부터 부처님의 세상임을 알립니다. 그리고 절에 법회나 행사가 있을 때는 깃발을 달아 사람들에게 알립니다. 또는 깃발을 통해 사찰의 종파를 나타내기도 하였습니다. 물론 지금은 당간지

보은 법주사 철당간

주조차 없는 절이 있고, 당간까지 있어도 거의 깃발을 내걸지 않습니다. 하나의 문화가 사라져 갔습니다. 아니면, 필자의 지극한 마음이 부족한 탓에 펄럭이는 깃발을 보지 못했는지도 모릅니다. 여하튼 힘차게 당이 나부끼는 그날을 그려봅니다.

보통 일주문 전에 있는 두 개의 돌기둥이 당간지주입니다. 물론 영주 부석사나 속리산 법주사처럼 일주문 안에 있는 경우도 있습니다. 사찰마다 다 있는 것은 아닙니다. 당간지주는 간혹 보이지만, 당간까지 있는 사찰은 거의 없습니다. 계룡산 갑사와 안성 칠장사 등의 철 당간과, 양산 통도사의 돌 당간 등이 있습니다. 그런데 법당 앞에 쌍으로 있는 것은 당간지주라기보다는, 야단법석을 위해 괘불탱화를 거는 괘불대지주에 해당합니다.

일주문(一柱門)

우리는 긴 여정을 지나왔습니다. 남섬부주에서 여덟 개의 바다를 건너고 일곱 개의 산을 넘어서 이제 겨우 수미산 입구에 도착하였습니다. 지나오는 동안 마음속에 있는 사악한 기운도 살펴보고 마음속에 있는 여러 가지 상(相)들도 내려놓았습니다. 그때 우리 앞에 나타난 것은 일주문(一柱門)입니다. 여기서부터 이제 부처님 세상으로 들어가는 첫 관문입니다. 이 문을 경계로 문밖을 속계(俗界)라 하고, 문안을 진계(眞界)라 합니다. 다시 말하면 우리의 마음을 살펴 다스리지 않으면 결코 일주문 앞에 다가갈 수 없다는 뜻이기도 합니다. 물론 그런 마음을 다스리지 않아도 일주문은 나타납니다. 그러나 그런 경우 일주문은 단지 나무로 만들어진 문일 뿐입니다.

일주문(一柱門)의 한자(漢字)를 그대로 살펴보면 한 일(一), 기둥 주(柱), '하나의 기둥문'이라는 뜻이 됩니다. 그런데 아무리 보아도 기둥이 하나가 아닙니다. 그런데 왜 일주문이라고 하는지, 한때 이해가 되지 않았지만, 나중에 알았습니다. 기둥이 하나이기 때문에 일주문이 아니라, 기둥이 일직선상에 나란히 놓여 있기에 일주문이라고 한다는 사실을. 보통 집을 지으면 네 개의 기둥을 네 모서리에 두고 지붕을 올리는데, 일주문은 일직선상에 네 개(또는 두개)의 기둥을 두고 지붕을 올립니다. 가장 대표적인 일주문이 부산 금정산

부산 범어사 조계문(일주문)

범어사 일주문입니다. 어떠한 보조물도 없이 네 개의 돌기둥 위에 지붕이 있습니다. 지리산 쌍계사 일주문에는 재미있는 안내문이 있습니다. 그곳에는 두 개의 기둥 이외에 보조 기둥이 세워져 있기 때문에 일주문의 맛이 덜하다고 적혀 있습니다.

　그렇다면 이렇게 일직선상에 기둥을 두고 지붕을 올린 의미는 무엇일까요? 그것은 일심(一心)을 말합니다. 긴 여정을 통해 본인의 마음을 살핀 그 결과로 모든 분별된 마음을 버리고 한마음으로 이 문을 통해 부처님께 다가가라는 의미입니다. 하심(下心)이나 일심(一心)은 같은 의미로 이해할 수 있습니다. 하심이란 자신의 마음속에 있는 여러 가지 상(相)을 내려놓는 것이니, 그 마음에는 이렇다 저렇다 잘못된 분별이 없습니다. 이를 무심(無心)이라고 합니다. 그 무심은 분별하는 마음이 없는, 있는 그대로 보는 한결같은 마음이니, 바로 일심(一心)입니다. 즉, 하심(下心)이 무심(無心)이고 무심(無心)이 일심(一心)입니다. 이러한 일심의 마음으로 우리는 일주문에서 합장 반배의 예를 올리고 부처님께 성큼성큼 다가서는 것입니다.

물러남 없이
불이문에 이르다

일주문에서 법당에 계신 부처님을 뵙자면 아직도 많은 여정이 남아 있습니다. 일주문이 산의 초입이라면 부처님이 앉아 계신 법당의 수미단은 산 정상이 됩니다. 우리는 고해의 바다를 건너 이제 부처님이 계신 수미산 밑에 도착한 것입니다. 부처님을 뵈려면 힘든 여정을 또 시작해야 하는데, 그 과정을 절에서는 산문(山門)으로 나타내고 있습니다.

보통 산문은 일주문(一柱門), 천왕문(天王門), 불이문(不二門) 등으로 이루어져 있습니다. 이 산문도 그냥 이름을 붙인 것이 아니고 수미산 중심의 세계관에 따라 전개되어 있습니다. 욕계·색계·무색계 삼계 가운데 욕계에도 여섯 개의 하늘 세계가 있습니다. 사왕천·도리천·야마천·도솔천·낙변화천·타화자재천입니다. 이 가운데 수미산에 걸쳐 있는 하늘 세계가 사왕천과 도리천입니다. 야마천 이후부터는 수미산 위에 있습니다. 따라서 수미산 정상(수미단)에 계신 부처님을 뵙고자 한다면 사왕천과 도리천을 지나게 됩니다. 수미산에 걸쳐 있는 이 두 하늘을 지나야 부처님 나라에 들어가게 되는 것입니다. 부처님의 나라란 탐진치 삼독으로 허망 분별된 경계가 없는, 마음이 청정한 불국토입니다. 이 경지를 불이(不二)라는 말로 표현합니다. 따라서 산문(山門)은 단지 문이 아니라 부처님을 뵙는 긴 여정을 상징적으로 나타내어 우리 중생에게 자비의 가르침을 던져 주는 말 없는 법문(法門)입니다.

양산 통도사 일주문

일주문(一柱門)

일주문에는 천왕문(天王門)이나 불이문(不二門)과 달리 문 중앙에 '天王門', '不二門'이라는 편액이 걸려있지 않습니다. 'ㅇㅇ산 ㅇㅇ사'라는 그 산사의 이름이 적혀 있습니다. 예를 들면, '靈鷲山 通度寺(영축산 통도사)', '伽倻山 海印寺(가야산 해인사)', '曹溪山 大乘禪宗 松廣寺(조계산 대승선종 송광사)' 등입니다. 물론 일부는 '曹溪門(조계문)'이라는 편액이 걸려 있기도 합니다. 옛날 중국에서 교화를 펼치신 육조 혜능 스님께서 머무신 마을이 조계(曹溪)였습니다. 옛부터 우리나라는 혜능 스님의 가르침을 이어받는다는 의미에서 조계라는 말을 사용하였습니다. 그 스님의 가르침을 이어받는다는 것은 부처님 가르침을 이어받는다는 것과 다르지 않습니다. 즉, 일주문을 들어서는 순간 다시 한 번 부처님의 가르침 속에 살며 자신을 살펴보게 됩니다. '入此門內 莫存知解(입차문내 막존지해)' 가끔 일주문 기둥에 쓰여 있는 이 주련(柱聯)의 내용이 하심(下心)의 가르침을 강조합니다. '이 문에 들어서고자 하면 알음알이를 내지 마라.' 알음알이[知解]란 세간의 분별과 시시비비를 말합니다.

그리고 일주문에는 그 사찰의 사격(寺格: 절집 안에서 그 사찰의 위치, 그 사찰의 자부심)을 나타내기도 합니다. 불보사찰인 통도사의 경우에는 '國之大刹, 佛之宗家(국지대찰 불지종가: 나라의 큰절이며, 불자들의 종갓집이다)'라고 되어 있고, 법보사찰인 해인사의 경우에는 일주문 뒷면에 '海東第一道場(해동제일도량)'이라고 되어 있고, 승보사찰인 송광사의 경우에는 '僧寶宗刹曹溪叢林(승보종찰조계총림)'이라고 되어 있습니다. 한편, 가끔 일주문에 있는 현판을 통해 역사를 알 수도 있습니다. 가령, 선암사의 경우 일주문 앞면에는 '曹溪山 仙巖寺(조계산 선암사)'라는 편액이 있지만, 일주문 뒷면에는 '淸凉山 海川寺(청량산 해천사)'라는 편액이 있습니다. 그 이야기는 이렇습니다. 옛날 절에 불이 많이 나기에 물과 관계되는 이름으로 산과 절 이름을 바꿨다고 합니다. 그래도 또 불이 나자 다시 원래 이름으로 사용하였다는 것입니다.

일주문은 이제 시작에 불과합니다. 수미산의 초입이라는 것입니다. 이제 부처님 가르침을 맛보았다는 것뿐입니다. 마음이라는 놈은 언제 어디로 튈지 모릅니다. 그래서 부처님은 '심원의마(心猿意馬)'라고 하였습니다. 원숭이가 이 나뭇가지에서 저 나뭇가지로 옮겨가듯이 우리의 마음은 끊임없이 이어져 가고, 우리의 생각은 말처럼 밖으로 내달리기만 한다는 것입니다. 비록 지금 마음이라는 놈을 알기는 했지만, 언제 어떻게 될지 모르는 일입니다. 굳이 지금 산사를 찾아 일주문 앞에 서 있지 않아도 지금 이 순간 신행 생활을 하는 우리의 마음의 위치가 그렇다는 것입니다.

그러나 부처님의 자비심이 있기에 여기까지 와서 일심으로 합장의 예를 올리는 것입니다. 일단 그 놈을 잡아두기 위해서 부처님은 자비심으로 여러 방편을 사용하셨던 것입니다. 복을 구하고자 하는 이에게는 복을 이야기하고, 지혜를 구하고자 하는 이에게는 지혜를 이야기하고, 삶의 고통을 풀고자 하는 이에게는 고통의 해결책을 이야기하고, 이런 동기 저런 동기를 헤아려 부처님께서는 여러 방편으로 하나의 가르침으로 인도하셨던 것입니다. 이를

『법화경』의 중심 교리인 회삼귀일(會三歸一)로 풀이하기도 합니다. 성문승에 대한 가르침, 연각승에 대한 가르침, 보살승에 대한 가르침으로 방편을 써서 우둔한 중생을 이끈 뒤, 이제 하나의 가르침, 일불승(一佛乘)의 가르침으로 나아가게 하시는 것입니다. 일불승(一佛乘), 일승(一乘)의 가르침이란 '중생이 바로 부처'라는 것입니다. 이런 관점에서 보면, 이제 법당의 부처님이란 바로 내 안의 부처님을 말하며, 일주문을 지나는, 이 길은 바로 자신의 마음자리를 찾아가는 여정이 되는 것입니다.

금강문(金剛門)과 천왕문(天王門)

이제 새로운 다짐으로 수미산을 오르게 됩니다. 그것이 자신의 마음자리를 찾아가는 여정이든, 늘 지혜와 자비로써 감응을 필요로 하는 부처님을 뵈러 가는 여정이든, 험한 산을 올라가야 합니다. 산을 올라갈 때는 좋은 경치에 마음을 빼앗기기도 하고, 힘든 길에 땀을 뻘뻘 흘리며 '왜 왔던고' 하며 후회하기도 합니다. 부처님 뵈러 가는 길도 마찬가지입니다. 부처님 가르침을 맛보고 나서 기뻐했던 마음도 잠시, 많은 생각이 일어납니다. '이 정도로 만족하지 뭐'부터 '과연 이 길이 맞는 길인가?'까지 다양한 생각이 듭니다. 이러한 생각들을 불교에서는 마장(魔障), 또는 마구니라고 합니다. 이는 신행의 길을 방해하는 여러 사항들을 말합니다.

이러한 마음 상태에 대해 경책의 가르침을 상징하는 것이 금강문(金剛門)과 사천왕문(四天王門)입니다. 보통 일주문 다음에 사천왕문을 지나게 되지만, 어떤 경우에는 일주문과 사천왕문 사이에 금강문이 있습니다. 그리고 금강문이 없는 경우, 사천왕문 문짝에 금강역사를 그림으로 모시기도 합니다.

금강문(金剛門) - 금강문 안에는 두 분의 금강역사가 눈을 부릅뜨고 지나가는 중생들을 지켜봅니다. 금강역사는 사찰에 범접하는 삿된 무리를 다스리는 호법신장입니다. 보통 법당 쪽에서 볼 때 왼쪽에 계신 분이 나라연(那羅延)금강이고 오른쪽에 계신 분이 밀적(密迹)금강입니다. 나라연금강은 코끼리 1백 마리나 되는 힘을 가지고 있으며 '아(阿)' 하고 입을 벌리고 있습니다. 그래서 아금강역사라고도 합니다. 밀적금강은 손에 금강저를 들고 있으며 항상 부처님을 호위하는 야차신의 우두머리로서 '훔(吽)' 하고 입을 다물고

김천 직지사 금강문

서울 삼천사 (훔)금강역사

서울 삼천사 (아)금강역사

있습니다. 그래서 훔금강역사라고도 합니다. 밀적금강은 비밀스런 부처님의 행적을 듣고자 원을 세웠으므로 밀적이라고 합니다. 참고로, 여기서 '아'는 우주의 첫소리, 우주가 열리는 소리이며, '훔'은 우주의 끝소리, 우주가 닫히는 소리입니다. 이 '아'와 '훔'을 합치면, 우리가 잘 아는 '옴'이라는 소

리가 됩니다. 따라서 진언 앞에 있는 '옴'이라는 소리는 우주의 처음과 끝, 우주의 모든 것을 아우르는 소리입니다.

보은 법주사 천왕문

천왕문(天王門) 또는 사천왕문(四天王門) - 사천왕은 원래 수미산 중턱에 걸친 사천왕천에 사는 천신(天神)이었지만, 부처님의 가르침에 감복하여 불법을 지키는 신장으로 거듭난 이들입니다. 즉, 호법신장(護法神將)입니다. 각각 동남서북 - 지금은 동서남북이라고 하지만, 경전에는 동남서북의 순서로 이야기합니다. - 을 지키는 천왕은 지국천왕(持國天王), 증장천왕(增長天王), 광목천왕(廣目天王), 다문천왕(多聞天王)이라고 이름합니다.

법당 쪽에서 볼 때 이들은 천왕문 왼쪽 안쪽부터 시계방향으로 각각 검, 용과 여의주, 삼지창과 보탑, 비파(또는 비파, 검, 용과 여의주, 삼지창과 보탑) 등의 지물(持物)을 들고 있습니다. 그러나 지물이 반드시 이와 같지는 않습니다. 또한 경전마다 서로 다르게 서술되어 있습니다. 현재 사찰 안내서에서도 두 가지 설명이 있습니다. 혹은 검을 든 이부터 지국천왕(동) 등으로 설명하고, 혹은 비파를 든 이부터 지국천왕(동) 등으로 설명합니다. 얼굴색도 다릅니다. 이는 오방색을 나타내는 것으로 청색(동), 적색(남), 백색(서), 흑색(북) 등으로 되어 있습니다. 이는 동북아시아의 오행설(五行說)과 관련되어 있습니다. 참고로 나머지 한 가지 색은 중앙으로 황색인데, 이는 황금색을 띠는 부처님을 생

광목천왕(혹은 다문천왕)

다문천왕(혹은 지국천왕)

증장천왕(혹은 광목천왕)

지국천왕(혹은 증장천왕)

각해볼 수 있습니다. 다음은 이러한 내용을 표로 나타내었습니다.

방위	천왕	지물	피부색
동	지국천왕(持國天王)	검 / 비파	청색
남	증장천왕(增長天王)	용, 여의주 / 검	적색
서	광목천왕(廣目天王)	삼지창, 보탑 / 용, 여의주	백색
북	다문천왕(多聞天王)	비파 / 삼지창, 보탑	흑색

이처럼, 금강역사와 사천왕은 불법을 지키는 수호신에 해당합니다. 그러면 삿된 무리란 무엇을 의미할까요? 이 역시 두 가지 의미로 받아들일 수 있습니다. 우선 불법을 훼손하는 실제 삿된 무리를 말할 수 있습니다. 부처님 법을 비방하고 훼손하는 이들 말입니다. 그런데 다시 생각해보면, 이 삿된 무리란 바로 지금 이 길 도중, 부처님 법을 공부하는 도중에 일어나는 내 마음의 삿된 생각을 말합니다. 수미산 초입인 일주문에서 부처님 가르침을 맛보고 마음을 새롭게 하였습니다. 허나 산문을 들어섰지만, 아직도 그 마음이 견고하지 못하여 온갖 삿된 생각이 일어나는 것입니다. 산은 험하고 길은 멀고 부처님은 아직 보이지 않고 시간만 가는 듯하니, 어쩌면 당연한 생각인지도 모릅니다. 이때 다시 한 번 계기가 필요합니다. 그 때문에 금강역사와 사천왕의 모습으로 부처님이 자비심을 나투시는 것입니다. 사천왕의 발밑에 있는 중생이 다름 아닌 내 마음속 삿된 생각입니다.

불이문(不二門)

이러한 마음을 잘 다스려 나아가면 저 멀리 불이문(不二門)이 보입니다. 부처님이 계신 불국정토에 들어가는 문입니다.

부산 범어사 불이문

　여기서 잠시, 도리천에 대해 설명하고 넘어가야 할 것 같습니다. 앞서 말씀드렸듯이 수미산에 걸쳐 있는 하늘이 사천왕천과 도리천이라고 하였습니다. 그렇다면 수미산 정상에 이르기 전 도리천도 거치게 되어 있으니, 도리천도 언급할까 합니다. 도리천(忉利天)에서 '도리'란 인도말로 33에 해당합니다. 즉 도리천은 33천을 말합니다. 동남서북에 각각 여덟 하늘이 있고 중앙에 한 하늘이 있으니, 모두 합하여 33천이 됩니다. 그 중앙에 있는 한 나라가 바로 제석천입니다. 인도말로 '인드라(또는 인다라)'라고 합니다. 이 제석천이 살고 있는 궁의 하늘은 그물이 감싸고 있는데, 그물코마다 보배 구슬이 있습니다. 이에 그 보배 구슬 구슬마다 서로 보배 구슬을 비추고 있으니, 그 수가

경주 불국사 자하문

헤아릴 수 없이 서로 연결되어 있습니다. 이 하늘 그물을 '인드라망'(또는 인다라망[因陀羅網])이라고 합니다. 참고로 예불문에 '제망찰해(帝網刹海)'에서 '제망'이 바로 '제석천궁의 그물'을 말합니다. 따라서 '제망'이란 헤아릴 수 없이 많다는 뜻이 됩니다. 이러한 도리천을 나타내는 상징물이 바로 불국사의 청운교와 백운교입니다. 청운교와 백운교의 33계단을 밟고 올라서면 불이문에 해당하는 자하문(紫霞門)이 나옵니다. 그런데 실제 계단 수는 34개입니다 - 3을 좋아하는 문화 배경 탓인지 상징적으로 33개로 봅니다. 여기서 '자하문'의 '자(紫)'란 '자금(紫金)'색을 말하며, 자금색은 붉은 기운이 도는 황금색을 말합니다. 즉 부처님을 나타냅니다. 따라서 '자하(紫霞)'란 부처님의 서기가 안개(霞)처럼 풍겨 나오는 것을 말합니다. 즉 불국정토를 나타내는 말입니다.

불이문(不二門) - 이제 긴 여정이 끝나고 있습니다. 남섬부주에서 여덟 개의 바다와 일곱 개의 산을 넘고 수미산 입구에 도착한 뒤, 거친 숨을 몰아쉬고 이제 수미산 정상에 올라왔습니다. 산 정상에 올라선 순간, 모든 생각이 사라지고 단지 산, 하늘, 구름, 바람과 더불어 하나가 됩니다. 불이(不二), 모든 분별이 사라진 자리, 망상으로 인한 온갖 시시비비가 사라진 자리. 이제 물러남도 없이 나아감도 없이 모든 망상이 멈춰 버립니다. 이를 해탈이라고 합니다. 불이문을 해탈문(解脫門), 또는 극락문(極樂門)이라고 합니다. 이 문을 들어서면 이제 부처님 나라, 불국정토입니다. 저기 보이는 법당 중앙 문을 통해 부처님께서 그윽한 미소를 보내고 계십니다.

완주 송광사 십자각(종루)

범종각(梵鐘閣)과 사물(四物)

불이문을 통과하면서 만나게 되는 것이 범종각 또는 범종루입니다. 범종각에는 범종, 법고, 목어, 운판 등 사물(四物)이 갖추어져 있습니다. 사물이 모두 갖추어져 있기도 하지만, 범종만 있는 경우도 있습니다.

사물들은 각기 소리를 내어 먼 길을 떠나온 수행자를 맞이합니다. 범종각이 불이문에 해당하는 누각으로 되어 있거나 혹은 불이문과 거의 일직선상에 놓여 있거나 혹은 약간 안쪽에 위치해 있는 것은, 바로 수행자가 드디어 부처님 나라, 불이의 경지에 들어왔음을 증명하며 축하해 주고자 연주하는 곳이기 때문이라고 풀이하기도 합니다. 쉽게 말하면, 부처님 나라에 들어선 것에 대해 축하 공연을 하는 곳입니다.

보통 사물은 부처님의 가르침을 널리 전해 시방중생을 구제하는 법구(法具)로 봅니다.

범종(梵鐘)은 천상과 지옥 중생을 제도하기 위한 것입니다. 처음에 범종은 수미산

성덕대왕신종(국립경주박물관)

중턱을 지나온 수행자를 격려하는 것을 상징하였다고 합니다. 양산 통도사 범종루가 천왕문을 지나자마자 있고, 영주 부석사의 범종각이 안양루 밖에 있는 것은 이 이유 때문이 아닐까 생각해봅니다. 그 뒤 지옥 중생을 구제하는 것으로 확대되어 범종에 지장보살과 관세음보살을 새기게 되었습니다. 이는 왕생 신앙과 관련되어 있다고 봅니다. 보통 새벽에는 28번, 저녁에는 33번 친다고 합니다. 욕계 6천, 색계 18천, 무색계 4천 도합 28천 중생을 깨우는 의미라고 하며, 사왕천을 지나 수미산 정상에 들어서기 전 도리천(33천)의 문을 열고 닫는 의미라고 하지만, 아직 '이것이다' 라고 확정된 이유는 없습니다. 또는 사찰마다 횟수를 달리 하기도 합니다.

예산 수덕사 법고

법고(法鼓)는 '법을 전하는 북'으로 네 발 달린 짐승을 비롯한 각종 육지 중생을 제도하기 위한 것입니다. 북 양편으로 각각 암소와 수소 가죽을 대어 음양의 조화를 이룹니다. 보통 마음 심(心)자를 그리듯 두드립니다.

김천 직지사 운판

운판(雲版)은 날아다니는 중생이나 허공을 떠도는 중생을 제도하기 위한 것입니다. 청동이나 철을 이용해 구름 모양으로 만든 판이기에 운판이라고 합니다. 보살상이나 '옴마니 반메훔' 등의 진언, 구름과 달, 또는 사찰명을 새겨 두기도 합니다. 처음에는 부엌 등에 두어 공양 시간이나 재(齋) 시간을 알려주는 도구였는데, 부처님 가르침을 전하는 법구로 격상되었습니다.

파주 보광사 목어

목어(木魚)는 수중 중생을 제도하기 위한 것입니다. 나무로 큰 물고기 모양을 만들어 그 속을 파내고, 그 배 안쪽을 작은 막대기로 두드려 소리를 냅니다. 한편, 물고기는 늘 눈을 뜨고 있기 때문에 수행자는 늘 깨어 있는 상태에서 부지런히 정진해야 한다는 뜻을 지닙니다.

옛날 한 스님이 강을 건너는데, 등에 나무가 자라있는 물고기가 다가와 슬피 울었습니다. 스님은 전생의 제자인 줄 알고 도력으로 그 나무를 뽑고 법을 설해 주었습니다. 꿈에 제자가 나타나 고마움을 전하면서, 그 나무로 법구를 만들어 달라고 하였습니다. 그러면 그 소리를 듣고 수중 중생이 제도될 수 있을 뿐만 아니라 자신의 일이 다른 사람에게 교훈이 될 것이라고 하였습니

천안 각원사 대웅보전 내벽

다. 이리하며 만든 것이 목탁 또는 목어입니다.

이렇듯, 범종각의 사물은 부처님 가르침을 알려 중생을 제도하는 법구입니다. 이런 까닭에 범종각은 큰법당의 오른쪽에 있습니다. 불교에서는 본체[體(체)]는 중앙 또는 왼쪽인 반면, 그 작용[用(용)]은 오른쪽에 위치하는데, 법당은 부처님의 근본 자리로서 체(體)인 반면, 범종각은 부처님의 가르침을 전하는 소리로서 용(用)으로 이해하기 때문입니다. 또 어떤 이는 법당을 중심으로 왼쪽에는 비워 두고 오른쪽에 범종각을 두기 때문에 색공의 관점에서 이야기하기도 합니다. 물론 이러한 범종각의 위치 또한 사찰 측의 여건에 따라 다소 차이가 있습니다.

이제 범종각에서 울리는 범음(梵音) 속에 성큼 부처님 나라로 들어섭니다.

02

불보살님과 불상

시방세계 한량없는
불보살님께 귀의하며

불이문을 지나거나, 혹은 범종루, 또는 많은 대중이 법문을 듣기 위해 법당 앞에 마련된 누각 밑을 지나면 절 마당이 드러납니다. 남섬부주에서 산 넘고 물 건너 수미산에 도착하여, 일주문, 천왕문, 불이문을 지나 이제 부처님 세계에 들어왔습니다. 참으로 신성한 공간입니다. 절 마당이 끝나는 무렵에 불보살님이 계신 법당이 보입니다. 그 이름도 다양합니다. 대적광전, 대웅전, 영산전, 원통전, 지장전 등등입니다. 일반 가정을 방문하였을 때 먼저 어른께 인사드리듯이 부처님 나라에 들어섰다면 제일 먼저 부처님께 인사드려야 하는 것은 당연한 일. 조심스럽게 가운데 문과 길[御間(어간)]을 피해 양쪽 문으로 들어가 부처님께 삼배의 예를 올립니다. 수미단에 자리한 부처님께서 그윽한 미소를 머금고 나그네를 따뜻하게 맞이해 주십니다.

많은 불보살님이 계신 까닭

사람들은 가끔 이런 질문을 던집니다. "불교에서는 많은 부처님과 보살님이 등장하는데 실제 계신 분들입니까?" "한 분의 부처님만 계시면 되지 왜 그렇게 많은 불보살님이 계십니까?" 경전을 보면 진짜 많은 부처님이

안동 봉정사 만세루 아래에서 본 대웅전

구례 화엄사 천불보전

등장합니다. 그 이름도 다 기억할 수 없을 정도로 많습니다. 비로자나부처님, 노사나부처님, 석가모니부처님, 아미타부처님, 약사여래부처님, 미륵부처님 등등 이외에, 요즈음 편집된 『만불명호경(萬佛名號經)』 속 만 분의 부처님을 보면 그렇습니다. 그 외 보살님도 많습니다. 문수보살, 보현보살, 관세음보살, 지장보살 등등입니다. 그렇다면 그렇게 많은 불보살님이 실제 계신 것일까?

이 점은 참으로 대답하기 쉽지 않습니다. '실제 계신다'라는 말을 어떻게 이해할 것인가부터 생각해보아야 합니다. 사실 경전을 제외한 인간 역사를 기록한 책이나 유적을 보면, 석가모니부처님 이외에 인간 역사에 실제 존재하였다는 증거는 현재 발견되지 않고 있습니다. 물론 개인적으로 불보살님을 친견했다는 기록들은 많습니다. 그러나 그것은 개인적인 기도 속에서 만나게 되는 분들입니다. 가령 석가모니부처님을 제외하고 다른 불보살님의 경우 언제 어디서 인간 세상에 오셨다가 언제 어디서 교화를 베풀다가 언제 어디서 열반하셨다는 기록이 현재 없다는 것입니다. 그렇다면 그러한 불보살님이 실제 존재하지 않다고 해야 하는가? 이점 또한 단정할 수 없습니다. 우리는 우리 인간 세계 안에서 판단하기 때문에 우리 세계를 벗어난 것에 대해 무엇이라고 말할 수 없습니다. 앞서 말했지만 불보살을 친견하셨다는 분들도 있고, 근래 중국 스님께서는 서방정토까지 다녀오셨다고 글을 쓰기도 했으니 말입니다. 실제 제가 불보살님을 친견하였다고 하여도 여기에 계신 어떤 분은 제 말을 인정할 수도 있고, 어떤 분은 그러려니 할 수도 있습니다. 사실 '실제 계신다'라는 의미는 사람마다 다를 수 있습니다. 어떤 이는 이중적인 의미로 '우리 중생들 모두 부처님이고 보살님'이라는 의미에서 '불보살님은 계신다'라고 말하는 경우도 있습니다.

따라서 '실제 그분들이 계신가?' 하는 측면보다는 '왜 그렇게 많은 불보살님이 등장하는가?'가 의미 있는 질문이 아닌가 합니다. 그렇다면 왜 그렇게 많은 불보살님이 등장하는가? 이에 대해 여러 견해가 있습니다만, 두 가지 정도 제시해보려고 합니다.

첫째, 불교에서는 '모든 이가 부처님'이라고 합니다. 따라서 역사상 석가모니부처님 이외에 과거에도 수많은 부처님이 계셔야 하고 현재에도 수많은 부처님이 계셔야 하며 미래에도 많은 부처님이 계셔야 합니다. 이런 측면에서 시간적으로 공간적으로 수많은 부처님이 등장한다고 볼 수 있습니다. 과거칠불, 연등부처님, 미륵부처님의 경우 시간적인 측면에서 언급했다면, 서방정토 아미타부처님이나 동방유리광정토 약사여래부처님의 경우는 공간적인 측면에서 언급했다고 볼 수 있습니다. 그리고 어쩌면 시방세계 한량없는 부처님의 모습이란 바로 우리 중생의 본모습(불성)을 다양하게 말하는 것인지도 모릅니다.

둘째, 우리 중생의 살아온 과정이 달라 그 업이 천차만별입니다. 그러한 업으로 인해 중생의 이해와 요구는 너무도 다양합니다. 따라서 중생이 불보살님께 바라는 바가 똑같을 수 없습니다. 그러한 바람에 따라 불보살님의 가피가 다양하게 드러난다고 할 수 있습니다. 어떤 이에게는 석가모니부처님의 모습으로, 어떤 이에게는 약사여래부처님의 모습으로, 어떤 이에게는 관세음

청도 운문사 대웅보전 불단 뒤 벽화(관음응신도)
관음보살이 중생을 제도하고자 나투신 수많은 모습

보살님 등등의 모습으로 말입니다. 어쩌면 이러한 다양한 불보살의 모습은 부처님이 중생에게 다가가는 다양한 방편(方便)을 나타내는 것인지도 모릅니다.

이런 측면에서 불보살님을 이해한다면 내 주변 사람들이 단순하게 보이지 않게 됩니다. 어쩌면 내 남편이, 내 아내가, 내 부모님이, 내 아들이, 내 상사가, 내 부하 직원이 바로 불보살의 모습인지도 모릅니다. 우리에게 가르침을 주고자 하는 불보살의 화현(化現)으로 말입니다.

불상의 의미

또 하나의 질문이 있습니다. 이는 주로 불교 바깥에서 비난조로 하는 물음이기도 합니다. '불상은 우상이 아닌가?' 물론 여기서도 '우상'이란 말을 어떻게 이해하는가가 중요합니다. 타 종교인이 말하는 의미에서 우상이란 그들이 믿는 절대자 이외에 다른 모든 숭배의 대상을 형상화한 것은 모두 우상입니다. 그들이 믿는 절대자를 형상화한 것도 우상이라고 여기는 쪽도 있습니다. 이런 의미에서만 본다면 그들의 입장에서 불상은 우상일 수 있습니다. 그러나 이 말을 다른 종교인이 이야기했다고 해서 거부반응을 가질 필요는 없습니다. 이 말을 통해 우리 스스로 살펴볼 일입니다.

일반적으로 불보살님을 형상으로 모시기 시작한 것은 1세기 말엽부터라고 합니다. 물론 『증일아함경』 제28권을 보면 부처님 당시에도 불상을 모셨다는 기록이 나옵니다. 석가모니께서 도리천에 있는 마야부인을 위해 법을 설하러 올라가셨습니다. 이때 인간 세상에는 오랫동안 부처님을 뵙지 못한 파사익왕과 우전왕이 부처님을 뵙고 싶어 병이 났습니다. 이에 왕의 병을 낫게 하고자 우전왕과 파사익왕의 신하들이 각각 붉은 전단나무와 자마금(紫磨金)

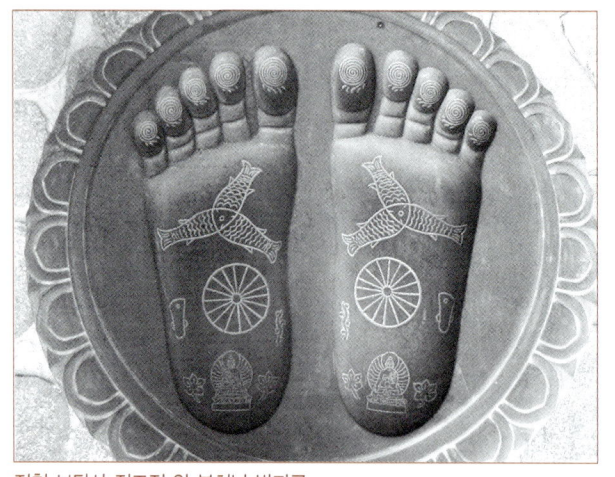
진천 보탑사 적조전 앞 부처님 발자국

金)으로 부처님 형상을 모셨습니다. 이것이 최초의 불상이라고 합니다. 물론 어떤 이는 이 내용 자체가 후기에 첨가된 내용이라고 주장하는 이도 있습니다. 1세기 이전에 발견되는 불상이 전무하기 때문인지도 모릅니다. 그러나 그렇다고 해서 그 내용이 막연히 후대에 첨부되었다고 단정할 수도 없습니다. 부처님 당시 불상을 모셨지만, 이후 여러 사정에 따라 불상을 더 이상 모시지 않았을 수도 있기 때문입니다.

하여튼 학술적으로는 1세기 말엽 이전을 무불상(無佛像) 시대라고 합니다. 이때에는 부처님 형상(불상) 대신 보리수, 법륜, 탑 등을 예배의 대상으로 하였다고 봅니다. 그러면 왜 부처님 모습을 모시지 않았을까? 여기에는 교학적 근거와 신앙적 근거 때문이라고 봅니다. 교학적 근거는, 열반에 드신 부처님은 눈으로 볼 수 없는 분으로 그 모습을 파악할 수 없기 때문에 부처님을 인간의 모습으로 표현하는 것은 논리적으로 불가능한 일이라는 것입니다. 신앙적 근거는, 부처님을 보통 사람과 동일하게 나타내는 것이 무례한 일이며 깨달음을 얻어 무한한 덕을 간직한 부처님을 감히 유형의 상에 한정시킨다는 것은 용납할 수 없는 행위라는 것입니다. 그러나 대승불교가 등장하면서 불신관(佛身觀)의 변화, 불자들의 간절한 신앙적 염원이 어우러져 1세기 말엽부터 불상이 조성되었다고 합니다.

이처럼 『증일아함경』과 현대 학문적 성과를 볼 때, 부처님에 대한 그리움과 존경심, 그리고 간절한 신앙의 염원에서 불상을 모셨다는 것을 알 수 있습니다. 그런데 앞서 언급한 『증일아함경』을 보면 불상 조성과 예배에 대한 부처님의 자비로운 가르침을 볼 수 있습니다.

만일 부처님께 예배하려 하거든
지난 과거나 장차 올 미래나
그리고 지금의 현재에 있어
그것 모두 공(空) 법이라 관찰하여라.
…
세 갈래 나쁜 길에 안 떨어지고
마침내는 저 천상에 태어나
거기서 그는 천상 왕이 되나니
부처님의 형상을 만든 복이다.

일단 뒤의 게송은 앞서 파사익왕과 우전왕에게 불상을 모신 공덕을 부처님께서 말씀하신 것이고, 앞의 게송은 수보리 등에게 '부처님께 예배한다'는 진정한 의미를 말씀하신 내용입니다. 모든 것에는 형식과 내용이 함께 갑니다. 특히 마음 공부를 하는 신행에 있어서는 더욱 그러합니다. 마음은 보이지 않습니다. 보이지 않는 마음을 '닦아라' 하거나 '네 마음속의 부처님을 찾아라' 하면 초심자들에게는 뜬구름 잡는 것이나 다름없습니다. 따라서 내용을 채우기 위한 형식이 필요합니다. 보이지 않는 마음을 다스리기 위해서 보이는 무엇이 필요합니다. 부처님이 계시지 않을 때 부처님 형상을 모셔 놓고 그 마음을 달랬던 파사익왕과 우전왕처럼, 대승불교도들이 부처님에 대한 간절한 신앙의 염원으로 부처님 형상을 모셨던 것처럼, 보이는 부처님 형상을 통해 하염없이 자신을 낮추어 갈 때 보이지 않는 마음을 다스릴 수 있는 근거가 될 수 있다는 것입니다. 이때 불상은 우상이 아니라 바른 길을 찾아가게 하는 부처님의 자비로운 가르침이자 불보살의 화현이라는 것입니다. 우상이란 그 불상 자체에 있는 것이 아닙니다. 즉, 보이는 부처님 형상을 통하여 보이지 않는 내 마음의 부처님을 찾아가는 것입니다. 따라서 만약 그 바깥 형상에 머문다면 부처님의 가르침을 제대로 받아들인 것이라고 볼 수 없습니다. 그리고 우상이라는 것도 형상으로 모신 것을 말하는 것이 아니라 형상으로 모시든 마음속으로 그리든 그것을 실체화하고 무조건적으로 절대시한다면 그것이 우상이 아닌가 합니다.

이러한 의미에서 앞의 부처님 말씀은 다시 새겨 볼 내용이 있습니다. 부처님 형상을 만든 공덕은 천상에 태어난다고 언급하셨다는 것입니다. 이를 인천교(人天敎)라고 할 수 있습니다. 인간이나 하늘에 태어나는 가르침이라는 것입니다. 그러나 인간이나 하늘에 태어나는 것이 궁극적인 부처님의 가르침은 아닙니다. 그러므로 '만약 부처님께 예배를 하고자 하면 그것 모두 공(空)법이라 관찰하라' 하신 부처님의 가르침을 주목할 필요가 있습니다. 부처님 형상(불상)을 모시는 것도 공덕이 있고, 저 수미단 위에 앉아 계신 부처님께 예를 올리는 것도 의미가 있겠지만, 중요한 것은 이를 통해 안으로 이 마음을 살펴보라는 거룩한 말씀이 아닌가 합니다. 물론 다른 경전(『우전왕경』, 『조상공덕경』, 『법화경』 등)을 보면, 부처님 형상을 모신 공덕으로 차츰차츰 공덕을 쌓아 대비심을 갖추어 깨달음을 얻게 된다고 합니다. 이 또한 내용을 새겨 보면,

부처님 형상을 조성한 공덕이 근거가 되어 이후 수행 정진한 결과 깨달음을 얻게 된다는 것이 아닌가 합니다.

　가쁜 숨을 몰아쉬며 부처님 회상(법당)에 들어왔습니다. 힘겹게 찾아온 부처님 품 안, 급하게 급하게 참배만 하고 한걸음에 산사를 빠져나가지 마시고, 부처님 회상에 잠시 자리하여 안으로 안으로 내 마음속 부처님 나라로 다녀감이 어떠하십니까?

원만한 상호로
부처님께서 나투시다

부처님 나라(법당)에 머물며 잠시 불보살님을 친견하는 동안, 파도처럼 일어나는 상념들은 고요해지고 어느덧 시선은 불보살님께 머물게 됩니다. 부처님 모습을 상호(相好)라고 합니다. 그래서 보통 이렇게 말합니다. "부처님 상호가 참으로 원만하시다." 즉, 부처님 모습이 참으로 좋으시고, 모든 덕을 잘 갖추었다는 말입니다.

32상 80종호

상호(相好), 이는 부처님께서 가지고 계신 신체적 특징인 32상(相) 80종호(種好)에서 나온 말이기도 합니다. 부처님께서 갖추신 신체적 특징으로 크게는 32가지, 세부적으로는 80가지가 있습니다. 이는 부처님께서는 중생과 다른 분이시기에 그 존엄성을 나타낸다고 볼 수 있습니다. 이는 인도 당시의 전통적인 견해였습니다. 『금강경』에서도 언급한 바와 같이 부처님뿐만 아니라 왕다운 왕, 전륜성왕(轉輪聖王)도 그 모습을 갖추고 있습니다. 32상을 간단하게 살펴보고자 합니다.

발바닥이 평평한 모습 – 물론 이 말은 우리가 알고 있는 평발이라는 뜻이 아니라 부처님께서는 걸어다니실 때 발밑에 다른 무엇이 있더라도 발바닥의

경주 남산 보리사 부처님 상호 부분

모든 면이 다 평평하게 지면과 맞닿는다는 뜻이라고도 합니다. - 발바닥에 2개의 바퀴가 있는 모양, 손가락이 긴 모습, 발꿈치가 넓고 평평한 모습, 손·발가락에 갈퀴가 있는 모습, 손·발이 유연한 모습, 발등이 복스러운 모습, 어깨가 사슴 어깨와 같은 모습, 손이 무릎까지 내려간 모습, 말처럼 성기가 감추어진 모습, 몸의 넓이와 길이가 같은 모습, 터럭이 위로 향한 모습, 모든 구멍에 터럭이 있는 모습, 몸이 금색인 모습, 신체 주위에 광채가 빛나는 모습, 더러운 흙이 몸에 묻지 않는 모습, 두 손·두 발·두 어깨·정수리가 둥글고 단정한 모습, 두 겨드랑이가 보기 좋은 모습, 상체가 사자 같은 모습, 똑바로 선 모습, 어깨가 둥근 모습, 40개의 이가 있는 모습, 이가 가지런한 모습, 어금니가 흰 모습, 사자 같은 얼굴 모습, 맛을 가장 잘 느낄 수 있는 모습,

혀가 긴 모습, 가장 아름다운 목소리, 연꽃 같은 눈, 소 같은 눈시울을 가진 모습, 주먹 같은 육계(肉髻)가 있는 모습, 백모상(白毛相) 등입니다.

그리고 80종호는 32상보다 모습을 더 구체적으로 세분한 것입니다. 부처님께서는 이처럼 중생과는 다른 신체적 특징을 가지고 계십니다.

어떤 이는 이 32상 80종호를 토대로 그 모습을 그려보니, 영 이상한 모습을 지닌다고 말하기도 합니다. 그러나 경전 말씀에는 상징적인 의미가 많이 있듯이, 이 상호에 대한 내용 또한 그렇게 이해해야 되지 않을까 합니다. 『대승기신론』을 풀이한 원효 스님의 『대승기신론소』를 통해 이해하면, 부처님의 32상 80종호는 많은 수행으로 이루어진 것이며 헤아릴 수 없는 덕을 나타낸 것으로 볼 수 있습니다. 물론 글 그대로 받아들이는 사람도 있기는 하지만 말입니다.

이러한 부처님의 신체적 특징을 기준으로 불모(佛母: 불상(佛像)을 조성하는 이를 말함)는, 조화롭게 일정한 양식을 갖춰 부처님의 모습을 모셨습니다. 일반적으로 우리가 지금 보면 알 수 있고, 자주 또는 한두 번은 들었던 부처님 상호에 대한 내용을 살펴보고자 합니다.

불상과 수인(手印)

첫 번째, 육계(肉髻)입니다. 계(髻)는 '상투 계' 자입니다. 이는 부처님 머리 위에 살(肉)이 올라온 것이나 뼈가 올라온 것으로 상투처럼 보입니다. 불정(佛頂), 또는 정계(頂髻)라고 합니다. 이는 성인의 긴 머리카락을 위로 올려 묶었던 것에서 유래한다고도 합니다.

두 번째, 나발(螺髮)입니다. 나(螺)는 '소라 라' 자입니다. 부처님의 머리카락이 오른쪽으로 말려 올라간 것이 마치 소라 모양이기에 그렇게 부릅니다.

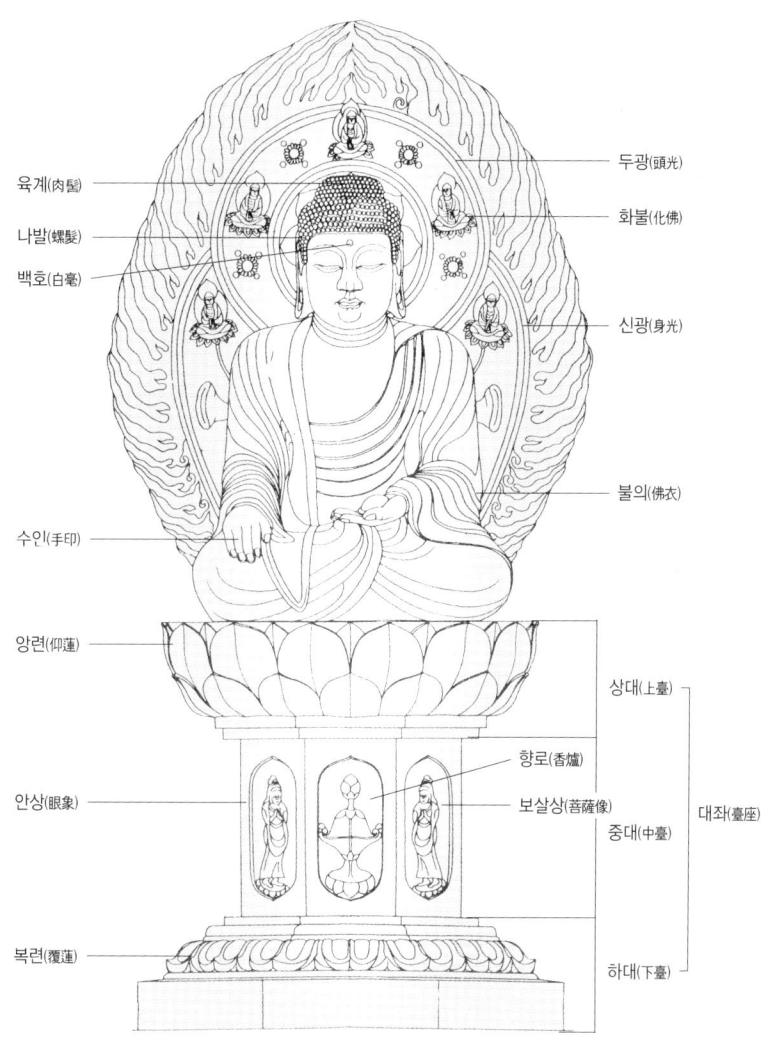

불상 세부 명칭

세 번째, 백호(白毫)입니다. 호는 '터럭 호'입니다. 보통 부처님 미간에 있는 것을 점으로 알고 있는 이들이 많지만, 이는 점이 아니라 하얀 털입니다. 이는 늘이면 저 멀리 뻗어나갔다가 놓으면 스스로 다시 오른쪽으로 말리면서 돌아옵니다. 그런데 부처님의 위대한 덕성을 거듭 강조하고자 그 자리에 보석으로 장식하기도 합니다.

네 번째, 삼도(三道)입니다. 부처님 목 주위에 표현되는 3개의 주름을 말합니다. 어떤 이는 탐진치(貪瞋癡) 삼독(三毒)을 말한다고 하고 어떤 이는 생사 윤회하는 삼계(三界)를 말하기에 혹도(惑道), 업도(業道), 고도(苦道)를 의미한다고 말합니다. 부처님 몸에 그런 의미가 있다는 것이 참으로 받아들이기 쉽지 않습니다. 그러나 우리 중생과 함께하시는 분이기에 그 나름의 의미가 있지 않을까 생각도 해봅니다.

다섯 번째, 광배(光背)입니다. 불보살님의 머리나 몸체에서 발하는 빛을 형상화한 것입니다. 몸을 두르고 있는 것을 신광(身光), 머리를 두르고 있는 것을 두광(頭光), 몸 전체를 두르고 있는 것을 거신광(擧身光)이라고 합니다. 어떤 이는 부처님은 신광과 두광을 갖추고, 보살님은 두광만 갖춘다고 합니다. 그러나 조성되어 있는 불보살님을 보면 반드시 그런 것 같지는 않습니다. 부처님과 보살님을 차이 두고자 하는 생각이라고 보여집니다.

여섯 번째, 화불(化佛)입니다. 불교에서는 부처님께서 '나타내시다'라는 말보다는 '나투시다'라는 말을 많이 사용합니다. '화(化)'가 그런 의미입니다. 보통 관세음보살의 보관에 화불[아미타불]이 나투시기도 하며, 광배에 나투시기도 합니다.

일곱 번째, 대좌(臺座)입니다. 불보살님, 또는 여러 신중이 앉거나 서 있는 자리를 말합니다. 석가모니부처님께서 보리수 아래 불도를 닦을 때 앉았던 풀방석에서 유래한 것으로 금강좌(金剛座)라고 합니다. 참고로 보통 '금강'을 다이아몬드라고 이야기하는데, 이는 현재 이 세상에서 제일 단단한 것이 '다이아몬드'이기에 그렇게 말하는 것이라고 보아야 합니다. '금강'이란 그 어떤 것으로도 깨뜨릴 수 없는 것을 비유하여 '금강'이라고 합니다. 그러므로 '다이아몬드' 보다 더 단단한 것이 있으면 잘못된 풀이가 될 수 있습니다. 불보살님께서는 보통 연꽃 위에 계십니다. 연꽃 위에 계실 수 있는 분은 불보살님뿐이라고 합니다. 나한, 신장 등은 연꽃 위에 있을 수 없답니다. 가령, 강화도 보문사 나한전을 보면, 불보살님은 연꽃 위에 계시고 나한은 구름 위에 계신 것을 볼 수 있습니다. 그리고 성덕대왕 신종의 비천상도 연꽃이 아니라 구름에 앉아 있는 것으로 보아야 합니다. 물론 가끔 연꽃 위에 중생이 있는 그림이 있습니다. 그것은 극락정토를 나타낸다고 보아야 합니다. 극락에 태어날 때는 연꽃 안에서 태어나기[化生(화생)] 때문입니다.

강화 보문사 나한전 대좌

여덟 번째, 수인(手印)입니다. 부처님이나 보살님, 기타 여러 성중(聖衆)이 맺고 있는 다양한 손 모양을 수인(手印)이라고 합니다. 수인이라는 것은 손의 모양과 위치로써 부처님이나 보살님이 어떤 특정한 상태나 행동에 들어 있다는 것을 나타내 주는 일종의 약속입니다. 그 예를 보면 다음과 같습니다.

연꽃 위의 수행자(파주 보광사 대웅보전 외벽 연화)

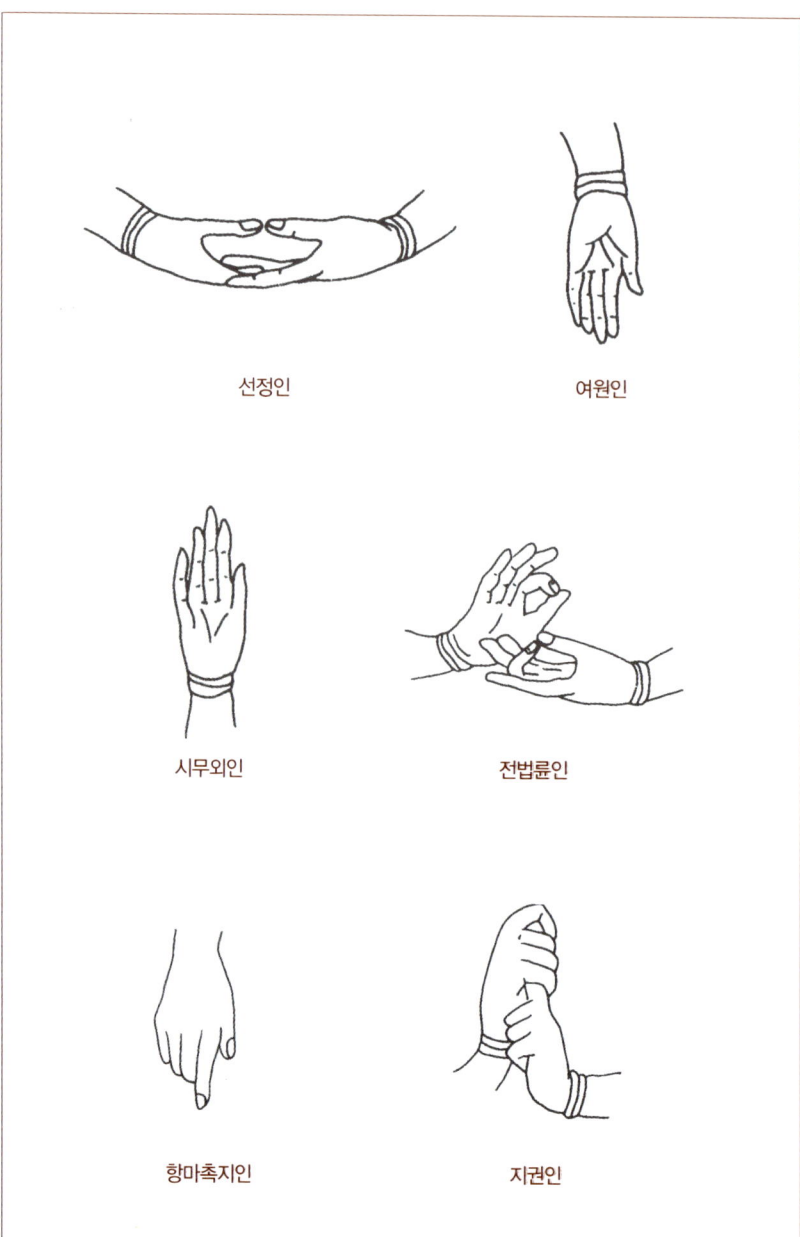

수인의 예

① 선정인(禪定印) - 선정에 들어 있음을 알리는 표시입니다. 부처님이 결가부좌(結跏趺坐)하신 상태에서 손을 무릎 위에 놓되 손바닥을 위로 향하게 합니다. 이때 오른손이 왼손 위에 옵니다. 보통 참선 자세입니다.

② 여원인(與願印) - 중생이 원하는 것을 들어준다는 표시입니다. 이때는 앉아 있을 수도 있고 서 있을 수도 있습니다. 왼팔을 아래로 내리고 손바닥을 바깥으로 보이게 하여 땅을 가리킵니다.

선정인 · 항마촉지인(경주 남산 보리사 부처님)

③ 시무외인(施無畏印) - 중생의 두려움을 없애주고 평안함을 준다는 표시입니다. 오른팔을 들어서 손바닥이 바깥으로 보이게 하여 위로 향합니다. 보통 시무외인과 여원인은 하나로 짝 지워져 있습니다. 시무외인과 여원인은 부처님마다 두루 취하는 수인으로 통인(通印)이라고 합니다.

여원인 · 시무외인(서울 수국사 미륵대불)

④ 설법인(說法印) - 중생에게 법을 설하고 있음을 알리는 표시입니다. 이 수인은 앉아 있거나 서 있거나 관계없이 적용됩니다. 오른팔 혹은 양팔을 들어 엄지와 검지를 붙여 동그라미를 만듭니다. 동그라미는 법의 바퀴를 의미합니다.

⑤ 전법륜인(轉法輪印) - 문자 그대로 수레바퀴를 돌리는 모습인데 법을 설하고 있음을 나타내는 표시입니다. 이때 부처님은 앉아서 오른손으로는 설법

설법인(구례 화엄사 노사나불)

불보살님과 불상 _ 67

전법륜인(서울 수국사 석가모니불)

천지인(보성 대원사 탄생불)

지권인(서울 남산 보현사 비로자나불)

인을 맺고 왼손으로는 그것을 받칩니다. 정각인(頂覺印)이라고도 하는데, 그 의미는 깨달음의 정점에 있다는 뜻입니다.

⑥ 항마촉지인(降魔觸地印) - 부처님께서 정각에 이르렀을 때 땅의 신(地神)에게 그것을 증명하라고 명하는 순간을 나타내는 모습입니다. 이때 왼손은 무릎 위에 그대로 놓고 오른손으로는 땅을 가리킵니다. 다른 해석에 의하면 마왕(魔王) 마라를 굴복시킨 승리의 순간을 나타낸 것이라고도 합니다. 부처님이 이 수인을 맺을 때는 언제나 앉아 있는 모습입니다.

⑦ 천지인 - 석가모니부처님이 탄생 직후 '천상천하 유아독존(天上天下唯我獨尊)'이라 외치며 취한 수인이며 오른손은 하늘을 가리키며 왼손은 땅을 가리키는 모습입니다.

일반적으로 여원인, 시무외인을 각각 하나의 수인으로 하여 선정인, 항마촉지인, 전법륜인, 여원인, 시무외인을 석가모니부처님의 근본 5인이라고 합니다. 또는 여원인과 시무외인을 하나로 보고 천지인을 포함하여 석가모니부처님의 근본 5인이라고 합니다.

⑧ 지권인(智拳印) - 대일여래, 즉 비로자나부처님께

서 결하시는 수인입니다. 지권인은 일체의 번뇌를 없애고 부처의 지혜를 얻는다는 뜻입니다. 즉 부처님의 한량없는 지혜를 나타냅니다. 보통 왼쪽 검지를 오른쪽 엄지와 아래위로 마주하면서 오른쪽 전체로 두 손가락을 감싸는 모습입니다. 이는 중생과 부처님, 미혹함과 깨달음이 본래 하나라는

지권인(상주 남장사 보광전 비로자나불)

것을 상징합니다. 경주 불국사, 상주 남장사의 경우처럼 가끔 오른손이 아래로 가고 왼손이 위로 올라간 경우도 있습니다.

⑨ 아미타여래구품인(阿彌陀如來九品印) - 이는 『아미타경』 등에 나오는 내용을 근거로 하였습니다. 즉 극락에 태어날 수 있는 중생의 근기를 3품에 각각 3생이 있어 아홉 가지로 나눈 것입니다. 상품상생(上品上生)에서 하품하생(下品下生)까지입니다. 말 그대로 상품상생은 최고의 근기로써 출가하여 끊임없이 수행하며 아미타여래께서 친히 극락으로 인도하는 이들이고, 차례로 근기가 낮아져 하품하생은 엉뚱한 일만 하다가 마지막에 아미타여래를 생각하여 관세음보살의 화신께서 극락 가는 길을 인도하는 이들입니다.

그런데 이 아미타여래구품인에 대한 설명은 책에 따라 두 가지로 나눕니다. 수인의 그림을 보면 잘 아시겠지만, 첫째, 먼저 손의 위치를 중심으로 품(品)을 잡은 다음 손가락의 모양을 보고 생(生)을 잡는 것입니다. 이는 두 손이 서로 붙어 있으면(가장 가까우면) 상품(上品)이고, 두 손이 나란하게 떨어져 있으면(조금 떨어져 있으면) 중품(中品)이고, 두 손이 대각선으로 서로 떨어져 있으면(가장 많이 떨어져 있으면) 하품(下品)입니다. 그리고 이러한 손의 위치에서 엄지와 검지가 붙어 있으면 상생(上生),

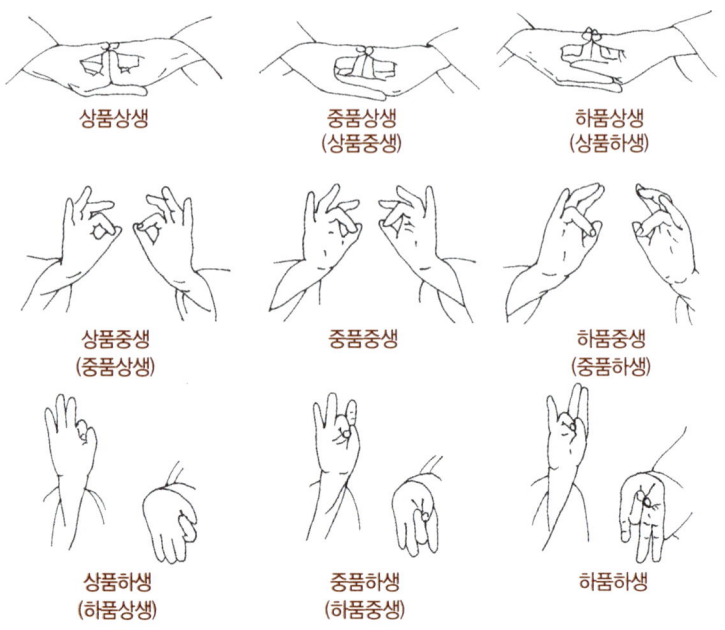

아미타여래구품인

엄지와 중지가 붙어 있으면 중생(中生), 엄지와 약지가 붙어 있으면 하생(下生)입니다. 둘째, 먼저 손가락의 모양을 중심으로 품을 잡은 다음 손의 위치를 보고 생을 잡는 것입니다. 첫 번째와 견주어 생각해보면 알 수 있습니다. 이처럼 두 가지로 나타나는 이유는, 단지 학문의 연구 과정이 사람마다, 나라마다 조금씩 다르기 때문이라고 볼 수 있지만, 경전적인 근거는 현재 보이지 않습니다.

그러나 무엇보다 중요한 것은, 왜 사찰마다 그 아홉 가지의 수인 가운데 어느 특정 수인을 가진 아미타부처님을 모셨는가 하는 것입니다. 가령, 우리나라에는 둘째 분류로 볼 때, 중품하생(만약 첫째 분류로 보면 하품중생)의 수인이 많습니다. 여기에 대한 답은 저(필자) 역시 명확하게 알 수 없습니다. 그 근거를 아직 보지 못했다는 것입니다. 그래서 나름대로 추정해 보는 것입니다. "혹시 이 땅의 중생의 근기가 그 정도이기 때문일까?" 아니면 "이 땅의 중생의 근기가 하도 낮아서 최소한 이 정도까지 이끌겠다는 뜻인가?" 아마 그것은 그 부처님을 모신 사찰 대중 스님이나 불모(佛母)의 마음을 헤아려 봐야 할 것입니다.

중품하생인(또는 하품중생인)
(천안 각원사 아미타청동대불)

이쯤에서 언급해야 할 부처님이 계십니다. 바로 약사여래부처님입니다. 약사여래께서는 특정한 수인이 없습니다. 단지 앞에서 언급한 여러 수인 가운데 하나를 취하시고 약함(또는 보주)을 지니고 계실 뿐입니다. 물론 반드시 그런 것은 아닙니다. 가령 의성 고운사 약사전에 계신 부처님처럼 약함이 없는 경우도 있습니다.

대구 동화사 약사대불

참고로 이러한 손 모양을 중심으로 하는 것을 수인(手印)이라고 한다면, 손에 물건[이를 보통 지물(持物)이라고 합니다]을 들고 있는 것을 계인(契印)이라고 합니다. 이 수인과 계인을 합쳐서 인계(印契)라고 하며, 범어로는 '무드라'라고 합니다.

김천 수도암 약광전 약사여래

이와 같이 수인은 교리적으로 중요한 의미가 있기 때문에 수인과 부처님의 명호는 상당한 관련이 있습니다. 물론 이러한 내용이 전적으로 맞아 들어가는 것은 아닙니다. 시대와 사람의 염원에 의한 다양한 변칙이 있기 때문입니다. 중요한 것은 무엇보다 그 부처님을 모신 그 시대의 대중 마음과 지금 현재 그 부처님을 모시고 있는 대중의 마음입니다. 중생의 염원에 의해 부처님은 그렇게 그렇게 나투시는 것입니다.

염원 따라 여법하게 나투신 불보살님

수많은 불보살님이 계시니, 시방세계에 나투신 불보살님 또한 너무 다양합니다. 따라서 그러한 불보살님을 모신 모습도 다양합니다.

불상의 분류

보통 불상이라고 하면 넓은 의미에서 부처님뿐만 아니라 보살, 신장, 나아가 조사스님 모습까지 포함하여 불상이라고 합니다. 그러나 좁은 의미로 구분하자면 불상(佛像), 보살상(菩薩像), 나한상(羅漢像), 조사상(祖師像), 신장상(神將像) 등이 있습니다. 여기서 간단하게 그 불상의 특징을 살펴보면, 보통 불상은 나발을 가지며, 보살상은 보관을 쓰고, 나한상은 삭발한 수행자의 모습을 지니며, 조사상이란 스님상이며, 신장상은 무장한 장수의 모습을 지닙니다. 보살, 나한, 조사, 신장이 어떤 분인가에 대해서는 차후 전각편에서 각각 살펴보겠습니다.

그런데 불보살님을 한 분만 모신 경우도 있고, 여러 분을 같이 모신 경우도 있습니다. 한 분을 모신 경우를 단독상(單獨像), 세 분을 모신 경우를 삼존상(三尊像), 두 분을

병립상(청주 보살사 극락보전 내)

열반상(와불, 진천 보탑사 적조전)

나란히 모신 경우를 병좌상(竝座像) 또는 병립상(竝立像)이라고 합니다. 병좌상의 경우 우리나라에서는 드문 경우입니다. 가령 지리산 국사암 문수전의 경우 문수보살님과 보현보살님을 모셨습니다. 청주 보살사의 경우 병립상을 모신 조그만 석불이 있습니다. 또한 천 분이나 삼천 분 나아가 만 분을 모신 경우도 있습니다.

그리고 불보살님이 계신 모습에 따라 입상(立像), 좌상(座上), 와상(臥像), 유행상(遊行像) 등의 구분이 있습니다. 참고로 화순 운주사의 부처님을 와불이라고 하는데, 엄밀한 의미에서 와불이 아닙니다. 자세히 보면 입불과 좌불입니다. 그 두 부처님을 일으켜 세우지 못한 탓에 사람들에게는 와불로 인식되어 있습니다. 와불은 부처님의 열반상을 말합니다. 머리를 북쪽으로, 시선을 서쪽으로 하여 모로 누워 열반에 드신 부처님 모습을 말합니다. 열반상은 진천 보탑사 등에 모셔져 있습니다.

한편, 불상을 조성한 재료에 따라 그 명칭을 분류하기도 합니다. 금동불,

목각불, 석불, 바위에 새긴 마애불(磨崖佛), 진흙으로 만든 소조불(塑造佛), 종이 등으로 만들어 옻을 칠한 건칠불(乾漆佛) 등이 있습니다.

불보살님 명호 아는 방법

우리가 보기에는 그 부처님이 그 부처님 같고, 그 보살님이 그 보살님 같습니다. 그렇다면 그 부처님을 어떻게 구별하여 알 수 있겠습니까? 이에 구별하는 방법을 몇 가지 살펴보고자 합니다.

첫 번째, 일단 법당에 걸린 현판을 보고 구별할 수 있습니다. 가령, 문패에 '홍길동'이라고 하면 그 집에 홍길동이 살고 있듯이, 현판에 적혀 있는 글씨를 보고 그 법당에 계신 주존 부처님이 어느 분인지 어느 정도 알 수 있습니다.

따라서 '대적광전(비로전, 대방광전)'에는 법신불이신 비로자나부처님, '대웅전(大雄殿)'에는 석가모니부처님, '극락전(무량수전, 무량광전, 수광전)'에는 아미타부처님, '약사전(만월보전, 유리광전)'에는 약사여래부처님, '용화전(미륵전)'에는 미륵부처님이 계십니다. 그리고 '관음전(원통전)'에는 관세음보살님, '명부전(지장전, 시왕전)'에는 지장보살님, '응진전(나한전)'에는 500나한, 16나한 등이 계십니다.

이와 같이 현판의 글씨를 보면 그 법당에 어떤 분이 계신지 거의 95퍼센트 정도 알 수 있습니다. 여기서 100퍼센트가 아니고 95퍼센트라고 한 것은 가끔 변수가 있기 때문입니다. 특히 심한 법당이 '대웅전'입니다. 보통 '대웅(大雄)'이란 위대한 영웅으로 석가모니부처님을 말한다고는 하지만, 모든 부처님이 다 '위대한 영웅'이신 '대웅'이기 때문인지, 대웅전에는 석가모니

서산 개심사 대웅보전 삼존(지장보살, 아미타불, 관세음보살)

청양 장곡사 대웅전 약사여래(금동)

부처님 이외 다른 부처님이 계신 경우도 많습니다.

예를 들면, 법주사의 '대웅보전'에는 비로자나부처님을 비롯한 삼신불이 계시고, 서산 개심사의 '대웅전'에는 아미타부처님이 계시고, 칠갑산 장곡사의 '대웅전'에는 약사여래부처님이 계십니다.

두 번째, 부처님의 손 모양 및 그 외 여러 특징을 보고 알 수 있습니다. 앞에서도 살펴보았듯이, 수인은 교리상으로 중요한 의미가 있기 때문에 수인과 부처님의 명호는 상당한 관련이 있습니다. 따라서 수인을 보면 어느 정도 부처님 명호를 알 수 있습니다.

그래서 지권인을 하고 있으면 비로자나부처님이고, 선정인에 항마촉지인을 하고 있으면 대부분 석가모니부처님입니다. 아미타여래구품인 가운데 하나를 하고 계시면 아미타부처님이고, 약함을 들고 계시면 약사여래부처님입니다.

그러나, 다시 한 번 말씀드리지만, 반드시 그런 것은 아닙니다. 특히 선정인에 항마촉지인의 경우가 그렇습니다. 이럴 경우 석가모니부처님이라고 보는 것이 일반적입니다. 그러나 경전을 보면 부처님들은 대부분 팔상성도(八相成道) 과정을 거친다고 합니다. 즉 수하항마상(樹下降魔相)의 과정을 거치게 됩니다. 따라서 굳이 선정인에 항마촉지인을 석가모니부처님만의 수인으로 단정할 수만은 없습니다. 앞서 말한 '대웅'의 경우와 비슷하다고 볼 수 있습니다.

예를 들면, 석굴암 부처님이 대표적인 경우입니다. 석굴암 부처님의 수인을 보면 선정인에 항마촉지인을 하고 계십니다. 수인만으로 볼 때, 석가모니부처님입니다. 그러나 그렇게 단정 짓지 못합니다. 학자들은 각자의 논거에 따라 달리 명호를 붙입니다. 석굴암 조성 당시의 불교 사상의 흐름(화엄사상)과 주존불을 중심으로 한 주위 여러 보처들과 관련지어 『화엄경』의 교주이신 비로자나부처님이라고 하는 이도 있습니다. 또, 석굴암과 조성 연대가 연결되는 경북 군위의 제2석굴암(주존불 아미타여래)과 관련 짓고 석굴암 본존불이 서쪽에서 동쪽으로 향하여 있기 때문에 아미타여래라고 보는 이도 있습니다. 이처럼 한 부처님에 대해서 보는 시각이 다양합니다.

또, 하나의 예가 영주 부석사 '무량수전'에 계신 부처님입니다. 현판을 볼 때 법당의 본존불은 아미타부처님입니다. 그런데 법당 안으로

토함산 석굴암 부처님

영주 부석사 무량수전 아미타불

들어가면 선정인에 항마촉지인을 하고 계십니다. 수인을 볼 때, 석가모니부처님입니다. 그러나 당시의 기록을 보면 아미타부처님을 모신 것으로 되어 있습니다. 즉, 비록 선정인에 항마촉지인을 하고 있지만, 서방정토에서 덕화를 베푸시는 아미타부처님입니다.

한편, 보살님의 경우에는 전문가가 아니면 거의 알 수 없는 경우가 많습니다. 일반적으로 가장 알기 쉬운 분은 지장보살님입니다. 보통 보살님들이 보관을 쓰고 계신데 비해 지장보살님은 삭발한 수행자의 모습으로 계시거나 두건을 쓰고 계십니다. - 물론 이 점 때문에 가끔 영산전이나 나한전에 있는 아난존자와 혼동하는 경우도 있습니다. 왜냐하면 아난존자도 수행자로서 삭발한 모습으로 계시기 때문입니다. - 그리고 반드시 그렇게 모셔져 있는 것은 아니지만, 관세음보살님의 경우 보관에 화불(化佛)이 계시고, 대세지보살님의 경우 보관에 보병이 있습니다. 문수보살과 보현보살의 경우 좌우 대칭으로 부처님을 보좌하고 계신데, 사실 이 두 분은 구별하기 쉽지 않습니다. 그래서 보통 부처님을 중심으로 왼쪽에 계신 분은 문수보살님이고 오른쪽에 계신 분은 보현보살님입니다. 이러한 자리 위치에 대해서는 차후 다시 자세히 살펴보도록 하겠습니다.

고창 선운사 도솔암 지장보살

순천 송광사 승보전
(아난존자, 석가모니부처님, 가섭존자)

따라서 그 부처님이 어느 부처님인지 알 수 있는 방법은 첫 번째, 현판을 통해서 알 수 있고 두 번째, 수인을 통해서 좀 더 확실하게 알 수 있습니다. 그러나 이러한 방법으로도 100퍼센트 알 수 없습니다. 그래서 다음을 고려하지 않을 수 없습니다.

세 번째, 제일 중요한 방법이 하나 있습니다. 그것은 바로 그 부처님을 모셨거나, 현재 모시고 계신 대중의 염원입니다. 세속말로 하면 주인 마음입니다. 아무리 이런저런 근거로 그 부처님을 규정하려 하지만, 그 부처님을 모신 대중의 마음이 제일 소중하다는 것입니다. 그래서 학자들도 부처님의 상호

등 여러 근거를 통해 부처님 명호를 규정하지만, 비문이나 복장물 등을 통해 기록이 남아 있으면 그것을 우선한다고 합니다. 앞서 말한 부석사 부처님이 그런 경우입니다.

한편, 부처님 명호가 한번 정해졌다고 그 명호가 고정적인 것은 아닙니다. 그 시대에 사는 중생의 염원에 따라 다양한 이름으로 나투신다는 것입니다. '은진 미륵'의 경우가 그 예입니다. 역사 기록이나 양식을 통해, 관세음보살님이라고 보는 이도 있습니다. 그러나 우리에게는 관세음보살님이라기보다는 은진 미륵으로서 미륵보살님으로 더 각인되어 있습니다. 근래 당 사찰 주지로 부임하신 스님께서 관세음보살님으로 다시 모시고자 했으나 여의치 않았다는 이야기가 있습니다. 또 있습니다. 잘 알고 계시는 팔공산 갓바위 부처님입니다. 몇십 년 전만 해도 약사여래부처님이 아니라 사람들에게 미륵부처님으로 알려졌다고 합니다. 그러나 그 부처님이 그 전에는 또 어떤 부처님으로 우리 중생에게 나투셨는지 모릅니다. 특히 팔공산이 약사신앙과 관련 있다고 볼 때에는 말입니다. 아마 어느 순간 약사여래부처님에 대한 간절함 때문에 그렇게 나투셨는지 모릅니다. 그렇다고 하면 불상은 단지 어떤 재료로 만든 불상이 아니라 대중의 염원과 함께 살아 숨쉬며 자비의 손길로 여법하게 나투시는 부처님입니다.

갓바위 부처님(대구 팔공산 선본사)

이 점에서 또한 불자의 마음 자세를 다시 한 번 생각해볼 수 있습니다. 바로 하심(下心)입니다. 교과서대로 원칙대로 적용하여 다른 사찰에 가서 감이니 대추니 하면 큰 실례를 범하게 된다는 것입니다. 교과서의 내용은 일반화하여 설명한 것임에 반해 현실은 너무도 다양한 변수를 가지고 있습니다. 그런데, 그 사찰 대중의 염원은 생각하지 않고 '어, 이거 아닌데, 어, 이거 이런데' 하고 단순하게 단정한다면, 자신의 선입견에 매몰되어 자신도 더 나아가지 못하게 되고, 또 상대방과 서로 마음만 상할 수도 있습니다.

교과서(원칙) 다르고 현실 다르다는 의미로 언급하는 것이 아닙니다. 교과서는 하나의 틀입니다. 그 틀을 통해 다른 변수가 있으면 '왜 이렇게 했지, 이 절에는 또 다른 가르침이 있는가 보다. 누구에게 물어봐야지' 하는 마음으로 접근해야 한다고 봅니다. 이러한 접근은 하심과 신심 즉, 자신을 낮추고 불보살님과 사부대중에 대한 믿음이 있어야 가능합니다. 그러면 자신이 몰랐던 사실을 알 수 있게 됩니다. 만약 그것이 신심과 관련된 내용이라면 환희심으로 성지 순례를 이어갈 수 있습니다. 이 점에서 사실 저도 앞서 예를 든 부분에 대해서도 조심스럽습니다. 혹시나 오해가 있을까 해서 말입니다. 사찰 내에 있는 조그마한 것 하나하나, 또는 한순간 한순간이 바로 부처님의 자비로운 가르침임을 명심해야 합니다.

보리좌에 앉아
중생을 굽어 살피는 불보살님

- 삼존불 배치에 대한 몇 가지 기준 -

불신충만어법계　보현일체중생전
佛身充滿於法界　普現一切衆生前
수연부감미부주　이항처차보리좌
隨緣赴感靡不周　而恒處此菩提座

부처님께서 법계에 충만하시어
널리 모든 중생 앞에 나타나시니
연을 따라 나아가 두루하지 않음이 없으시되
항상 이 보리좌에 앉아 계시도다

- 『화엄경』 제2 「여래현상품(如來現相品)」

법당 기둥에 걸린 주련(柱聯)에서 가끔 볼 수 있는 게송입니다. 부처님께서는 항상 동요함 없이 당신 자리에 머물러 계시지만, 언제든지 중생을 위해 다양한 모습으로 나투어 중생에게 자비의 손길을 보내 주십니다. 즉, 부처님께서 법계에 충만하시어 널리 모든 중생 앞에 나타나십니다. 저잣거리에서 중생과 함께 부대끼며 살아가지만, 결코 당신 마음은 흔들림 없이 그대로이십니다. 즉, '연을 따라 나아가 두루 하지

않음이 없으시되 항상 이 보리좌(깨달음의 자리, 진여의 자리)에 앉아 계십니다.'

그런데 법당에 모신 부처님이든 야외에 모신 부처님이든, 그 자리함에는 어떤 기준이 있는 듯 보입니다. 보통 부처님을 모실 때에는 한 분만 모시기도 하지만 대부분 한 분을 중심으로 좌우로 두 분의 부처님, 또는 보살님을 모십니다. 이때 좌우로 모신 분을 협시(脇侍)라고 합니다. 이와 같이 세 분의 불보살님을 모신 경우, 그 자리하심에 일정한 기준이 있다는 것입니다.

물론 이 일정한 기준은 아직까지 누구나 공유하는 그런 내용은 아닙니다. 그렇다고 전혀 근거가 없는 내용도 아닙니다. 여러 선생님을 모시고 사찰을 참배하여 불보살님을 친견하는 동안, 스님들과 선생님께 듣고, 각 사찰에 모신 부처님을 보고, 그리고 여러 책 속에 단편적으로 적혀 있는 내용을 통해 제 나름대로 정리한 것입니다. 비록 어쩌면 소소한 내용일지 모르지만 사찰 참배를 할 때 도움이 될까 하여 적어 봅니다.

시간적 기준

첫 번째, 시간적인 기준입니다. 과거불인 연등불, 현재불인 석가모니불,

미래불인 미륵불을 모신 전각이 간혹 있습니다. 대부분 어느 분이 어느 분인지 제대로 알기 어렵습니다. 그런데 시간은 왼쪽에서 오른쪽으로 흐른다고 기준을 설정해 봅니다. - 참, 여기서 왼쪽, 오른쪽이란 참배하는 자의 입장이 아니라 불단에 계신 본존불의 입장입니다. 또는 보는 자의 입장이 아니라 보이는 대상의 입장입니다. 이후 별도의 언급이 없다면 마찬가지입니다. - 이전에 책을 볼 때나 글을 쓸 때에는 (책의 입장에서) 왼쪽에서 오른쪽으로 진행하였습니다. 즉, 왼쪽이 먼저이고 오른쪽이 나중입니다. 이에 시간은 왼쪽에서 오른쪽으로 흐른다고 정해 보는 것입니다.

따라서 불단 쪽에서 볼 때 왼쪽이 과거이고 중앙이 현재이고 오른쪽이 미래라고 볼 수 있습니다. 그러므로 과거, 현재, 미래의 삼존불을 모신다고 할 때, 불단 가장 왼쪽에 과거불인 연등불을 모시고, 중앙에 현재불인 석가모니불을 모시고, 오른쪽에 미래불인 미륵불을 모시게 됩니다.

아득히 먼 옛날, 연등불이 세상에 오셨습니다. 이 소식을 들은 석가모니부처님의 전생인 선혜동자가 연꽃을 구하여 연등부처님께 꽃 공양을 올립니다.

연등불과 선혜동자 수기(청도 운문사 대웅보전 내벽 벽화)

그리고 연등부처님은 선혜동자에게 이후 내세에 부처가 될 것이라고 수기(授記, 기별을 준다는 뜻으로 이후에 부처가 될 것이라고 알려주는 것)를 주십니다. 이처럼 석가모니부처님의 전생인 선혜동자에게 수기를 주신 연등부처님을 과거불이라고 합니다.

물론, 과거칠불(過去七佛)이라고 하여 비바시불, 시기불, 비사부불, 구류손불, 구나함모니불, 가섭불, 석가모니불 등 일곱 분의 과거 부처님이 등장하지만, 여기서는 수기의 흐름 속에서 연등불을 과거불로 모셨다고 봅니다. 그리고 연등부처님과 석가모니부처님의 수기 내용은 대한불교조계종의 소의경전인 『금강경』에도 나옵니다.

한편, 과거칠불에서 보았듯이, 석가모니부처님도 지금의 입장에서 보면 과거 부처님이지만 현재까지 석가모니부처님의 지혜와 자비 광명이 이어져 오기에 현재불로 언급하기도 합니다.

미륵부처님은 지금은 도솔천에 계시지만, 56억 7천만 년 뒤에 이 땅에 오실 분이기에 미래불이라고 합니다. 미륵부처님에 대한 내용은 이후 전각편에서 언급하겠습니다. 여하튼 연등부처님이 석가모니부처님에게 수기를 주셨듯이, 석가모니부처님은 미륵부처님에게 수기를 주셨습니다.

이처럼 과거 연등불, 현재 석가모니불, 미래 미륵불의 삼존불을 모신 곳 가운데 하나가

미륵불, 석가모니불, 연등불 (순천 송광사 대웅보전 삼존)

서산 마애삼존불

송광사의 대웅보전입니다.

한편, 연등불은 인도말로 디팡카라(dipaṁkara)이며 이를 제화갈라(提和渴羅)라고 음역합니다. 연등불께서 보살로 수행하실 때를 제화갈라보살이라고 보면, 석가모니부처님의 왼쪽에 제화갈라보살이, 오른쪽에 미륵보살이 자리하게 됩니다. 선운사 영산전의 경우가 그렇습니다. 그런데 불국사 대웅전처럼 일치하지 않는 경우가 있습니다. 백제의 미소로 유명한 서산 마애삼존불도 그렇습니다. 보통 본존불을 석가모니불로 보고 좌우로 미륵보살과 제화갈라보살, 또는 미륵보살과 관음보살로 보고 있기 때문입니다. 본존불의 왼쪽에 계신 분은 소위 '미륵보살반가사유상'의 모습을 하고 있기 때문에 미륵보살로 보는 게 일반적입니다.

기준을 정해 살펴보지만, 간혹 기준과 다른 경우가 보입니다. 그런 경우 그 이유를 여러 측면으로 생각해봅니다. 그러나 아직 속 시원한 답을 얻지 못한 경우가 많습니다.

공간적 기준

두 번째, 공간적인 기준입니다. 석가모니불을 중심으로 약사여래불과 아미타불을 모시는 경우가 있습니다. 그렇다면 석가모니부처님의 왼쪽에 자리하신 부처님은 어느 부처님일까요? 거의 약사여래부처님입니다. 오른쪽으로는 아미타부처님을 모십니다. 여기에는 공간적 기준을 적용해봅니다.

불단이 있는 쪽이 북쪽에 해당됩니다. 적당한 예가 될지는 모르지만, 제사를 지낼 때 제사상이 있는 쪽이 북쪽입니다. 제사상이 동쪽에 있든, 남쪽에 있든, 서쪽에 있든 상관없이 제사상이 있는 쪽을 북쪽으로 봅니다. 그에 맞추어 홍동백서(紅東白西) 등의 규칙에 따라 제사 음식을 차립니다. 실제 방향을 기준으로 하는 것이 아닙니다. 마찬가지로 불단이 있는 쪽이 북쪽입니다. 그 불단이 동쪽에 있든, 남쪽에 있든, 서쪽에 있든 상관없이 말입니다. 물론 대부분의 집이 남향이기 때문에 자연스럽게 불단이 있는 쪽은 북쪽이기 마련입니다.

불단이 있는 쪽이 북쪽이므로 본존불의 왼쪽은 동쪽이 되고, 오른쪽은 서쪽이 됩니다. 보통 '동방유리광정토 약사여래불'이라 하여 약사여래부처님은 동방에 계시고, '서방정토 아미타불'이라 하여 아미타부처님은 서방에 계십니다. 따라서 석가모니부처님을 중심으로 왼쪽은 동쪽에 해당하는 약사

아미타불, 석가모니불, 약사불 (청원 안심사 대웅전 삼존)

여래부처님이, 오른쪽은 서쪽에 해당하는 아미타부처님이 계십니다. 불국사의 극락전이 대웅전의 오른쪽에 위치한 것도 그런 맥락으로 보입니다. 그래서 왼쪽으로 약사전이 있었지 않았나 상상해보기도 합니다.

이런 기준과 달리하는 사찰도 있습니다. 그런 경우, 당 사찰 나름대로의 가르침이 있을 것이라고 생각합니다. 서울 수국사의 경우 다섯 분의 부처님을 모시고 있는데 중앙에 법신불인 비로자나부처님을 중심으로, 왼쪽으로 노사나부처님과 아미타부처님을, 오른쪽으로 석가모니부처님과 약사여래부처님을 모시고 있습니다.

체(體)와 용(用), 또는 정(靜)과 동(動)의 기준

보현보살	석가모니불	문수보살
[대행(大行)]		[대지(大智)]
〈용(用)〉		〈체(體)〉
〈동(動)〉		〈정(靜)〉

세 번째, 체(體)와 용(用), 또는 정(靜)과 동(動)의 기준입니다. 석가모니부처님의 대표적 협시보살이 문수보살과 보현보살입니다. 그런데 문수보살과

보현보살은 좌우대칭으로 비슷한 모습이기 때문에 구별하기 쉽지 않습니다. 그래서 나투신 위치로 두 분을 구별해봅니다. 보통 본존불의 왼쪽에 문수보살을, 오른쪽에 보현보살을 모십니다. 이 경우에 해당하는 기준이 체와 용, 또는 정과 동의 기준입니다.

    스님이 목탁을 칠 때 왼손으로 목탁을 잡고 오른쪽으로 목탁채를 잡습니다. 목탁을 단단히 잡아 중심에 두고 오른손으로 목탁채를 움직여 목탁을 칩니다. 즉, 왼쪽이 정적(靜的)인 측면에 해당하고 오른쪽이 동적(動的)인 측면에 해당합니다. 범종각이 법당의 오른쪽에 해당하는 것도 이런 기준이라 보입니다. 범종각의 사물(四物)이란 부처님의 가르침을 알리는 범종, 법고, 목어, 운판을 말합니다. 말로 표현할 수 없는 부처님 가르침을 사물을 통해 중생에게 전합니다. 부처님은 보리좌(체)에 항상 계시면서 다양한 작용(용)으로 자비를 드리웁니다. 이것이 체와 용의 기준입니다. 근본자리인 체(體)에 머물면서 용(用)을 통해 중생에게 다가가시는 것입니다. 따라서 왼쪽 또는 중앙이 체에, 오른쪽이 용에 해당된다고 봅니다.

    예불문을 보면, '대지(大智)문수사리보살', '대행(大行)보현보살'이라고 합니다. 문수보살은 부처님의 지혜를 나타내고, 보현보살은 부처님의 실천행을 나타냅니다. 여기서 지혜는 정(靜)과 체(體)에, 실천행은 동(動)과 용(用)에 가깝다 할 것입니다. 따라서 정과 체에 해당하는 문수보살은 본존불의 왼쪽에, 동과 용에 해당하는 보현보살은 오른쪽에 모십니다.

    한편, 문수보살은 지혜를 상징하는 푸른 사자[靑獅子(청사자)]를 타고 계시고, 보현보살은 실천을 상징하는 하얀 코끼리[白象(백상)]를 타고 계십니다. 물론 불단에 청사자나 백상을 타고 계신 보살님을 모신 경우는 보기 힘듭니다. 박달재 경은사의 불단에서 청사자와 백상을 타신 보살님을 친견하였습니다만,

파주 보광사 대웅보전 외벽 청사자

파주 보광사 대웅보전 외벽 백상

상주 남장사 극락보전 대들보 백상

상주 남장사 극락보전 대들보 청사자

대부분 벽화로 모실 때나 금강문에 문수동자와 보현동자를 모실 때에 청사자나 백상을 타고 있습니다. 그리고 문수보살 없이 청사자만 있더라도 문수보살을 나타내고, 보현보살 없이 백상만 있더라도 보현보살을 나타냅니다. 법당 대들보 위, 좌우로 청사자와 백상이 있는 경우가 그런 예에 해당됩니다.

파주 보광사 대웅보전 벽은 나무로 되어 있습니다. 그 외벽에 다양한 그림이 그려져 있는데, 법당 왼쪽 벽을 보면 알 수 없는 동물 위에 동자가 앉아 있습니다. 그런데 오른쪽 벽을 보면 확연히 하얀 코끼리 위에 앉아 있는 동자를 볼 수 있습니다. 따라서 왼쪽 벽에 있는 동물은 청사자이고 동자는 문수동자임을 알 수 있습니다.

상주 남장사 극락보전 왼쪽 대들보 위에는 하얀 동물이 있고, 오른쪽 대들보 위에는 푸른 동물이 있습니다. 하얀 동물은 코도 짧고 꼬리도 풍성하기에 코끼리라고 하기에는 뭐하지만, 푸른 동물을 사자라고 볼 때 코끼리임에는 틀림없는 것 같습니다. 그런데 여기서 문제가 생깁니다. 앞선 기준에 의하면, 왼쪽으로 청사자가 오른쪽으로 백상이 와야 하는데, 반대의 경우라는 것입니다. 상주 남장사는 저에게는 아직도 수수께끼입니다. 비로자나부처님의 수인인 지권인은 대부분 왼손이 아래로 가고 오른손이 위로 가는데, 남장사의 경우 반대입니다. 그리고 극락보전 앞에 있는 범종루에 그려진 벽화도 법당에서 볼 때 왼쪽에 보현보살, 오른쪽에 문수보살이 모셔져 있습니다. 이 역시 반대입니다. 언젠가 그 수수께끼가 풀리리라 생각합니다.

순차적 기준

네 번째, 순차적인 기준입니다. 말 그대로 순서대로라는 뜻입니다. 다소 어중간한 기준일 수도 있지만, 앞에서 설명한 것을 제외한 나머지 경우를 설명하기 위한 기준입니다. 가령, 삼신불의 위치라든가 아니면, 관세음보살과 대세지보살의 위치, 그리고 삼성각에서 칠성여래 독성(나한), 산신의 위치 말입니다. 여기서 순차라고 할 때 우열적인 측면도 있기는 하지만, 가피(위신력)의 우열 등을 말하는 것은 아닙니다. 가끔 '어느 보살이 더 위신력이 셉니까?' 하는 질문을 받는 경우가 있는데, 불보살님께서 중생에게 다가가는 자비심은 동등하다고 생각합니다. 순차적이라는 것이 위신력의 우열을 말하는 것이 아님을 미리 말씀드리는 것입니다.

순차적으로 말하면, 중앙이 먼저이고 왼쪽, 오른쪽의 순서입니다. 즉 중앙, 왼쪽, 오른쪽의 순서입니다. 옛 벼슬자리를 보더라도 영의정, 좌의정, 우의정의 순서입니다.

이에 청정법신(淸淨法身) 비로자나불, 원만보신(圓滿報身) 노사나불, 천백억화신(千百億化身) 석가모니불인 삼신불(三身佛)의 경우, 관용적으로 일컫는 순서대로 중앙, 왼쪽, 오른쪽에 모신다고 적용해보는 것입니다. 물론 정과 동의 기준을 적용할 수도 있지 않은가 합니다. 진리[法(법)]와 하나가 된 상태의 법신불을 중심으로, 스스로 깨달음의 결과[報(보)]인 법열을 느끼는 보신불을 정(靜)에, 중생을 위해 몸을 나투는[化(화)] 보신불을 동(動)에 연결해 보는 것입니다.

다음 본존불인 아미타부처님, 또는 석가모니부처님을 중심으로 좌우 관세음보살과 대세지보살을 모시는 경우입니다. 경전을 보면 전생에 관세음보살이 형이고, 대세지보살이 아우였습니다. 이 내용을 근거로 순차적 기준에 적용해 보면, 왼쪽에 형이었던 관세음보살을, 오른쪽에 동생이었던 대세지보살이 자리한다고 볼 수 있습니다. 물론 다른 내용을 근거로 했거나 다른 기준으로 했을 수도 있습니다. 한편, 대세지보살 대신에 지장보살을 모시기도 합니다.

석가모니부처님을 중심으로 좌우로 가섭존자와 아난존자를 모신 것도 이런 기준을 적용해봅니다. 가섭존자가 아난존자보다 연장자이며 부처님 열반 후 승가를 이끌어 나갔고, 아난존자는 가섭존자 다음에 승가를 이끌어 나갑니다.

약사여래, 또는 칠성여래를 중심으로 좌우로 일광보살과 월광보살을 모십니다. 이 또한 이런 기준을 적용해봅니다. 해가 달보다 더 밝다는 순진한 생각 말입니다.

명부전에 시왕(十王)을 모신 경우도 그렇습니다. 왼쪽으로 제1, 제3, 제5, 제7, 제

지장보살, 아미타불, 관세음보살 (강진 무위사 극락보전 삼존)

아난존자, 석가모니불, 가섭존자 (제주 약천사 나한전)

9 대왕을 모시고, 오른쪽으로 제2, 제4, 제6, 제8, 제10 대왕을 모십니다. 물론 다른 기준이 적용될 수도 있을 것입니다. 홀수, 짝수와 관련된 기준으로 말입니다.

이 순차적 기준을 삼성각(三聖閣)에 적용하면 새로운 것이 나타납니다. 보통 삼성각이란 칠성(七星)여래, 독성(獨聖, 나한), 산신(山神)을 함께 모신 전각을 말합니다. 세 분 다 불교 고유 신앙이라기보다는 도교나 토착 신앙과 결부되어 있습니다. 불자들에게 순차적인 순서로 그 순서를 물어 보면 대부분 산신을 먼저 언급합니다. 그만큼 삶 속에 스며 있는 분이 산신이라는 것을 알 수 있습니다. 그래도 칠성여래는 부처님이고 독성은 깨달으신 분인 아라한이지만, 산신은 엄격히 말하면, 아직 중생입니다. 따라서 순서는 칠성, 독성, 산신입

월광보살, 치성광여래, 일광보살 (제천 정방사 삼성각 칠성탱)

산신, 칠성, 독성(안동 봉정사 영산암 삼성각)

니다. 그래서 대부분 중앙에 칠성탱화, 왼쪽에 독성탱화, 오른쪽에 산신탱화가 위치합니다. 그런데 여기서 재미있는 현상들이 일어납니다. 이런 순서를 알고 삼성각을 참배하는데, 중앙에 독성 또는 산신이 있고 좌우로 칠성과 산신, 또는 칠성과 독성이 모셔져 있기도 합니다. 이런 경우는 어떻게 이해해야 할까요? 앞에도 언급했지만, 부처님 명호를 아는 방법에서 제일 중요한 것이 그 사찰 대중의 마음이라고 했습니다. 여기서도 마찬가집니다. 중앙에 독성

(나한), 또는 산신을 모신 것은 바로 그 사찰에서 중요시하는 신앙과 관계합니다. 가령, 중앙에 나한을 모신 곳은 나한 신앙을, 산신을 모신 곳은 산신 신앙을 중요시한다고 볼 수 있습니다. 해인사 희랑대가 그렇습니다. 희랑대의 경우, 중앙에 독성(나한)탱화를 모시고 있습니다.

경전의 근거

다섯 번째, 경전에 근거한 것입니다. 물론 앞에서 언급한 기준들이 경전과 관련된 내용입니다만, 여기서 말하는 경전에 근거한 것이란 바로 경전의 이야기를 형상화한 것을 말합니다.

그 예가 충남 태안마애삼존불입니다. 태안마애삼존불은 다른 삼존불과 다른 특징을 가지고 있습니다. 삼존불은 보통 부처님을 중심으로 좌우로 부처님 또는 보살님이 계신 데 비해 태안마애삼존불은 보살님을 중심으로 좌우로 두 분의 부처님이 계십니다. 그 가운데, 왼쪽에 계신 부처님은 약합 같은 것을 들고 계십니다. 이에 대부분 이분을 약사여래부처님으로 보고, 오른쪽 부처님을 석가모니부처님으로, 중앙의 보살을 관세음보살로 봅니다. 그러나 약합을 들고 있기 때문에 약사여래부처님으로 보는 것은 가능하다고 할 수 있으나, 석가모니부처님이나 관세음보살로 보는 근거는 명확하지 않습니다.

반면, 종범 스님(전 중앙승가대총장)은 『법화경』의 「관세음보살보문품」을 근거로 중앙 관세음보살, 좌우 석가모니와 다보여래라고 주장합니다. 「관세음보살보문품」을 보면, 무진의보살이 관세음보살에게 보배영락을 줍니다. 그리고 관세음보살은 그 보배영락을 둘로 나누어 반은 석가모니부처님께 드리고 반은 다보불탑에 올립니다. 이에 태안마애삼존불은 바로 관세음보살이 보배영락을 반으로 나누어 왼쪽에 계신 석가모니부처님에게 드리고 반은 아

태안 마애삼존불

직 다보불탑에 올리지 않고 자신이 가지고 있는 장면이며, 오른쪽의 부처님은 다보불탑을 부처님으로 나타낸 것이라고 해석합니다. 태안마애삼존불을 모신 산이 백화산입니다. 관음도량을 백화도량이라고 부르기도 하는데 이 점에서 본다면 탁월한 견해라고 생각합니다.

지금까지 기준을 정해 삼존불의 배치에 대해 살펴보았습니다. 이처럼 기준을 잡고 보되, 그 기준을 고집하지 않으면, 서로 비교하며 살펴볼 수 있고 이에 따라 알지 못했던 또 다른 것을 느끼게 됩니다. 이런 가운데 삶이 더욱 넉넉해지는 것이 아닌가 합니다.

03

법당을 장엄하다

불국토의 중심,
법당에서 말 없는 법문을 듣다

고즈넉한 산사의 법당 마루에 앉아 있으면 지난 세월 많은 이들의 정성이 느껴집니다. 그와 동시에 저절로 절을 하고픈 마음에 쉼 없이 절을 할 때가 있습니다. 한편, 새로운 모습으로 건립된 절의 법당 마루에 앉아 있으면 이 시대를 헤쳐 나가는 이들의 원력을 함께 느낄 수 있습니다. 전해지는 벅찬 기운에 어느덧 맑은 미소가 입가에 가득합니다. 이 순간, 모든 시공이 하나가 됩니다.

지혜와 복덕이 충만한 곳, 법당

불보살님을 모신 곳을 법당이라고 합니다. '야외법당'이라는 말도 있기는 하지만, 보통 법당이라고 하면 불보살님을 모신 건축물을 말합니다. '불전'이라 하기도 하고, '금당'이라 하기도 합니다.

'불전(佛殿)'은 말 그대로 '부처님을 모신 큰집'입니다. 좁은 의미로는 사찰의 중심 건물인 본전(本殿)을 말하고, 좀 더 넓은 의미로는 부처님을 모신 불전과 보살님을 모신 보살전을 모두 말하며, 가장 넓은 의미로는 산신각(山神閣), 독성각(獨聖閣) 등 신앙과 예배의 대상이 되는 모든 전각(殿閣)을 포함합니다.

하동 쌍계사 금당
'금당'이라는 현판이 있는 곳으로 육조 혜능 스님을 모신 법당

'금당(金堂)'이라고 하는 이유는, 반드시 그런 것은 아니지만 부처님의 몸이 자금색(紫金色)을 띠고 있기 때문이라고 봅니다. 부처님의 몸은 붉은빛이 도는 금색입니다. 그리고 부처님을 금빛이 나는 분이라고 하여 금인(金人)이라고 부릅니다. 즉, 금당이라 하면 '부처님을 모신 집'이라는 뜻이 됩니다. 한편, 동양에서는 길상(吉祥)을 상징하는 최고의 색으로 자색을 꼽습니다.

고려시대 초기까지 본존불을 모신 사찰의 중심 법당을 금당이라 불렀다고 합니다. 그러다가 그 이후 본존불의 성격에 맞추어 '대웅전', '대적광전', '미륵전', '극락전' 등으로 중심 건물의 이름을 구체화했다고 봅니다.

'법당(法堂)'은 말 그대로 '법의 집'입니다. 불교에서는 '법'의 뜻이 다양하게 사용됩니다만, 여기서는 '부처님의 가르침', 또는 '진리'를 말합니다. 따라서 '법당'이란 '부처님의 가르침이 가득한 집', '부처님의 가르침이 전해지는 집', '진리의 집', '진리로 충만한 집' 등의 뜻이 됩니다. 법당이라는 말은 선종(禪宗)에서 사용하기 시작하였고 법을 설하는 장소를 말합니다. 금당과 법당이 별도로 있기도 하였지만, 대부분 사찰에서 한 건물을 다양한 용도로 사용하였기에, 점점 선종 중심으로 모든 전각을 법당으로 부르게 되었다는 것입니다.

'금당'으로 불리든, '법당'으로 불리든, 역사적 흐름이 어떻든, 이 자리에서 수많은 이들이 불보살님께 발원하고 기도하였음을 법당 마루의 찐한 세월이 말해 줍니다. '부처님의 집(금당)'이 곧 '가르침의 집(법당)'이고, '부처님의 품 안'이 바로 '가르침의 품 안'이고 '진리의 품 안'입니다. 오늘도 그 속에서 수많은 이들이 불법승 삼보에 깊은 예경을 나타냅니다.

법당의 구조

불국토를 의미하는 법당 안에는 다양한 중생이 함께 합니다. 천장에 자리한 용과 봉황으로부터 법당 한쪽에 자리한 여러 신장들, 그리고 불보살님의 자비를 필요로 하는 영가까지 참으로 다양한 중생이 있습니다. 그러나 여기에 있는 중생은 세속의 삶에 짓눌려 사는 중생이 아닙니다. 이곳이 불국토인지라 부처님의 가르침을 구하고 실천하고자 하는 보살들입니다.

법당, 특히 그 사찰의 본전(本殿)은 크게 상단(上壇), 중단(中壇), 하단(下壇)의 삼단 구조로 되어 있습니다. 물론 이러한 삼단 구조 외에 사찰의 여건에 따라 다른 구조로 되어 있는 곳도 있습니다.

상단(上壇)은 법당의 어간문에서 바라볼 때 정면에 위치합니다. 상단은 가장 높은 단상을 설치하고 그 중앙에 부처님, 또는 보살님을 모십니다. 보통 부처님과 협시보살을 모셨기 때문에 불보살단이라고도 합니다. 혹은 줄여서 불단(佛壇)이라 합니다. 이 상단에는 그 사찰의 주존이신 부처님, 또는 보살님을 모시고 그 뒤로 그에 해당하는 후불탱화를 모시는 것이 통례입니다.

　　중단(中壇)은 호법을 발원한 선신(善神)들을 모신 신장단(神將壇)입니다. 여러 신장님들을 모신 단상이기 때문에 신중단(神衆壇)이라고도 합니다. 제석천이나 사왕천, 대범천 등의 천상 성중과 천, 용, 야차, 건달바, 아수라, 긴나라, 가루라, 마후라 등 팔부신장 등을 모신 곳입니다. 또한 우리의 민속 신앙에 의해 칠성과 산신이 모셔져 있기도 합니다. 보통 신중단은 탱화 형태로 신중들을 모십니다.

하단(천안 각원사 대웅보전)

　　하단(下壇)은 영가의 위패가 모셔진 단상으로 영단(靈壇), 또는 영가단(靈駕壇)이라고도 합니다. 이는 조상숭배 신앙이 극락왕생 신앙과 정토 신앙이 결부된 형태라고 볼 수 있습니다. 따라서 아미타부처님께서 중생을 맞이하여 극락으로 인도하는 '아미타여래래영도', '지장보살도', 영가를 위하여 불보살님께 공양을 올리고 법을 청하는 '감로도' 등을 후불탱화로 모십니다.

하단(문경 김룡사 대웅전 하단 삼장탱화)
천장을 중심으로 좌우 지지와 지장을 모신 삼장탱화

물론 후불탱화 없이 위패만 모신 곳도 많습니다.

　이러한 상단, 중단, 하단, 즉, 불단, 신중단, 영단의 위치는 사찰마다 다양합니다. 어떤 곳은 불단 오른쪽에 신중단이 있고, 어떤 곳은 불단 왼쪽에 신중단이 있습니다. 신중단과 반대로 영단은 불단의 왼쪽, 또는 오른쪽에 위치합니다. 물론 예를 올리는 순서는 불단, 신중단, 영단입니다.

　어떤 스님이 좋은 이야기를 해 주셨습니다. 화엄종과 관련된 사찰의 경우, 신중단은 불단의 오른쪽에 위치한다는 것입니다. 그 이유는 화엄도량에서 신중이란 중생인 신중이 아니라 화현신중 즉, 부처님께서 신중으로 나투었다는 것입니다. 부처님의 가르침이 다양한 중생의 모습을 통해 드러난다는 것입니다. 다시 말하면 주불이 체(體)라고 하면, 신중들은 용(用)이 되는 것입니다. 체와 용의 관계에서 체는 중심 또는 왼쪽인 반면, 용은 오른쪽에 해당됩니다. 따라서 용에 해당되는 화현신중들이 불단의 오른쪽에 위치한다는 말입니다.

　참고로, 상단의 부처님께 올렸던 공양을 물려서[이를 퇴공(退供)이라고 함] 그 공양을 신중단에 올리고 의식을 진행하는 것을 보게 됩니다. 이는 신중들이 부처님께서 물리신 공양을 받겠다는 원을 세웠기 때문입니다.

법당 장엄은 부처님의 덕성

　법당에 앉아 법당을 살펴보면 다양한 장엄으로 화려하게 장식되어 있습니다. 이러한 장엄들은 그냥 멋을 부리기 위한 장치들이 아닙니다. 법당은 바로 불국토의 중심입니다. 바로 정토이며 극락입니다. 따라서 그러한 장엄들은 불국토, 정토, 극락세계를 나타내는 장엄물이자 상징물이라고 볼 수 있습니다. 부처님께서 증득하신 진여의 세계를 불국토라는 공간으로 표현하였다고 할 때, 장엄물들은 바로 부처님의 덕성을 상징합니다. 말로 표현할 수 없고 생각으로 헤아릴 수 없는 것을 여러 상징적인 장엄으로써 우리 중생에게 시각적으로 나타내는 것입니다.

수미단(須彌壇)

우선 불보살님이 계신 자리를 불단(佛壇) 또는 수미단(須彌壇)이라고 합니다. 왜 부처님이 계신 자리를 수미단이라고 하는가? 어떤 이는, 석가모니부처님께서 당신의 생모이신 마야부인이 계신 도리천에서 법을 설한 것을 그 연유로 보기도 합니다. 도리천은 욕계천으로 수미산 꼭대기에 위치한 세계입니다. 즉, 도리천에서 법문하는 모습을 상징적으로 나타낸 것이라고 보는 것입니다. 한편, 어떤 이는, 부처님께서 아니 계신 곳이 없지만 사바세계에서 제일 높은 곳인 수미산에 계신 것으로 상징화하였다고 봅니다. 그리고 남섬부주에서 수행자가 쉼 없이 정진하여 궁극적 경지인 부처님의 세계에 도달한 것을 수미산 정상에 도달한 것으로 상징화하였다는 것입니다.

수미단을 보면 다양한 문양들이 장엄되어 있기도 합니다. 연꽃, 모란꽃 등의 꽃이나, 연꽃을 들고 있는 동자, 그리고 인두조신(人頭鳥身)의 중생, 인두어신(人頭魚身)의 중생, 극락조인 가릉빈가, 여의주를 물고 있는 봉황, 그리고 사슴, 거북, 학 등의 길상을 나타내는 동물 등 다양한 문양들이 새겨져 있습니다. 그리고 이러한 수미단 위에 수미좌(須彌座)가 있고, 그 위에 부처님이 계십니다.

참고로 현존하는 수미단 가운데 깊이를 던져 주는 것으로는, 영천 은해사 백흥암 극락전 수미단, 양산 통도사 대웅전 수미단, 강화 전등사 대웅전 수미단, 동래 범어사 대웅전 수미단 등을 들 수 있습니다. 단, 백흥암의 경우 초파

수미단 일부(부산 범어사 대웅전)

일만 법당 참배가 가능합니다.

닫집(닷집)

다음, 부처님 위를 보면, 어떤 경우는 화려한 누각으로 장엄되어 있고, 어떤 경우는 천장 안쪽으로 용 등이 조각되어 있거나 그려져 있습니다. 이를 닫집 또는 닷집이라고 합니다. 닫집의 어원은 불확실합니다. 누구는 '덧달아서' 닫집이라고 말하기도 합니다.

그럼 닫집은 어디에서 유래하였을까요?

우선 일산(日傘)에서 유래하였다고 봅니다. 일산이란 옛날 인도에서 귀인이 외출할 때에 햇빛을 막기 위해 쓰인 것으로 지금으로 말하면 양산에 해당합니다. 즉, 일상생활에서 사용하던 일산에서 보개 등의 이름으로 부처님의 지위와 권능을 상징하는 상징물로 자리 잡았다고 보는 것입니다. 화개(花開), 천개(天蓋), 보개(寶蓋), 현개(懸蓋), 원개(圓蓋) 등의 언어로 경전에 나타납니다. 그런데 우리나라의 경우 예전에는 이런 형태로 불단 위를 장엄하였다고는 하지만, 지금 현존하는 것은 없습니다. 다만 근래 조성된 진천 보탑사의 경우 목탑 3층에 모신 미륵부처님이 천개를 쓰고 계십니다.

다음은, 궁전을 상징하는 것으로 봅니다. 이는 또 다른 두 가지 상징적인 뜻이 있습니다. 하나는 불국토의 궁전을 나타낸다는 것입니다. 정토경전을 보면 보배누각을 설명하고 있는 부분이 있습니다. 이를 나타낸 것이라고 봅니다. 그런데 이 정토의 보배누각은 앞서 말했듯이 부처님의 덕성을 상징적으로 나타냅니다. 다른 하나는 세간의 왕이 사는 곳이 궁전이듯이, 세간·출세간의 법왕이 계신 곳을 궁전으로 나타낸 것이라고 봅니다. 즉 궁전의 의미는 궁전 자체를 나타내기보다는 부처님의 위치를 상징한다고 볼 수 있습니다. 그런데 어떤 이는 누각 모양의 닫집을 장엄한 곳은 우리나라 밖에 없다고 합니다. 한편, 어떤 이는, 닫집이 왕이 머무는 궁전의 의미라고 볼 때, 부처님을 모실 경우에만 닫집으로 장식한다고 합니다. 실상 전각을 둘러보면, 부처님 이외에도 닫집으로 장엄

천개(진천 보탑사 목탑3층 미륵삼존 천개)

운궁형 닫집(서산 개심사 대웅전)

보궁형 닫집(부안 개암사 대웅전)

운궁형(보개형) 닫집(안동 봉정사 대웅전)

된 경우가 더러 있습니다. 여러 가지 이야기가 있겠지만, 각 전각에 모신 분들에 대한 예경심을 더욱 강조한 것이라고 보입니다.

닫집을 보면 크게 두 종류가 있습니다. 하나는 닫집 지붕을 천장 안으로 밀어 넣은 형태의 운궁형(雲宮形)이며 또 하나는 화려한 누각과 지붕 모양의 보궁형(寶宮形)입니다. 한편, 운궁형 가운데, 용을 조각하여 밖으로 도출한 형태를 보개형이라고 하여 그 중간 형태로 봅니다. 그런데 보궁형의 경우, 가운데에 '寂滅寶宮(적멸보궁)', 또는 '兜率天(도솔천)', 또는 '內院宮(내원궁)' 등의 현판이 있는 경우가 있습니다. '적멸보궁'에서 '적멸'이란 바로 열반을 말합니다. 모든 번뇌가 사라지고 모든 분별이 사라진, 참으로 고요한 상태를 말합니다. 바로 부처님의 세계입니다. '도솔천' 또는 '내원궁'이라고 하는 것은 바로 부처님이 이 세상에 오시기 전 보살로서 수행하시며 덕화를 베푸시던 도솔천 내원궁을 나타냅니다. 엄밀한 의미에서는 아니지만, 도솔천 내원궁도 하나의 정토, 즉 극락으로 보는 경우도 있습니다.

불단을 돌며 부처님께 예경하다

이처럼 수미단과 닫집 등으로 장엄된 불단을 살펴보면, 법당 한쪽 벽면에서 조금 떨어져 있는 것을 알게 됩니다. 물론 장소가 협소한 이유에서 불단이 한쪽 벽면에 붙어 있는 경우도 있습니다. 법당을 참배하는 대부분의 사람은 불단이 한쪽 벽면에서 떨어져 있는 것에 관심을 가지지 않습니다. 더구나 특별한 경우를 제외하고는 뒤쪽으로 가 보려고 하지도 않습니다. 사실 여기에도 가르침이 있습니다.

옛날 인도에서는 스승에게 공경의 뜻으로 인사를 할 때 오른쪽으로 세 번 도는 것이 예법이었습니다. 이를 우요삼잡(右遶三帀)이라고 합니다. 물론 시계 방향으로 도는가 반시계 방향으로 도는가에 대해 다른 의견이 있기는 하지만, 시계 방향으로 돈다고 봅니다. 그 이유 가운데 하나로 다음의 예를 듭니다. 가령, 왼손은 부정(不淨)한 일을 할 때 사용하고 오른손은 그 반대의 일을 할 때 사용합니다. 따라서 스승에게 오른쪽으로 보이면서 도는 것이 결례가 아니라고 보기에 시계 방향으로 도는 것이 적합하다고 보는 것입니다. 또 하나는 부처님의 사문유관(四門遊觀)이나 『화엄경』 등 경전 상에서 보살들이 등장할 때 순서가 동남서북입니다. 이 또한 시계 방향과 일치합니다. 그러므로 우요삼잡이란 자신의 오른쪽 어깨를 스승에게 보이고 세 번 도는 예법이라는 것입니다.

따라서 탑돌이를 하는 경우에도 시계 방향으로 도는 것이 위의 이유에 합당하다고 봅니다. 마찬가지로 불단이 벽에서 떨어져 있는 것은 불단 주위를 돌면서 불보살님께 예경할 수 있는 공간을 마련한 것입니다. 그런데 오늘날 이 사실은 우리의 기억 속에서 사라져 가고 있습니다.

한편, 그 불단 뒤를 돌다 보면 새로운 가르침을 접하게 됩니다. 어찌 보면 가장 어두운 곳에서 중생을 살펴보고 계시는 불보살님을 친견하게 됩니다. 대표적인 곳인 부안 내소사 대웅보전, 강진 무위사 극락보전, 공주 마곡사 대광보전, 여수 흥국사 대웅전 등의 관세음보살입니다. 불단 뒤 후불벽화에 모셔진 관세음보살님은 어쩌면 제대로 발길 한번 주지 않는 곳에 계신다는

강진 무위사 극락보전 불단 뒤 수월관음

송광사 대웅보전 불단 밑 진신사리함

점이, 어느 누구에게도 따뜻한 손길 한번 받지 못하는 중생에게 자비를 베푸시는 모습인 것 같아 늘 마음이 찡한 공간입니다. 그리고 송광사의 경우에는 불단 밑에 진신사리를 모시고 있는데, 불단 뒤로 가면 그 모셔진 공간을 볼 수 있습니다.

한 번 더 강조합니다. 절 공간 하나하나는 모든 대중의 정성이 들어간 곳입니다. 그 정성스런 공간은 늘 부처님의 가르침이 함께 합니다. 늘 말없이 전해지는 가르침을 들을 수 있는 여유를 가지고 법당을 참배하는 자세가 우리의 삶을 유익하게 하는 것이 아닌가 합니다.

법당을 장엄하며
신심나게 하는 법구(法具)

절은 살아 있는 공간입니다. 법당 역시 그렇습니다. 많은 이들이 불보살님께 예를 드리며 기도를 하고, 큰스님의 사자후가 울리기도 합니다. 매순간, 부처님 가르침과 함께 신명을 울리며 신심나게 하는 다양한 도구들이 등장합니다. 이를 법구(法具), 불구(佛具), 불기(佛器)라고 합니다. 불전을 장엄하게 꾸미거나 법회 등 의식을 거행할 때 사용하는 도구를 일컫는 말입니다.

화려하게 장엄된 수미단 위에는 향로와 촛대 등의 공양구, 부처님 명호 등을 적은 패, 발원문을 넣는 소통 등이 있습니다. 그 위에는 닫집을 비롯하여 행사가 있을 때는 부처님 위덕을 찬탄하는 번과 화만이 법당을 장엄합니다. 의식을 진행함에 사물(범종, 법고, 운판, 목어)을 비롯하여 목탁, 경쇠, 금고, 금강령 등에서 퍼져 나오는 범음으로 불국토를 가득 채웁니다. 때로는 법상에 오르신 큰스님이 주장자나 불자를 휘저으며 사자후를 토하기도 합니다.

정성스럽게 불보살님께 공양을 올리다

불단 위에는 정성 다해 피운 향이 다양한 모습을 띠며 향기를 발산하고,

향로, 화병, 촛대, 다기(충남 홍성 석련사 대웅전 상단)

그 옆에는 자신을 태워 가며 어둠을 밝히는 초가 있습니다. 그리고 여러 색의 꽃이 부처님께 올려져 있습니다. 또한 한쪽에는 정성스럽게 담아 온 쌀이나 과일이 부처님 전에 놓여 있습니다.

보통 불단에는 공양구에 해당하는 향로, 화병, 촛대, 다기 등의 법구가 있습니다. 불보살님께 올리는 음식 등 여러 정성을 공양이라고 합니다. 보통 향, 꽃, 등불 3종이 기본입니다. 이후 차(茶), 과일(果), 쌀(米)을 더해 육법공양이라고 합니다. 이에 향로, 화병, 촛대를 불단 삼구족(三具足)이라고 합니다. 또 향로 1기에 화병, 촛대 각각 2기로 총 5기가 되어 오구족(五具足)이라고도 합니다.

■ 향로

예로부터 향 공양을 중요시했기에 향로(香爐)를 가장 으뜸으로 봅니다. 향은 고온다습한 인도의 풍습에서 시작되었습니다. 더럽고 나쁜 냄새를 없애 주는 향이 마음의 때를 깨끗이 씻어 준다는 의미로 확대되어 중요한 공양물이 되었습니다. 또한 향은 스스로 태우면서 향기를 뿜어 주위를 맑고 향기롭게 하기에 대승불교의 보살도를 상징하기도 합니다. 그리고 예불문에 나오는 오분향례(五分香禮)처럼 부처님이 갖추신 다섯 가지 공덕을 나타내기도 합니다. 오분향이란 계향(戒香), 정향(定香), 혜향(慧香), 해탈향(解脫香), 해탈지견향(解脫知見香)입니다. 참고로, 향로 가운데 그릇 모양의 몸체에 나팔 모양의 높은 받침대가 있는 것을 향완(香垸)이라고 합니다.

■ 화병

화병(花甁)은 꽃을 올릴 때 꽃을 꽂아 두는 법구입니다. 석가모니부처님의 전생인 선혜동자가 연등부처님께 꽃 공양 올리는 이야기도 있듯이, 꽃 역시 중요한 공양물입니다. 그러나 우리나라의 경우, 사시사철 꽃을 구하기 힘들어 종이로 만든 꽃을 올리기도 하였습니다. 이런 이유로 지금도 상대적으로 꽃 공양이 적지 않은가 합니다.

■ 촛대

촛대는 불보살님께 촛불을 켜 공양 올리는 법구입니다. 초 공양은 등 공양의 하나입니다. 시방삼세의 어둠을 밝히는 빛으로 지혜에 해당합니다. 또, 초는 자기의 몸을 태워 주위를 밝히므로 이웃을 위한 보살도를 의미합니다.

■ 다기

향로, 촛대, 화병 등과 함께 필수적인 법구가 있습니다. 바로 다기(茶器)입니다. 불보살님께 차를 올리는 헌다(獻茶)의식에 사용하는 법구입니다. 다만 일상 의식에서는 깨끗한 물[淸水(청수)]을 담아 부처님께 올립니다. 예불 때 다음과 같은 게송을 외우기도 합니다.

아금청정수(我今淸淨水)	제 지금 청정수가
변위감로다(變爲甘露茶)	감로의 차로 변하여
봉헌삼보전(奉獻三寶前)	삼보전에 올리오니
원수애납수(願垂哀納受)	원컨대 어여삐 여겨 받아주소서

■ 마지 그릇

또, 하나 중요한 것이 있습니다. 부처님께 마지를 올릴 때 쓰는 마지 그릇입니다. 부처님께 올리는 공양을 마지(摩旨)라 부릅니다. '공들여 만든[摩] 맛있는 음식[旨]'이라는 뜻입니다. 공양주는 밥을 지은 뒤 제일 잘된 부분을 마지 그릇에 담아, 빨간색 보자기 또는 금색 뚜껑으로 덮어둡니다. 이는 사악한 기운이 마지에 접근하지 못하게 한다는 의미입니다. 마지종이 울리면 마지 그릇

마지그릇(서울 법종사 대웅전 상단)

을 자신의 입 위로 받쳐 들고 법당으로 갑니다. 그런데 마지는 행사가 끝난 뒤 바로 불단에서 내리게 됩니다.

참고로, 육법공양물은 각각 상징하는 바가 다릅니다. 향은 해탈향(解脫香)이라고 해서 해탈을 의미합니다. 자신을 태워 주위를 맑게 하므로 희생을 뜻하기도 하고, 화합과 공덕을 뜻하기도 합니다. 등은 반야등(般若燈)이라고 하며, 지혜와 희생, 광명, 찬탄을 뜻합니다. 꽃은 만행화(萬行花)로서 꽃을 피우기 위해 인고의 세월을 견딘다고 해서 수행을 뜻하기도 하고, 장엄, 찬탄을 뜻하기도 합니다. 과일은 보리과(菩提果)로 깨달음을 뜻합니다. 차는 감로다(甘露茶)라고 해서 부처님의 법문이 만족스럽고 청량하다는 것을 뜻합니다. 쌀은 선열미(禪悅米)로서 선정의 기쁨과 환희를 뜻합니다.

한편, 향로나 촛대에 향이나 초가 타고 있으면, 그것으로 자신의 정성을 대신해야 합니다. 다시 별도의 향을 꽂거나 타고 있는 초를 뽑고 새로운 초를 켜는 것은 맞지 않습니다. 그리고 촛불을 끌 때에는 입으로 끄지 말고 손으로 끄거나 한쪽 옆에 있는 도구를 사용합니다. 산사를 찾을 때 작은 정성이라도 부처님 전에 공양 올리는 모습이 '나'라는 생각, '나의 것'이라는 생각을 조금씩 조금씩 버리는 과정이 아닐까 합니다.

불보살님이 계신 법당을 장엄하다

법당 안 하나하나 모든 것이 장엄이지만, 별도의 불구로 장엄하기도 합니다. 앞서 언급한 공양구도 한편으로는 장엄구입니다. 여기서는 의식과 관련된 몇몇 장엄구를 살펴보고자 합니다.

완주 송광사 대웅전 전패

■ 패(牌)

사찰이 대부분 갖추고 있는 것은 아니지만, 가끔 불단 위에 부처님의 명호나 임금의 만수무강을 적어 놓은 나무패(牌)를 볼 수 있습니다. 불단 위 부처님 옆에 부처님 명호를 적어 둔 것을 '불명패(佛名牌)', 또는 '불패(佛牌)'라고 하며, 경의 이름을 적어 둔 것은 '경패(經牌)'라고 하고, 왕의 만수무강을 비는 글을 적어 둔 것을 '전패(殿牌)', 또는 '원패(願牌)'라고 합니다.

가령, 고창 선운사 대웅보전 불단의 부처님 옆에는 '나무청정법신비로자나불', '나무원만보신노사나불', '나무천백억화신석가모니불' 등의 불명패가 있습니다. 완주 송광사 대웅전 불단 부처님 옆에는 '주상전하수만세' 등의 전패가 있습니다.

이러한 패는 대부분 화려한 모습입니다. 아래는 연꽃으로 대좌를 만들고, 그 위에 구름, 용, 연꽃 등의 모양으로 장엄합니다.

영가의 신위를 모신 것을 위패(位牌), 또는 신주(神主)라고 부릅니다.

■ 연(輦)

패와 관련된 것 가운데 하나가 연입니다. 연은

연 ©김경호

부처님의 진신사리나 불경, 불구, 위패 등을 옮길 때 사용하는 법구로서 가마의 형태와 비슷합니다.

부처님 진신사리나, 위패 등을 모셔오는 이운식(移運式)을 할 때에는 절 밖으로 연을 메고 나가 모셔 오게 됩니다. 이를 시련(侍輦)이라고 합니다. 이때에는 엄숙한 의식을 통해 모시게 됩니다. 옛날 임금이나 특별한 날만 가마를 탔던 것처럼, 연에 모신다는 것은 상당한 의미가 있습니다. 이에 연은 불보살님의 연대(蓮臺)를 상징하며, 여러 장엄물로 장엄합니다.

물론 오늘날 이러한 행사를 보기가 쉽지는 않습니다. 가끔 법당 안 불단 뒤에 보관된 연을 보면서 정성스럽게 진행하는 이운식을 그려봅니다.

■ **소통**(疏筒)

앞서 언급한 패처럼 불단에 소통 또한 갖추고 있는 사찰은 많지 않습니다. 소통은 불단의 좌우에 있는 것으로, 의식에서 발원문을 읽고 난 뒤에 다시 말아 넣는 통을 말합니다. 긴 직육면체로 발원문이 들어갈 수 있도록 속은 비어 있고, 화려한 문양으로 장엄되어 있습니다.

■ **번**(幡)**과 화만**(華鬘)

큰 행사가 있을 때, 법당이나 도량을 장엄한 여러 가지 깃발이나 종이로 만든 장엄물이 세로로 매달려 있는

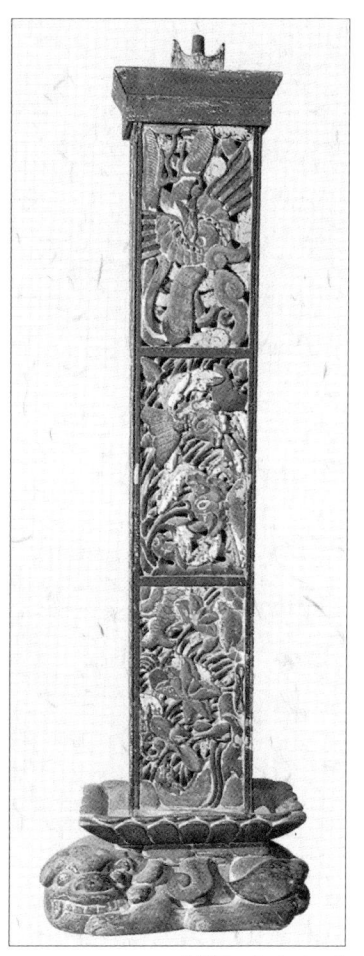

소통(통도사 성보박물관)

번과 화만

것을 보게 됩니다.

이러한 깃발을 번이라고 합니다. 즉, 번은 불보살의 위덕과 무량한 공덕을 나타내고 도량을 장엄하는 깃발입니다. 보통 비단 등 천이나 종이에 불보살의 명호를 쓰기도 하고, 다라니를 쓰기도 합니다. 불전이나 도량을 장엄하기 위해 번간(幡竿: 깃대)에 걸기도 하고 닷집에 매달기도 하고, 노끈이나 철사를 빨랫줄처럼 연결하여 여러 개의 번을 매달기도 합니다.

화만은 많은 꽃을 실로 꿰거나 묶어서 만든 꽃다발을 말합니다. 처음에는 생화로 만든 꽃다발을 화만이라 하였지만, 이후 종이 등으로 만든 조화를 비롯하여 여러 장엄물을 화만이라 부르게 됩니다. 이는 불단 위에 올리는 것이 아니라 번처럼 공중에 매달아 장엄합니다. 속치마가 여러 겹으로 겹쳐 보이는 지전(紙錢) 또한 그 하나입니다.

범음(梵音)으로 불국토를 장엄하다

절에는 많은 소리가 있습니다. 어느 것 하나 비로자나부처님 음성 아님이 없다는 계곡 소리, 새소리, 바람 소리도 있고, 무언의 가르침이라고 하는 고요한 소리도 있습니다. 그리고 부처님을 청하고 불국토를 장엄하는 소리도 있습니다. 그 장엄하는 소리 가운데, 범종각에서 울리는 사물 소리도 있고,

법당 안 여법한 의식 속에 진행되는 소리도 있습니다.

■ **목탁**(木鐸)

사찰 의식은 대부분 목탁 소리에 맞추어 진행됩니다. 목탁 소리에 맞추어 끊임없이 절을 하기도 하고, 불보살님을 부르기도[이를 염(念)한다고 합니다] 합니다. 목탁은 목어에서 변형된

목탁 ⓒ희찬 스님

것으로 봅니다. 따라서 목탁 또한 게으름을 경계하는 의미로 물고기 모양을 하고 있습니다. 목탁이라는 용어는 우리나라에서만 사용하고, 중국이나 일본에서는 목어라고 합니다.

목탁은 큰 목탁과 작은 목탁이 있습니다. 큰 목탁은 벽에 매달아 놓고 대중을 모으거나 공양 때를 알리기 위해 사용합니다. 또 법당에서는 포단(蒲團: 방석) 위에 올려놓고 의식할 때 사용합니다. 그런데 우리나라에서는 의식할 때 거의 대부분 작은 목탁을 사용합니다. 왼손에는 목탁을, 오른손에는 목탁채를 잡습니다. 이는 체(體)와 용(用)의 교리를 담아냅니다.

목탁은 대중 생활을 위해 알리는 신호로 사용하기도 합니다. 보통 공양(식사)시간을 알릴 때는 길게 한번 치고, 울력(공동 작업)을 할 때는 길게 두 번 치고, 수행시간을 알릴 때는 길게 세 번 치게 됩니다. 절에서 목탁이나 법구를 함부로 사용하면 안됩니다. 그 소리를 듣고 스님이 무거운 걸음을 할지도 모릅니다.

경쇠(통도사 성보박물관)

■ 경쇠[경(磬)]

예불에 참석하다 보면, 목탁 소리 대신 경쾌한 금속성 소리에 맞춰 예불하는 것을 보게 됩니다. 이때 금속성 소리를 내는 것이 경쇠입니다. 이를 경자(磬子), 동발(銅鈸)이라고 하며, 경(磬), 금(金)으로 쓰기도 합니다. 이는 불경을 읽을 때나 범패를 할 때 사용하기도 합니다.

모양은 여러 가지 있는데, 주발형(밥그릇 모양)이 주를 이룹니다. 경쇠 가운데 달려 있는 자루를 왼손으로 잡고, 오른손으로 노루뿔 같은 것을 쥐고 경쇠를 칩니다. 또는 모양과 용도에 따라 선반에 걸어 두거나 법당 안의 스님 곁에 있는 책상에 두고 칩니다. 경쇠 소리는 범종, 운판, 요령, 징의 소리와 함께 동물의 마음을 감화시키는 다섯 가지 쇳소리 중 하나라고 하며, 일체중생을 제도하는 소리입니다.

■ 금고(金鼓)

금고는 쇠로 된 북이라는 뜻입니다. 가끔 법당 안, 또는 대중방 마루에서 볼 수 있습니다. 금고 또는 반자(飯子) 두 종류가 있습니다. 금고는 금구(禁口)라고도 하는데, 양면을 모두 사용할 수 있는 구조로 되어 있습니다. 반면에 반자는 징처럼 한쪽 면만 사용할 수 있게 되어 있습니다. 그러나 현재 구별 없이 그 이름을 통용해서 사용합니다.

『현우경』「제41품」을 보면, 부처님 당시 인도에서도 대중을 모으기 위해 나라에서 쇠북을 울렸다는 기록이 나옵니다. "그 나라 법에는 북을 치면 여러 사람이 모인다. 구리로 된 북을 치면 8억명이 모이고, 은북을 치면 14억명이 모이고, 금북을 치면 온 나라 사람이 다 모인다." 마찬가지로 절에서 금고는 대중을 모을 때 사용하기도 하지만, 『금광명경』「제3참회품」의 내용을 볼 때 그 이상의 상징성을 가집니다.

금고(김룡사 향하당 금고)

"이 큰 금으로 된 북에서 / 나오는 묘한 소리는 / 삼세의 모든 고통을 / 모두 능히 없애 주나니 / 지옥 아귀 축생 등의 고통 / 가난과 곤궁의 고통 / 그 밖의 모든 고통이라. … 이 쇠북에서 나오는 / 이런 묘한 소리는 / 중생들로 하여금 / 깊고 깊은 범음을 얻게 하리. / 부처님의 위없는 / 보리의 훌륭한 결과를 얻게 하고 / 위없는 법륜을 굴리게 하여 / 미묘하고 청정케 하여 주리."

따라서 예불 때 울리는 금고 소리는 중생에게 고통을 없애주고 부처님 가르침을 전해주는 범음입니다. 『금광명경』에서는 보살이 꿈에 본 금고에서 태양 같은 광명을 비춘다고 묘사합니다. 광명은 바로 부처님의 지혜와 자비

광명입니다.

■ 금강령(金剛鈴) 금강저(金剛杵)

보통 요령으로 불리는 금강령은 스님들이 의식을 집전할 때 사용하는 불구입니다. 진언을 외울 때나, 불보살님을 모시거나 천인 또는 영가들을 부를 때 사용합니다. 금강령은 밀교 의식에서 유래되었습니다. 밀교에서는 금강저를 오른손에, 금강령을 왼손에 들고 의식을 거행합니다. 작은 종 모양으로 손잡이 끝 부분이 금강저의 모습을 띠고 있기에 금강령이라고 합니다.

금강령

따라서 옛날에 만들어진 금강령을 보면, 종신에는 호법신장 등이 새겨져 있을 뿐만 아니라 손잡이 끝에도 금강저처럼 갈고리 모양을 하고 있습니다. 그러나 최근에 만들어지는 금강령은 종신에 장식이 없거나 손잡이 끝도 갈고리 대신 보주로 장식된 다소 단순한 모습입니다.

금강령은 손으로 흔들어 종 안에 있는 방울이 종신을 때려 소리를 내는데, 마음 심(心)자 쓰듯이 흔듭니다. 이 청아한 소리를 통해 불보살님을 청하고, 중생을 부처님의 가르침으로 인도하게 됩니다. 즉, 종소리는 중생의 번뇌를 끊고, 마음을 평온하게 해 마침내 깨달음을 얻게 합니다.

금강저

참고로, 금강저(金剛杵)는 밀교 의식에 쓰이는

작법용 법구로 번뇌를 없애는 보리심을 상징합니다. 금강저는 원래 제석천의 번개에 붙였던 이름이었으나 점차 여러 신이나 역사가 지니는 무기를 가리키게 되었습니다. 뒤에 밀교에서 이 무기를 무명과 번뇌를 없애는 지혜의 상징인 법구로 가져왔습니다.

■ 풍경(風磬)

의식과 관련된 것은 아니지만, 빼놓을 수 없는 소리가 있습니다. 바로 풍경 소리입니다. 법당 마루에 앉아서 듣는 풍경 소리는 귀로 마시는 감로수입니다. 가끔 그 소리가 수행에 방해가 되어 방울을 뺀, 소리 없는 풍경을 단 법당도 있습니다.

풍경은 풍탁(風鐸)이라고도 합니다. 법당의 처마나 탑의 처마 또는 지붕 부분에 매달아 둡니다. 요령은 흔들어서 소리가 나지만 풍경은 바람에 흔들려서 소리를 냅니다. 이에 '바람이 소리를 만날 때', '자연을 닮은 소리' 등 멋진 말을 만들기도 합니다.

풍경 방울에는 보통 물고기 모양의 얇은 금속판을 매달아 둡니다. 이는 물고기가 잠잘 때도 눈을 감지 않는 것처럼 수행자는 모름지기 늘 깨어 있으라는 가르침이 담겨 있습니다. 목탁이 만들어진 유래의 가르침과 흡사합니다.

청아한 풍경 소리에 자신의 삶을 돌아볼 일입니다. 지금 이 시간까지 나태하게 살아오지 않았는가? 누가 말합니다. 게으름은 방향의 문제이지 속도의 문제가 아니라고. 게으름과 느림은 다릅니다.

법상에서 사자후를 토하다

법당은 법을 설하는 장소이기 때문에 법당입니다. 따라서 법당에서 법이 설해지는 것은 당연합니다. 이때 스님은 법당에 마련된 법상에 자리하여 법을 설합니다.

■ **법상**(法床)

법문은 단순한 말씀이 아닙니다. 어둠을 밝혀주는 등불이며, 목마름을 적셔주는 감로수입니다. 따라서 법을 설하는 자리인 법상이란 단순한 의자가

법상(청도 운문사 대웅보전 법상)

아닙니다. 부처님의 가르침을 전하는 자리입니다. 깨달음을 외치는 보리좌요, 지혜를 전하는 사자좌입니다.

이러한 법상이기에 위엄과 덕망을 나타내기 위해 여러 문양으로 장엄합니다. 보통 아래 다리 부분에는 사자나 연꽃이 새겨져 있고, 위쪽 주위로는 여러 문양으로 장엄된 난간이 있습니다. 또 법사스님이 법상에 오를 때는 시자의 시중을 받으며 오르게 됩니다. 법사스님이 자리하면 대중은 예를 표하며 청법가로 법을 청합니다.

법상은 법당 중앙에 늘 위치하는 경우도 있고, 법당 한쪽에 두었다가 이동하며 사용하는 경우도 있습니다.

■ **불자**(拂子)

위엄을 나타내고자 불자, 죽비, 주장자 등을 손에 쥐고 설법하시는 경우가 있습니다. 불자란 수행할 때 마음의 티끌이나 번뇌를 털어내는 데에 사용

하는 상징적인 법구입니다. 불
(拂), 불진(拂塵)이라고도 합니다.

짐승의 털이나 삼[麻(마)] 같은 것을 자루에 매단 것으로 총채와 같습니다. 원래 벌레를 쫓기 위해 사용했는데, 이후 더럽고 나쁜 것을 털어내는 상징적 의미를 지니게 됩니다. 천수관음보살도 40수(手) 가운데 불자를 쥐고 있습니다. 이는 악한 장

불자 ⓒ김경호

애나 환란을 없애기 위함이라고 합니다. 특히 선종에서 스님이 설법할 때 위엄의 상징으로서 많이 사용되었습니다. 조사스님 초상화인 영정에도 불자를 쥐고 있는 모습을 볼 수 있습니다. 그러나 모든 스님이 다 불자를 쥐고 설법할 수 있는 것은 아닙니다.

■ 죽비(竹篦)

불자와 달리 죽비는 상대적으로 친숙한 법구입니다. 죽비는 보통 통대나무를 두 쪽으로 갈라서 손으로 치면 소리가 나는 법구입니다. 좌선할 때 수행자의 졸음이나 자세를 경계하기 위해 사용하거나 스님이 설법할 때 위엄을 나타내기 위해 손에 들기도 합니다.

그런데 무엇보다 죽비는 여러 신호로 많이 사용합니다. 오른손으로 죽비를 쥐고 왼손바닥에 내려칩니다. 이 소리에 따라 절을 하기도 하고, 공양을 하기도 하고, 참선에 들어가거나 나오기도 합니다. 이는 중국의 선종에서 유래

하였다고 봅니다. 특히 선방에서 수행자의 졸음이나 자세 등을 지도하는 약 이 미터 정도의 큰 죽비를 장군죽비라고 합니다. 이것으로 어깨를 쳐서 경책 합니다.

■ 석장(錫杖)

스님들이 설법할 때 주장자로 법상을 두드리거나 허공을 가르기도 합니다. 이 주장자는 옛날 수행자들이 사용하던 석장의 일종으로 볼 수 있습니다.

석장은 머릿부분에 보통 여섯 개의 고리가 달려 있으므로 육환장이라고도

육환장(보성 대원사 지장보살)

합니다. 다닐 때마다 소리가 나서 유성장(有聲杖), 성장(聲杖)이라고도 하며, 지혜와 덕망을 상징하기에 지장(智杖), 덕장(德杖)이라고도 합니다.

석장은 인도 당시 수행자들이 휴대하던 물건 가운데 하나입니다. 다닐 때마다 석장에 달린 고리에서 소리가 나기 때문에 이 소리를 듣고 벌레들이 물러가도록 하여 살생을 피합니다. 또한 독사나 해충 등으로부터 보호하는 기능도 있으며, 늙어서 몸을 의지하기 위해 사용하기도 합니다. 그리고 그 의미가 확대되어 병마나 재앙을 물리치는 상징적인 법구로 인식되었습니다.

물론 요즘 이러한 석장을 지니고 다니는 스님은 보기 힘듭니다. 단지 지장보살상이나 지장탱화, 스님 영정 등을 통해 볼 수 있을 뿐입니다.

오늘날 법상에서 볼 수 있는 주장자는 스승이 제자에게 법을 전할 때 상징적인 의미로 사용합니다.

■ **염주**(念珠)

설법하면서 끊임없이 염주를 돌리는 스님도 계십니다. 또는 염주를 목에 걸고 설법하십니다. 법을 듣는 청중 또한 손에 염주를 쥐거나 쉼 없이 돌리기도 합니다. 이렇듯 염주는 산란한 마음을 모으는 데 도움이 되는 법구입니다. 물론 염주는 기도하거나 염불하는 데 그 숫자를 세기 위해서 사용하기도 합니다. 따라서 수주(數珠), 송주(誦珠), 또는 주주(呪珠)라고도 합니다.

염주는 고대 인도인의 장엄구이지만, 불교에서는 번뇌를 없애는 법구로 자리하게 됩니다.

"만약 **번뇌장과 업장**을 소멸하고자 하면, 마땅히 목환자 108개를 끼워 **항상 지녀서** 가거나, 앉거나, 눕거나, 지극한 마음으로 흐트러진 생각이

없이 불법승 삼보의 이름을 외울 때 한 알씩 넘겨라. 이와 같이 점차 열
번, 스무 번, 백 번, 천 번, 백천만 번 하라."

– 『목환자경(木槵子經)』

이렇듯 108염주가 널리 알려져 있지만, 아래로는 54주(珠)[또는 과(顆)], 42주, 36주, 27주, 21주, 18주, 14주 등이 있고, 위로는 1,080주, 3,000주 등 여러 가지입니다. 이는 경전마다 그 숫자가 다양하기 때문입니다. 보통 108염주를 기본으로 절반으로 했을 때 54주, 또 54주를 절반으로 했을 때 27주, 108주를 10배 하여 1,080주가 됩니다. 손목에 끼는 작은 염주를 합장주 또는 단주라고 합니다.

각 숫자의 의미가 정해져 있는 것은 아니지만, 옛 스님들이 다음과 같이 연결하였습니다. 108염주는 108삼매를 증득하여 108번뇌를 끊는 것을 나타냅니다. 54주는 보살의 수행 과정인 54계위를 나타냅니다. 십신(十信)·십주(十住)·십행(十行)·십회향(十回向)·사선근위(四善根位)·십지(十地)입니다. 42주는 보살의 수행 과정인 42계위를 나타냅니다. 십주·십행·십회향·십지·등각(等覺)·묘각(妙覺)입니다. 27주는 소승의 수행계위인 유학 18위와 무학 9위를 합한 것입니다. 21주는 십지·십바라밀·불과(佛果)를 합한 것입니다. 14주는 『능엄경』에 설하는 관세음보살의 14무외를 뜻합니다. 1,080주는 십계(十界)에 각각 108을 갖추고 있기 때문입니다. 36주는 108을 3으로 나눈 것이고, 18주는 108을 6으로 나눈 것입니다. 이렇듯 정해진 의미는 없습니다. 그 염주 한 알 한 알에 기도자의 정성을 담을 일입니다.

염주의 재료 또한 여러 가지입니다. 이것이다 하는 것은 없습니다. 보통 보리수 열매, 향나무, 수정 등을 많이 사용합니다. 염주알 가운데 가장 큰 것

을 모주(母珠)라고 합니다. 내부를 투명하게 하여 그 안에 불보살님을 모시기도 합니다. 이 경우 작은 구멍을 통해 불보살님을 친견할 수 있습니다.

어느 노랫말처럼 염주 한 알 한 알에 번뇌 하나하나를 날려 버렸으면 합니다.

04

각 법당을 참배하며 불보살님께 예를 올리다

법당 현판은
불보살님의 문패

이제 사찰 내 각 전각을 참배하고자 법당 마루에서 일어나 반배의 예를 올리고 한쪽으로 물러납니다. 왼쪽 또는 오른쪽 문을 나가기 전 다시 부처님을 향해 합장 반배합니다. 그리고 부처님께 등이 보이지 않도록 조심하며 법당 밖으로 나옵니다.

큰어른에게 인사를 드렸으니 이제 이 법당 저 법당을 다니며 불보살님께 인사를 드립니다. 각 법당 앞에는 안내문이 적혀 있습니다.

"맞배지붕에 주심포 형식을 한 이 건물은 주두 밑에 헛첨차를 두고 주두와 소로는 굽받침이 있으며, 첨차 끝은 쇠서형으로 아름답게 곡선을 두어 장식적으로 표현하고, 특히 측면에서 보아 도리와 도리 사이에 우미량을 연결하여 아름다운 가구를 보이고 있다. 이것은 현존하는 고려 시대의 건물 중 특이하게 백제적 곡선을 보이는 목조건축이라 할 수 있다."

사찰 내 대부분의 안내문은 위와 같은 내용과 형식으로 되어 있습니다. 이러한 안내문을 볼 때마다 가슴이 답답합니다. 과연 이러한 안내문을 이해할 수 있는 사람이 몇 명이나 있을까? 비록 알 수 있다 하더라도 이러한 건축양식 때문에 절을 찾는 사람은 몇 명이나 될까? 그 몇 명 또한 안내문이 아니라 건축물을 보러 온 전문가 수준이라면 굳이 이러한 안내문이 필요한 것일까? 이런 건축 양식에 대한 설명보다는 이 법당에 계신 불보살님이 누구이며 그 불보살님은 어떤 분인가를 설명하는 안내문이 더 대중적이지 않을까. 즉, '이 법당의 이름은 무슨 뜻이고 어느 분이 계시고, 그분은 어떠한 분이시다. 그리고 이 법당과 관련된 옛날 조상들의 이야기는 이러하다'는 안내문이 힘들게 절을 찾는 이들에게 더 도움이 되지 않을까.

앞(불보살 명호편)에서 말했듯이 '법당' 현판을 보면 그곳에 어느 부처님이 계신지 알 수 있습니다. 법당 또는 불전(佛殿)이라고 할 때, 좁은 의미로는 사찰의 중심 건물인 본전(本殿)을 말하고, 좀 더 넓은 의미로는 부처님을 모신 불전과 보살님을 모신 보살전을 모두 말하며, 가장 넓은 의미로는 산신각(山神閣), 독성각(獨聖閣) 등 신앙과 예배의 대상이 되는 모든 전각(殿閣)을 포함합니다.

전각(殿閣)은 전(殿)과 각(閣)을 합친 말입니다. 여기서 전(殿)을 사용할 때와 각(閣)을 사용할 때가 각기 다릅니다. 보통 '대웅전', '원통전', '나한전' 등처럼 불교 고유의 교리와 신앙에 의거하여 부처님과 보살님 등을 모실 경우 '전(殿)'이라 하고, '칠성각', '산신각', '삼성각' 등처럼 불교 고유의 내용은 아니지만 민간 신앙 등이 사찰 안으로 들어와 모시는 경우 '각(閣)'이라 합니다. 그렇지만 반드시 그런 것은 아닙니다. 가령, 팔만대장경을 모신 전각을 '장경각(藏經閣)'이라고 합니다. 반면, 천안 각원사에는 '칠성전(七星殿), 산신전(山神殿)'으로 되어 있습니다. 각원사의 경우 칠성 신앙과 산신 신앙에 남다른 의미가 있지 않을까 생각해 볼 수 있습니다.

이제, 부처님이 계신 법당을 시작으로 어머니의 간절한 정성이 스며 있는 조그마한 기도처까지 살펴보고자 합니다.

전각명	다른 이름	본존	협시(우/좌)	후불탱화
적멸보궁(寂滅寶宮)	사리탑전(舍利塔殿)	진신사리		
대웅전(大雄殿)	대웅보전(大雄寶殿)	석가모니불	아난, 가섭 보현보살, 문수보살 아미타불, 약사여래 미륵보살, 제화갈라보살	영산회상도 삼여래탱화
대적광전(大寂光殿)	비로전(毘盧殿) 대광명전(大光明殿) 화엄전(華嚴殿)	비로자나불	석가모니불, 노사나불 보현보살, 문수보살	삼신탱화 화엄탱화
극락전(極樂殿)	무량수전(無量壽殿) 미타전(彌陀殿) 극락보전(極樂寶殿)	아미타불	대세지보살, 관세음보살 지장보살, 관세음보살	극락회상도 아미타삼존탱화 관경변상도
약사전(藥師殿)	유리전(琉璃殿) 만월보전(滿月寶殿)	약사여래	월광보살, 일광보살	약사유리광회상도
미륵전(彌勒殿)	용화전(龍華殿)	미륵불 미륵보살	대묘상보살, 법림림보살 법륜보살, 묘향보살	용화회상도 미륵탱화
천불전(千佛殿)	불조전(佛祖殿)	현겁천불, 비로자나불		천불탱화
원통전(圓通殿)	관음전(觀音殿) 보타전(寶陀殿)	관음보살	해상용왕, 남순동자	관음탱화, 사십이수 천수관음도
명부전(冥府殿)	지장전(地藏殿), 시왕전(十王殿)	지장보살	무독귀왕, 도명존자, 시왕 등	지장탱화, 시왕탱화
문수전(文殊殿)		문수보살		
영산전(靈山殿)	팔상전(捌相殿), 팔상전(八相殿)	석가모니불	미륵보살, 제화갈라보살	영산회상도, 팔상도
응진전(應眞殿)	나한전(羅漢殿) 오백나한전(五百羅漢殿)	석가모니불	아난, 가섭, 16나한	영산회상도 16나한도
대장전(大藏殿)	장경각(藏經閣)	비로자나불, 석가모니불		
조사전(祖師殿)	조사당(祖師堂)	역대 조사		조사영정
칠성각(七星閣)	북두각(北斗閣)	칠여래		칠여래탱화
독성각(獨聖閣)	천태각(天台閣)	나반존자		독성탱화
산신각(山神閣)	산령각(山靈閣)	산신		산신탱화
삼성각(三聖閣)		산신(용왕), 칠성, 독성		

〈법당과 불보살님〉

이에 똑 떨어지는 것은 아니지만, 다음과 같이 나누어 보고자 합니다.

첫째, 부처님이 계신 곳으로 적멸보궁, 대웅전, 대적광전, 극락전, 약사전, 미륵전, 천불전 등입니다.

둘째, 보살님이 계신 곳으로 원통전(또는 관음전), 명부전(또는 지장전), 문수전 등입니다.

셋째, 부처님 가르침이 숨 쉬는 곳으로 영산전(또는 팔상전), 응진전(또는 나한전), 대장전, 조사전 등입니다.

넷째, 이 땅의 신앙이 살아 있는 곳으로 칠성각, 독성각, 산신각, 삼성각 등입니다.

다섯째, 사찰 생활에 관한 곳으로 요사채 등입니다.

마음속으로 법당을 세워 보자(양주 회암사지)
주춧돌만 남은 옛 절터를 복원하느냐 그대로 두느냐 의견이 분분하다.
텅 빈 절터에 각각의 법당을 그려 보는 것도 나름대로 의미가 있을 것이다.

지혜와 복덕을 갖추신 부처님이 계신 곳

시방삼세 부처님이 아니 계신 곳이 없습니다. 늘 중생과 함께하시고 중생의 간절함에 응해주십니다. 부처님을 양족존(兩足尊)이라고 합니다. 이는 지혜(智慧)와 복덕(福德)을 구족하신 분이라는 뜻입니다. 부처님께서는 무량겁의 서원과 수행으로 지혜와 복덕을 구족하셨습니다. 복덕과 지혜는 항상 함께 이야기합니다. 왜 지혜와 함께 복덕을 언급하게 되는가? 복덕이 없다면 결코 지혜는 제 역할을 하지 못하기 때문입니다. 마치 지혜의 눈으로 사과나무에 열린 사과를 보았지만 복덕의 팔이 없어 그 사과를 딸 수 없는 것과 같습니다. 불교에서 복이란 결코 개인적인 차원에서 머무는 것이 아닙니다. 자신의 능력을 충분히 발휘할 수 있는 기회, 그것을 주위에 회향할 수 있는 기회를 복이라고 할 수 있습니다. 따라서 복이란 개인만을 위한 것이 아니라 중생을 위한 것이며 그러한 복의 힘으로 궁극적으로 불도를 성취하는 것입니다.

적멸보궁(寂滅寶宮)

적멸보궁이라 적힌 법당에 들어가면 불단에 부처님은 계시지 않고 자리만 놓여 있습니다. 이는 석가모니부처님의 진신사리(眞身舍利)를 모신 곳이기 때문입니다. 즉, 적멸보궁은 부처님 진신사리를 모신 법당으로 진신사리가 바로 부처님이기에 별도의 부처님을 모시지 않습니다. 적멸보궁이란 『화엄경』을 설했던 곳의 하나인 적멸도량에서 유래되었다고 합니다. 그리고 부처님의 진신사리를 모신 곳이기에 '전(殿)'보다는 격을 높여 '보궁'이라고 합니다.

적멸보궁 수미단(사자산 법흥사 적멸보궁 내부)

'적멸(寂滅)'이란 번뇌가 사라져 고요한 상태로, '열반(涅槃)'을 말합니다. 보통 열반을 죽음으로 이해하는데, 죽음 자체가 열반은 아닙니다. 열반이란 '니르바나(nirvana)'라는 인도말을 음역하여 나타낸 것으로, '불어서 끄다'라는 뜻이 있습니다. 즉, 불을 '후!' 불어서 끄듯이 모든 번뇌를 끊어 마음이 고요한 상태를 말합니다. 부처님께서는 고요한 자리에 항상 계시지만 중생을 위해 마음을 일으켜 45년간 가르침을 베푸셨습니다. 그러다가 구시나가라에서 중생을 위한 마음 작용마저 멈추시고 고요한 상태로 들어가셨기에 이를 열반 또는 입적(入寂)이라고 합니다. 석가모니부처님 입적 후 부처님의 공덕이 수많은 사리로 나타나니, 그 당시 여덟 개의 탑에 모셨습니다.

'사리'란 인도말로 '사리라'라고 하여 신체 또는 유골을 말하지만, 불교에서는 부처님의 진신사리를 신앙의 대상으로 모시고 그분의 가르침과 가피를 구하고자 합니다. 부처님의 사리는 번뇌 없는 마음의 근본 자리이자 부처님의 가르침을 의미합니다. 그리고 부처님의 '진실된 몸'이라 하여 진신사리

설악산 봉정암 적멸보궁

라 일컫습니다. 이런 의미로 진신사리가 있는 곳에는 항상 석가모니부처님이 계신다고 봅니다. 이에 진신사리를 모신 법당에는 불단 위에 수미좌(방석)만 두고 불상을 모시지 않습니다. 대신 법당 뒤에 사리를 모신 탑을 세우거나, 아무도 알 수 없는 곳에 사리를 모신 뒤 상징적인 탑을 세우기도 합니다.

    부처님의 진신사리는 여러 인연을 거쳐 우리나라 사찰에도 모시게 되었습니다. – 이후 '탑'에서 다시 설명하겠습니다. – 설악산 봉정암, 오대산 상원사 중대, 태백산 정암사, 사자산 법흥사, 영축산 통도사는 부처님의 진신사리가 모셔져 있는 사찰이라고 해서 한데 묶어 5대 적멸보궁이라고 부릅니다. 그리고 고성 건봉사, 천안 광덕사 등도 부처님 진신사리를 모시고 있습니다.

근래에 진신사리를 모신 사찰로는 서울 조계사 등이 있습니다.

대웅전(大雄殿)

대웅전에는 보통 석가모니부처님께서 본존불로 계십니다. 격을 높여 '대웅보전(大雄寶殿)'이라고도 합니다. 석가모니부처님은 대부분 선정인에 항마촉지인을 하고 있습니다.

'대웅'이라는 말은 『법화경』에서 '대웅세존(大雄世尊)'이라며 석가모니부처님을 찬탄하는 말에서 나왔다고 합니다. '대웅(大雄)'이란 글자 그대로 '위대한 영웅'이라는 뜻입니다. 부처님께서는 해야 할 일을 다 마쳐 모든 이들의 자애로운 아버지[四生慈父(사생자부)]이자 스승[三界導師(삼계도사)]이시기 때문입니다. 즉, '대웅전'이란 '위대한 영웅[대웅]'인 석가모니부처님을 모신 법당을 일컫는 말입니다.

'석가'란 '석가족(釋迦族)'을 말하고, '모니'란 '위대한 어른'이라는 뜻입니다. 따라서 '석가모니'란 석가족 출신의 위대한 어른이라는 뜻으로 2,500여 년 전 이 땅에 오시어 중생을 위해 지혜와 자비심으로 많은 가르침을 주신 분입니다. 석가모니부처님의 덕화가 지금까지 이어지기에 그분의 가피[加被, 感應(감응)]를 구하고, 오늘을 사는 지혜를 구하고자 법당 등에 모시고 그 공덕을

대웅전(예산 수덕사 대웅전)

찬탄합니다.

　대웅전에는 석가모니부처님을 주불로 하여 삼존불을 모시기도 합니다. 석가모니부처님이 시방삼세 항상 계신다는 의미에서, 공간상으로는 좌우 동방유리광 약사여래불과 서방정토 아미타불을 모시는 경우도 있고, 시간상으로는 과거불인 연등불과 미래불인 미륵불을 좌우로 모시는 경우도 있습니다. 이처럼 삼존불을 모신 경우에는 격을 높여 '대웅보전'이라고 하기도 하지만, 반드시 그런 것은 아닙니다.

　또, 석가모니부처님을 중심으로 문수보살과 보현보살을 좌우 협시보살로 모시는 경우가 많습니다. 문수보살은 '대지문수보살(大智文殊菩薩)'로 '지혜'를 상징하고, 보현보살은 '대행보현보살(大行普賢菩薩)'로 '실천행'을 상징합니다. '지혜'와 '실천행'은 문수보살과 보현보살의 특징이기도 하지만, '지혜'와 '실천행[자비, 방편, 복덕]'을 갖추신 부처님의 덕성을 두 보살님으로 나누어 나타냈다고도 볼 수 있습니다. 부처님을 '양족존(兩足尊)'이라고 합니다. 두 가지를 갖추신 분이라는 뜻입니다. 두 가지란 바로 '지혜'와 '자비(또는 방편, 복덕)'를 말합니다. 지혜를 바탕으로 자비와 방편(방법)과 복덕의 실천행이 있어야 중생에게 다가갈 수 있습니다.

　또, 연등불 또는 정광여래(定光如來)를 인도말로 '제화갈라'라 합니다. 따라서 석가모니부처님 좌우에 제화갈라보살과 미륵보살을 모시는 경우도 있습니다.

　이밖에, 부처님 좌우로 마하가섭존자와 아난존자를 모시는 경우도 있습니다. 마하가섭존자는 부처님의 상수제자(으뜸제자)로서 엄격하게 수행하기로 유명하여 두타제일(頭陀第一)이라고 합니다. '두타'란 최소한의 의식주로 검소하고 엄격하게 수행하는 것을 말하는 인도말입니다. 마하가섭존자는 부처님 왼쪽 편에 길고 흰 수염을 하고 서 계십니다. 아난존자는 부처님을 가까이 모신 시자(侍者: 오늘날 비서실장 격)로서 부처님의 모든 설법을 다 들었기 때문에 다문제일(多聞第一)이라고 합니다. 부처님 오른쪽에서 삭발한 수행자의 모습을 하고 계십니다.

한편, 간혹 석가모니부처님 좌우로, 보통 아미타부처님의 협시보살인 관세음보살과 지장보살을 모신 경우도 있습니다. 이는 석가모니부처님의 가르침 속에, 관세음보살과 지장보살의 대자비심을 기원하는 대중의 바람이 함께 하기 때문이라 보입니다.

대웅전의 후불탱화로는 영산회상도(靈山會上圖)나 삼여래탱화가 대부분을 차지합니다. '영산(靈山)'이란 석가모니부처님이 『법화경』 등을 설하셨던 영축산(靈鷲山: 음역은 기사굴산)을 말합니다. 따라서 '영산회상도'란 석가모니부처님이 영축산에서 설법하는 장면을 나타낸 불화입니다. '삼여래탱화'란 세 분의 부처님을 모신 불화를 말합니다. 한 폭에 세 분의 부처님을 모신 경우도 있지만, 각 부처님 뒤에 그 부처님 탱화를 모시는 경우가 대부분입니다. 가령 직지사 대웅전의 경우, 중앙 석가모니불 뒤에 석가모니불을, 왼쪽 약사여래불 뒤에 약사여래불을, 오른쪽 아미타불 뒤에 아미타불을 모시고 있습니다.

영산회상도(대구 동화사 대웅전)

삼여래탱화(구례 화엄사 각황전)

충남 예산 수덕사 대웅전, 경북 안동 봉정사 대웅전 등이 석가모니부처님을 모신 대표적인 법당입니다. 그런데 '대웅전'에는 석가모니부처님만 계신 것은 아닙니다. 법주사의 '대웅보전'에는 비로자나부처님을 비롯한 삼신불(三身佛)이 계시고, 서산 개심사의 '대웅보전'에는 아미타부처님이 계시고, 칠갑산 장곡사의 하(下) '대웅전'에는 약사여래부처님이 계십니다. 『법화경』에서 '대웅'은 석가모니부처님을 찬탄한 말이지만, 어쩌면 모든 부처님을 '위대한 영웅'으로 이해하기 때문인 것 같습니다.

대적광전(大寂光殿)

대적광전을 들어서면 지권인을 한 비로자나부처님이 계십니다. 비로자나부처님은 『화엄경』의 교주이신 법신불입니다.

'대적광'이란 『화엄경』의 연화장세계(蓮華藏世界)가 대적정(大寂靜)의 세계라는 뜻에서 비롯되었다고 합니다. '대적정'이란 '고요하고 고요하다'는 뜻으로 모든 번뇌가 사라지고 허망한 분별이 끊어진 대열반을 말합니다. '연화장세계'는 비로자나부처님의 과거 원력과 수행에 의해서 깨끗하게 꾸며진 세계이며 큰 연꽃 속에 헤아릴 수 없는 세계가 거듭 포함되어 있습니다. 연화장세계는 바로 깨달음, 즉 정각의 세계를 뜻합니다. '비로자나'는 '바이로차나

대적광전(합천 해인사 대적광전)

비로자나부처님(예천 한천사 대적광전)

(vairocana)'를 음역한 것으로 빛 또는 태양을 뜻합니다. 따라서 '대적광(大寂光)'이란 고요하고 고요한 가운데 부처님의 지혜 광명으로 온 세상이 그대로 드러난다는 뜻입니다.

따라서 옛날 화엄종 계통의 사찰이나 오늘날 『화엄경』을 중심으로 하는 사찰에는 대적광전을 본전으로 합니다. 해인사 대적광전이 대표적입니다. 그리고 소의경전인 『화엄경』에 근거하여 화엄전(華嚴殿), 비로자나부처님을 모신다는 의미에서 비로전(毘盧殿)이라고도 합니다.

삼신불과 삼신탱(구례 화엄사 대웅전)

대적광전에는 비로자나부처님 한 분만 모신 경우도 있고, 보신(報身)과 화신(化身)을 좌우로 하여 삼신불(三身佛)을 모시는 경우도 있습니다. 삼신불에 대해서는 여러 가지 교설이 있지만 법신(法身), 보신(報身), 화신(化身)의 삼신불이 일반적입니다. 보통 '청정법신 비로자나불(淸淨法身 毘盧遮那佛), 원만보신 노사나불(圓滿報身 盧舍那佛), 천백억화신 석가모니불(千百億化身 釋迦牟尼佛)'이라고 합니다.

법신(法身)이란 모든 번뇌가 사라지고 허망한 분별이 사라져 말로 표현할 수 없는 진여(眞如), 또는 열반의 측면에서 이르는 말입니다. 보통 '진리 그 자체', '근본 자리'라 하여 무엇으로 나타낼 수도 표현할 수도 없지만, 법신불인 비로자나부처님으로 이름한 것입니다. 보신(報身)이란 수행할 때 세운 원력과 수행의 결과[報]로 한량없는 공덕의 몸을 받은 부처님을 말합니다. 수행자가 부처님의 경지에 이르러 스스로 수많은 공덕을 받아들여 적멸의 즐거움을 느끼는 측면에서 일컫는 말입니다. 이 자수용(自受用) 보신불을 노사나불이라고 부릅니다. 노사나부처님이 설법인을 하고 계신 것은 석가모니부처님이 자수용삼매에서 『화엄경』을 설하고 있는 것을 나타냅니다. 한편, 서원을 세우고 수행하여 마침내 부처님이 되셨다는 측면에서 아미타불과 약사여래불이 대표적인 보신불입니다. 화신(化身)은 응신(應身), 또는 응화신(應化身)

이라고도 합니다. 이는 중생을 깨달음의 길로 이끌어 주시기 위해 중생의 생활 속에 갖가지 구체적인 모습으로 나투시는 부처님을 말합니다. 화신불은 2,500여 년 전에 이 땅에 오신 석가모니부처님이 대표적입니다.

삼신불은 별도의 부처님을 일컫는 말이 아닙니다. 가령 석가모니부처님의 경우, 적멸에 드셨다는 측면에서 보면 법신이요, 과거 수많은 세월 동안 수행한 결과 성불하여 그 공덕을 스스로 수용한다는 측면에서는 보신이요, 우리 중생을 위해 몸을 나투셨다는 측면에서는 화신으로 이해될 수 있기 때문입니다.

따라서 대적광전(어떤 사찰은 대웅전)에는 비로자나부처님을 중심으로 좌우로 노사나부처님과 석가모니부처님의 삼신불을 모십니다. 또한 김제 금산사처럼 약사여래와 아미타여래를 포함하여 다섯 분의 부처님을 모시는 경우도 있습니다. 한편, 삼신불이 다르지 않다는 관점에서, 석가모니부처님이 곧 비로자나부처님이요 비로자나부처님이 곧 석가모니부처님입니다. 이에 석가모니부처님의 좌우 협시보살이 문수보살과 보현보살인 것처럼, 비로자나부처님 좌우 협시보살로 문수보살과 보현보살이 함께 계십니다.

대적광전의 후불탱화로는 법당의 규모에 따라 한 폭의 '삼신탱화'를 모시는 경우도 있지만, 법신탱·보신탱·화신탱을 각각 부처님 뒤에 모시는 경우가 많습니다. 또는 『화엄경』의 화엄회상을 그린 '화엄탱화'를 모시기도 합니다.

월정사의 적광전처럼 석가모니부처님을 모신 경우도 있습니다. 이는 석가모니부처님께서 보리수 밑에서 깨달으신 뒤 처음 설한 법문이 『화엄경』이기 때문이거나, 아니면 『화엄경』의 깊고 깊은 내용이 설법주(說法主)로서 화신이신 석가모니부처님으로 인해 오늘날까지 이어질 수 있기 때문이 아닌가 생각해봅니다.

극락전(極樂殿), 무량수전(無量壽殿)

극락전에는 서방정토의 교주이신 아미타부처님이 본존불로 계십니다. 아미타부처님은 대부분 아미타여래구품인을 하고 있습니다. 아미타부처님은 무량수불이라고도 하기에 무량수전이라고도 합니다.

"여기에서 서쪽으로 10만 억의 불국토를 지나서 한 세계가 있는데, 그 이름을 극락이라 하느니라. 그곳에 계시는 부처님을 일러 아미타부처님이라 하며, 지금도 바로 그 극락세계에서 설법하고 계시느니라. 사리불아, 그 나라 이름을 어찌하여 극락이라고 하는지 알겠느냐? 그 나라의 중생은 아무런 괴로움이 없고, 다만 모든 즐거움만을 누리므로, 극락이라 이름하느니라."

– 『아미타경』 중

영주 부석사 무량수전

정토(淨土)는 말 그대로 청정한 불국토로 부처님이 거주하는 나라를 뜻합니다. 반면 어리석은 중생이 살고 있는 곳을 예토(穢土), 또는 사바세계라 합니다. 사바(娑婆)는 범어 사하(sahā)의 음역으로 인(忍)·감인(堪忍)·능인(能忍)이라 번역합니다. 따라서 사바세계란 인토(忍土)·인계(忍界)·감인토(堪忍土)라 하여 참지 않고는 살 수 없는 곳을 말합니다. 그런데 정토에는 일체의 근심과 고통이 없고 한량없는 맑고 깨끗한 기쁨과 즐거움만 있다고 하여 극락(極樂)이라 합니다. 또, 지옥·아귀·축생의 이름과 어려움과 고통이 없고 다만 자연히 아주 즐거움의 소리만 있다고 안락(安樂), 십만 억의 부처님께 봉사하며, 모든 부처님 나라에 나아가서 불보살을 공양[養]하고 편안한[安] 마음으로 정토에 돌아온다고 안양(安養)이라고도 합니다.

아미타부처님은 전생에 법장비구로서 48가지 서원을 세워 수행한 결과 성불하여 서방정토의 교주가 되셨습니다. '아미타'는 범어로 '한량없는 수명(壽命)', '한량없는 광명(光明)'을 의미합니다. 이에 '아미타불'은 무량수불(無量壽佛) 또는 무량광불(無量光佛)이라 번역합니다. 생명이 빛이고 빛이 생명입니다. 이처럼 아미타부처님은 한량없는 생명과 한량없는 광명으로 언제나 중생을 살펴보고 계신 대자대비의 부처님이십니다.

이런 까닭에 아미타부처님을 모신 법당을 극락전(極樂殿), 미타전(彌陀殿), 무량수전(無量壽殿), 수광전(壽光殿)이라고도 합니다. 안동 봉정사 극락전, 부여 무량사의 극락전, 강진 무위사 극락보전, 영주 부석사 무량수전 등이 그렇습니다. 또, 불국사처럼 극락전에 이르는 산문을 안양문(安養門), 영주 부석사처럼 극락전에 이르는 누각을 안양루(安養樓)라고도 합니다.

극락전에는 아미타부처님만 모신 경우도 있지만, 『관무량수경』에 의거해 보통 관세음보살과 대세지보살을 좌우 협시로 하여 삼존불을 모십니다. 관세음보살의 보관에는 부처님[化佛(화불)]이, 대세지보살의 보관에는 보병(寶甁)이 새겨져 있습니다. 한편, 대세지보살 대신 지장보살을 모시는 경우도 있습니다. 아미타부처님과 지장보살이 중생의 사후(死後) 문제와 관련된다는 공통점이 있기 때문입니다. 아미타부처님이 극락으로 인도한다는 미타 신앙과 지장보살이 악도에 떨어진(또는 떨어질) 중생을 구제한다는 지장 신앙이 결합된 것입니다. 또는 관세음보살은 현세에서, 지장보살은 내세에서 중생을 구제한다는 의미에서 중생에 대한 아미타부처님의 대자대비를 나타냅니다.

아미타삼존도(청주 보살사 극락보전)

극락전의 후불탱화로는 '아미타삼존도', '극락회상도(極樂會上圖)', '관경변상도(觀經變相圖)' 등이 있습니다. '아미타삼존도'는 아미타부처님·관세음보살·지장보살(또는 대세지보살)을 나타내고, '극락회상도'는 아미타부처님이 극락에서 2대보살을 비롯하여 여러 보살과 신중 등 대중에게 설법하는 장면을 나타냅니다. '관경변상도'는 『관무량수경』에 설하는 극락왕생을 위한 16관법의 내용을 나타냅니다. 이외에도 극락전 후불탱화는 아니지만, '구품극락도', '극락래영도' 등이 있습니다. 이는 상단이 아닌, 보통 영가천도를 위한 하단에 모십니다.

극락회상도(남해 보리암 극락전)

한편, 화엄종찰인 영주 부석사의 경우 무량수전에 아미타부처님을 모시고 있습니다. 앞서 화엄종 사찰에는 대적광전을 본전으로 한다고 하였는데, 이를 어떻게 이해해야 할까요? 이는 『40화엄경』「보현행원품」에 근거

관경변상도(서산 개심사 대웅보전)

한 것으로 보입니다. 보현행원을 독송하게 되면 아미타불의 극락세계에 왕생한다고 합니다. 이에 화엄교주가 비로자나부처님이지만, 중생 구제를 위해 아미타부처님으로 나투신다고 이해했기 때문이 아닌가 합니다.

그런데 이 '무량수·무량광'은 부처님뿐만 아니라 우리에게도 있습니다. '나' 속에 감추어져 있는 영원한 생명력이 무량수요, '나' 스스로가 능히 발현시킬 수 있는 맑고 밝은 작용이 무량광입니다. 따라서 서방정토는 공간적으로 먼 그곳이 아니라 바로 이곳이 정토입니다. "마음이 청정하면 국토가 청정하다"고 『유마경』에서 말씀하십니다.

약사전(藥師殿), 유리광전(琉璃光殿)

약사전에는 동방유리광정토(東方琉璃光淨土)의 교주이신 약사여래부처님께서 약그릇[약합(藥盒), 약기(藥器)]을 들고 계십니다. 약사여래부처님을 모신 전각을 '유리광전(琉璃光殿)'이라고도 하며, 또한 만월세계를 이루셨기에 '만월보전(滿月寶殿)'이라고도 합니다.

약사여래부처님은 이곳에서 동쪽으로 10항하사수(恒河沙數: 갠지스강의 모래알 수) 불국토를 지나 정유리세계(淨琉璃世界)에 계십니다. 경전에서는 약사유리광여래라 합니다. 약사여래부처님은 모든 중생의 질병을 고쳐주며 재앙으로부터 구해주고 나아가 무상보리를 얻도록 도와주시기에 대의왕불(大醫王佛)이라고 합니다.

『약사여래본원공덕경』(약칭『약사경』)에 의하면, 약사여래는 과거 보살(약왕보살)로서 수행할 적에 열두 가지 대원을 세웠습니다. 그 열두 가지 대원을 요약하면 다음과 같습니다. 정각을 이룰 때 ① 광명이 무량한 세계를 밝게 비치게 하려는 원, ② 몸이 유리와 같이 청정하고 광명이 나와 어두운 세계를 밝혀주려는 원, ③ 중생의 필요한 물품을 다 갖추게 하려는 원, ④ 중생들이 모두 대승으로 돌아오게 하려는 원, ⑤ 삼취정계를 갖추어 악도에 떨어지지 않게 하려는 원, ⑥ 장애인들의 몸이 다시 갖추어지게 하려는 원, ⑦ 중생에게 환난이 있으면 내 이름을 듣고 모든 고통이 없어지게 하려는 원, ⑧ 모든 여인으로 하여금 깨달음을 얻게 하려는 원, ⑨ 삿된 외도에서 벗어나 정견을 얻게 하려는 원, ⑩ 구속이나 감옥으로부터 벗어나 몸과 마음에 괴로움이 없게 하려는 원, ⑪ 배고픔과 목마름으로부터 벗어나게 하려는 원, ⑫ 옷이 없어 고통받는 이에게 훌륭한 옷 등을 주어 만족하게 하려는 원입니다.

이러한 12대원을 살펴보면, 약사여래부처님은 단지 병만 다스리는 분이 아니라 의식주 등 중생의 모든 고통을 해결해 주시고 결국 깨달음을 얻게 하고자 함을 알 수 있습니다. 그런데 우리가 약사여래부처님 하면 우선 몸의 병부터 떠올리는 것은 무엇보다 그 아픔이 절실하기 때문입니다. 이를 아시는 부처님이기에 방편으로 약손을 내미시고 결국 깨달음의 길로 이끄시는 것이 아닌가 합니다.

동방유리광정토에는 두 분의 상수보살이 있으니 일광변조(日光遍照)보살과 월광변조(月光遍照)보살입니다. 그리고 12대원을 상징하는 12신장도 함께 합니다. 따라서 일광보살과 월광보살을 약사여래부처님의 좌우협시보살로 모십니다.

약사전의 후불탱화로는 약사여래부처님의 정토인 약사유리광회상도가 있습니다. 약사여래부처님과 좌우로 일광보살과 월광보살의 약사삼존불을 중앙에 모십니다. 일광보살은 해를, 월광보살은 달을 보관에 얹고 있거나 손에 들고 있습니다. 해 가운데 해를 상징하는 삼족오(三足烏)를, 달 가운데 달을 상징하는 토끼를 새기기도 합니다. 약사삼존불 주위로 8대보살이 함께 합니다. 다시 그 주위로 4천왕 또는 12신장이 위치합니다. 이때 좌우로 자·축·인·묘 등의 12약사 신장으로 나타내는데, 이것은 약사 12신장이 12지(支) 신앙과 결합되었기 때문입니다.

약사전으로는 순천 송광사 약사전, 창녕 관룡사 약사전, 강화 전등사 약사전, 의성 고운사 약사전 등이 있습니다.

약사여래와 약사유리광회상도(김천 직지사 약사전)

미륵전(彌勒殿), 용화전(龍華殿)

미륵전에는 훗날 이 땅에 오실 미륵부처님을 본존불로 모십니다. 용화수 아래에서 성도하시고 가르침을 펼치시기에 용화전이라고도 합니다.

미륵부처님은 지금 도솔천에 계신 미륵보살을 말합니다. 미륵보살은 석가모니부처님으로부터 미래에 성불하리라는 수기(授記)를 받은 뒤, 도솔천에 올라가 지금도 설법하고 있습니다. 아직 부처님이 되기 이전의 단계이기 때문에 보살이라고 부릅니다.

미륵이란 범어로 '마이트레야(Maitreya)'라고 합니다. 이 말은 자비·우정을 뜻하는 것으로, '자(慈)'로 번역됩니다. 이에 미륵보살을 자씨보살이라고도 합니다. 또 미륵보살을 아일다(阿逸多, 범어Ajita)라고도 합니다. 이는 무승(無勝)·막승(莫勝)으로 '능가할 이 없는' 의미로 '매우 뛰어나다'는 뜻입니다. 혹은 이름은 아일다, 성은 미륵이라고도 합니다.

미륵보살은 석가모니부처님의 뒤를 이어 56억 년 후에 세상에 출현하여 중생을 구제할 '미래의 부처'입니다. 여기서 56억이라는 말은 도솔천의 수명을 인간 세계의 시간으로 계산한 것인데, 경전마다 다소 차이가 있습니다. 미륵보살은 도솔천의 수명이 다한 뒤 이곳 사바세계에 오시게 됩니다. 이처럼 한 번 더 생을 받아 성불하게 되는 보살을 '일생보처보살(一生補處菩薩)'이라고 합니다. 그리고 미륵보살은 이 땅 남섬부주의 용화수(龍華樹) 아래에서 득도하여 미륵불이 되신 뒤, 3회의 설법[龍華三會(용화삼회)]을 거쳐 각각 96억·94억·92억 중생을 제도합니다.

이에 미륵전을, 용화수 밑에서 깨달음을 얻고 가르침을 전하시기 때문에 용화전(龍華殿)이라고도 하며, 미륵보살을 자씨보살이라고도 하기 때문에 대자보전(大慈寶殿)이라고도 합니다. 김제 금산사의 미륵전은 안에서 보면 하나의 층으로 된 통층이지만, 밖에서 보면 3층입니다. 위에서부터 각 층마다 '彌勒殿(미륵전)', '龍華之會(용화지회)', '大慈寶殿(대자보전)'이라는 현판이 있는 것도 그 까닭입니다. 또 김제 금산사의 경우 일명 장육전(丈六殿)이라고도 하는데, 장육존상을 모셨기 때문입니다. 장육이란 일장육척(一丈六尺)을 이르는 말로, 부처님은 보통 사람보다 배로 크기 때문에 장육이라고 합니다. 미륵부처님만 이르는 말은 아닙니다. 참고로, 미륵경전에 의하면 미륵부처님이 오실 때의 중생은 지금의 중생보다 몇 배 이상 큰 모습을 지닙니다.

미륵전의 후불탱화로는 용화회상도를 모십니다. 이는 미륵부처님이 용화수 아래에서 성불한 뒤, 그곳에서 3회에 걸쳐 설법하여 중생을 교화하는 내용을 담고 있습니다.

한편, 미륵 신앙에는 미륵상생 신앙과 미륵하생 신앙이 있습니다. 56억이라는 긴 세월을 기다리지 않고 이 세상에서 공덕을 쌓아 도솔천에 태어나, 그

곳에서 미륵보살의 가르침을 듣고 이후 미륵보살이 이 땅에 오실 때 같이 내려와 용화삼회에 참여하고자 하는 것이 미륵상생 신앙입니다. 반면, 전륜성왕(가장 이상적인 통치자)이 다스리는 평화로운 이 땅에 미륵보살이 와서 용화수 아래 법을 펼칠 때 그 법회에 참여하여 제도 받고자 하는 것이 경전에 언급된 미륵하생 신앙입니다. 그런데 56억이란 단지 숫자에 불과하다는 생각으로 하루 빨리 미륵보살이 이 땅에 내려와 중생을 제도해주시기를 간절히 바라는 마음이 이 땅 중생의 미륵하생 신앙입니다.

미륵하생 신앙의 한 예가 통도사 용화전 앞 봉발대(奉鉢臺)입니다. 석등 기단부와 비슷한 것 위에 돌로 된 발우[그릇]가 있습니다. 이에 두 가지로 설명합니다. 하나는 미륵부처님이 용화수 아래로 강림할 때를 위해 공양물을 미리 준비해 둔 것이라 봅니다. 또 하나는 석가모니부처님의 분부에 따라 가섭존자가 미륵부처님에게 전할 석가모니부처님의 발우라는 것입니다. 『미륵하생경』 등에는 가사만 언급하지만 가사와 발우를 전하는 것을 불법을 이어가는 것으로 보는 전통 속에 가사와 발우로 알려져 있습니다. 지금도 가섭존자는 계족산에서 선정에 머물다 미륵부처님이 오실 때 가사와 발우를 전하고 스스로 몸을 태워 열반에 듭니다. 이에 의발대(衣鉢臺)라고도 합니다. 그리고 소신공양(燒身供養)하는 법주사 희견보살상을 가섭존자로 보기도 합니다. 희견보살이 들고 있는 것도 향로가 아니라 가사와 발우라는 것입니다. 이는 법주사가 미륵도량이기

봉발대(양산 통도사 용화전)

희견보살상(보은 법주사)

때문에 가능한 해석입니다. 한편, 향공양자라 보기도 합니다.

여하튼 법당이든 산길이든 이 땅 곳곳에 미륵부처님을 모신 것은 새날을 바라는 중생의 염원이 너무도 간절하기 때문이 아닌가 합니다.

천불전(千佛殿)

천불전에는 천 분의 부처님이 모셔져 있습니다. 물론 삼천 분의 부처님을 모신 삼천불전도 있고, 만 분의 부처님을 모신 만불전도 있습니다.

'일체중생 실유불성(一切衆生 悉有佛性)'이라는 말이 있습니다. 이는 모든 중생이 부처님의 성품을 가지고 있다는 말입니다. 다시 말하면, 모든 중생이 부처님이라는 뜻입니다. 자기 욕심에 눈이 멀어 청정한 자기의 본 모습을 못 보기에 중생이며, 청정한 본래 모습이 드러나면 부처님입니다. 불교에서는 한 분의 부처님만 계신 것이 아닙니다. 따라서 과거에도 수많은 부처님이 계셨고 현재에도 수많은 부처님이 계시며, 앞으로도 수많은 부처님이 오실 것입니다. 이러한 불교사상을 대표하는 법당이 천불전 또는 삼천불전 등입니다. 천불전은 현겁의 천불을 모신 법당이고, 삼천불전은 과거 천불, 현재 천불, 미래 천불을 모신 법당입니다. 여기서 천이나 삼천은 단지 한정된 숫자로 볼 것이 아니라 '수많은', '모든' 부처님으로 이해하는 것이 그 뜻에 맞다고 봅

천불전(해남 대흥사 천불전)

천불과 탄생불(김천 직지사 비로전)

니다.

　천불전에는 그냥 천 분의 부처님을 모신 곳도 있지만, 어떤 경우에는 비로자나부처님을 중심으로 천 분의 부처님을 모신 곳도 있습니다. '대적광전'에서 근본 자리에 계실 때의 부처님을 법신이라고 하였듯이, 법신 비로자나부처님은 모든 부처님의 근본이기 때문입니다. 이때 비로전(毘盧殿)이라고도 합니다. 또는 석가모니부처님을 중앙에 모실 경우도 있습니다. 이는 석가모니부처님의 가르침이 오늘까지 이어져 온다는 측면에서 모셨다고 이해할 수 있습니다. 후불탱화로는 천불탱화를 모시거나, 삼천불을 모시는 경우도 있습니다.

천불을 모신 곳으로는 순천 선암사, 해남 대흥사, 구례 화엄사 구층암, 김천 직지사, 천안 각원사 등이 있고, 삼천불을 모신 곳으로는 경주 기림사 삼천불전 등이 있습니다.

천불전 안에 들어가는 순간 처음 눈이 맞는 부처님과는 인연이 있다는 이야기도 있고, 그 부처님과 닮은 후손을 본다는 이야기도 있습니다. 특히 천불을 모신 김천 직지사 비로전의 경우, 법당에 들어서는 순간 중앙에 계신 탄생불을 보면, 득남한다는 이야기가 있습니다.

자비하신 보살님이 계신 곳

보살(菩薩)이란 보리살타(菩提薩陀, bodhisattva)를 간략하게 줄인 말로 봅니다. '보리'는 '깨달음'이고, '살타'는 '유정(有情)'을 말합니다. 따라서 보살이라는 말의 뜻은 '깨달음을 가진 유정', 혹은 '깨달음을 구하는 유정'으로 해석됩니다. 그리고 '위로는 부처님의 깨달음을 구하고[自利] 아래로는 일체중생을 구제하고자 노력하는[利他] 자[上求菩提 下化衆生(상구보리 하화중생)]'로 설명됩니다.

현재 우리나라 사찰에서는 관음보살, 지장보살, 문수보살, 보현보살 등을 많이 접하게 됩니다.

관음전(觀音殿), 원통전(圓通殿)

관음전은 말 그대로 관음보살이 주존(主尊)으로 계신 법당입니다. 관음보살을 원통대사라고도 하기에 원통전이라고 합니다. 또 관음보살이 계신 곳이 보타낙가산이기에 보타전(寶陀殿)이라고도 합니다.

어떤 이는 사찰의 중심 법당에 관음보살을 모시면 원통전이고 부속 법당에 모시면 관음전이라고 하지만, 반드시 그런 것은 아닙니다. 이 또한 관음보살과 관음보살을 모신 법당에 대한 높은 신심을 나타내는 말이라고 보입니다. 가령, 속리산 법주사의 경우, 중심 법당이 대웅보전이지만 관음보살을 모신 법당은 원통보전으로 되어 있습니다.

'관음(觀音)'의 범어 명칭은 아바로키테쉬바라(Avalokiteśvara)입니다. 이를 어떻게 풀이하는가에 따라 관세음보살, 관자재보살이라고 번역합니다. '세간의 소리를 다 살펴보기'에 '관세음보살'이라고 하고, '지혜로 살펴봄으로써 자재로운 묘한 결과를 얻은 이', 또는 '살펴봄에 자재하다'는 의미에서 관자재보살이라고 합니다. 한편, 경전 번역할 당시 당나라 왕의 이름자(이세민)를 쓸 수 없었기 때문에 관음이라 번역하였다고 합니다.

또 관음보살은 다양한 이름으로 불립니다. 자비를 위주로 하기에 대비성자(大悲聖者), 세상의 고난으로부터 벗어나게 해주기 때문에 구호고난자(救護苦難者) 또는 구세대사(救世大士), 두려움을 없애주기 때문에 시무외자(施無畏者)라고 합니다. 또는 관음보살은 원만하여 통하지 않음이 없기 때문에 원통대사(圓通大師)라고 합니다. 이는 『능엄경』의 이근원통(耳根圓通)에서 유래하였다고도 봅니다. '중생의 음성을 살펴 해탈을 얻게 하고, 중생은 이근(耳根)이 총명하므로 소리를 통해 그들을 진리의 세계로 이끄는 것을 수행으로 삼아서' 이근원통이라고 합니다. 나아가 관음여래라고도 합니다.

이러한 관음보살이 머무시는 곳은 보타낙가산입니다. 경전에 의하면 바다와 관련된 지역입니다. 『대당서역기』에 의해 인도 남동부 쪽 바닷가로 추정하기도 합니다. 그러므로 관음 신앙과 관련된 사찰은 주로 바닷가나 내륙에 있더라도 물과 관계된 곳에 위치하고 있습니다. 현재 우리나라에서는 동해의 양양 낙산사 홍련암, 서해의 강화 낙가산 보문사, 남해의 금산 보리암이 3대 관음도량으로 유명합니다.

관음전 법당을 보면, 중앙에 관음보살이 계시고 좌우로 남순동자와 해상

관음보살 남순동자 해상용왕(부안 내소사 관음암)

용왕이 협시하고 있습니다. 여기서 남순동자는 『화엄경』에 등장하는 선재동 자입니다. 따라서 관음 신앙은 『화엄경』과 관련됨을 알 수 있습니다. 그리고 뒤쪽으로는 관음탱화, 42수관음도, 천수관음도 등이 있습니다.

한편, 양양 낙산사 보타전에 들어가면, 불단에는 일곱 분의 관음보살이 계시고, 그 뒤로는 수많은 모습으로 나투신 관음보살이 계십니다. 칠관음은 성관음(聖觀音)·천수관음(千手觀音)·십일면관음(十一面觀音)·불공견삭관음 (不空羂索觀音)·여의륜관음(如意輪觀音)·마두관음(馬頭觀音)·준제관음(准提觀

音) 등으로 밀교에서 다양해진 관음보살의 모습입니다. 이 가운데 우리가 자주 접하는 분은 성관음보살, 천수관음보살, 십일면관음보살입니다.

성관음보살은 수많은 관음보살의 기본형으로 흔히 관세음보살이라고 할 경우 이 관음보살을 말합니다. 따라서 대부분의 사찰에 모신 관음보살이 성관음보살에 해당됩니다. 관음보살의 보관에는 화불(化佛)이 계시기도 합니다.

천수관음보살, 천수천안관세음보살의 천 개의 손과 눈은 관음보살의 대자비와 방편을 상징합니다. 1천이란 말은 역시 무한하다는 뜻입니다. 이는 관음보살의 대자비가 한량이 없다는 것을 나타내며, 또는 '보문(普門)'의 의미로 방편이 한량없다는 의미입니다. 탱화로 모실 때는 1천 개의 손과 1천 개의 눈을 모두 묘사하지만, 조각상으로 모실 때는 사정상 42수(手)만을 나타내는 경우가 많습니다. 곧 42수 중 합장한 두 손은 본래 가지고 있는 것이고, 그 밖의 40수는 그 하나하나의 손이 25유의 중생을 제도하므로 1,000수(40× 25=1,000)가 됩니다. 여기서 25유는 지옥부터 천상까지의 육도 중생을 보다 자세히 분류하여 25계층으로 나타낸 것입니다.

십일면관음보살은 본 얼굴을 제외한 11면의 얼굴(또는 10면)이 머리 위에 또 있습니다. 자애로운 모습, 성난 모습, 흰 이를 드러내고 미소 짓는 모습, 큰소리를 내면서 호탕하게 웃는 모습, 부처님 모습 등을 하고 있습니다. 이는 자비심으로 중생에

십일면관음보살(부산 해동용궁사)

게 다가가는 다양한 방편의 뜻이 담겨 있습니다.

그리고 보타전 불단 뒤 수많은 모습으로 나투신 관음보살은, 『법화경』의 33응신설과 『능엄경』의 32응신설에 근거합니다. 즉, 부처님의 몸으로 제도할 이에게는 부처님의 몸을 나타내어 설법하고, 벽지불의 몸으로 제도할 이에게는 벽지불의 몸을, 나아가 성문·범왕·제석·장자·비구·부인·천·용 등으로 제도할 이에게는 그에 알맞은 몸을 나타내어 제도합니다. 이를 33응신, 또는 32응신이라고 합니다. 그러나 여기서 32 또는 33이란 한정된 숫자가 아니고 무한수를 나타냅니다. 이처럼 관음보살은 시간과 장소에 구애 없이 어느 때, 어느 곳에라도 중생이 원하는 모습으로 나투십니다. 이 세상 모든 것 속에 관음보살의 모습이 함께하고, 이 세상 어느 것 하나 관음보살의 응신 아닌 것이 없습니다. 어쩌면 바로 옆에 있는 이가 바로 관음보살인지도 모릅니다.

지장전(地藏殿), 명부전(冥府殿)

지장전은 다가가기에 여타의 전각과 다른 느낌이 드는 법당입니다. 그 이유는 지장전이 중생의 죽음과 관계된다는 선입견 때문이 아닌가 합니다. 그런데 지장보살은 죽음에만 관계하는 것이 아닙니다. 여하튼 지장전은 지장보살이 주존으로 계신 법당이고, 지장보살이 명부에서 중생 구제를 위해 애쓰시고 있기에 명부전이라고도 하며, 명부에서 시왕들이 심판을 담당하기에 시왕전(十王殿)이라고도 합니다. 명부(冥府)는 죽어서 다음 생에 어디로 갈지 심판을 받는 곳입니다.

'지장(地藏)'에서 '지(地)'는 대지를 말하고 '장(藏)'은 태(胎)나 자궁을 말합니다. 즉 '지장'은 아기를 잉태한 모태처럼 만물을 기르는 힘을 땅에 비유하여 보살의 덕을 나타냅니다. 또, 마치 땅과 같이 무수한 선근(善根) 종자를 품고 있기 때문에 '지장(地藏)'이라고 합니다. 한편, 지장보살이 전생에 소녀였을 때 일입니다. 어느 날 각화정자재왕부처님을 뵈러 가는 길이었습니다. 가는 길에 자신이 가진 것을 필요한 이들에게 다 주다 보니 속옷마저 주게 되었습니다. 이에 소녀는 더 나아가지 못하고 흙구덩이[地(지)]에 몸을 감추고[藏(장)] 부처님께 기도하였습니다. 이때 부처님이 나타나 소녀에게 보살이라 칭하고 소원을 들어주셨습니다. 이때부터 지장이라 하였다는 것입니다.

지장보살은 미륵부처님이 출현할 때까지 남섬부주 중생을 제도할 남방화주(南方化主)입니다. 보통 지장보살을 '지옥 중생을 구제하기 전까지는 결코 부처가 되지 않겠다'는 서원을 세운 대원대비(大願大悲)의 보살로 알고 있습니다. 그런데, 『지장경』에는 지옥 중생 구제뿐만 아니라 육도 중생 모두 언급하고 있습니다. 아마 지옥이 가장 고통스러운 곳이라는 점과, 『지장경』에 지옥이 자주 언급되기에 '지옥 중생' 등으로 회자되지 않았나 생각됩니다. 하여튼 여타 보살의 발원은 끝날 때가 있지만, 지장보살의 발원은 끝날 때가 없습니다.

지장전은 지장보살을 중심으로 도명존자(道明尊者)·무독귀왕(無毒鬼王)이 좌우에서 협시하고 있습니다. 또, 그 좌우에 제5 염라대왕을 비롯한 명부시왕상을 모시기도 합니다. 좌로 1·3·5·7·9의 홀수 대왕이,

무독귀왕, 지장보살, 도명존자, 지장시왕 탱화(청양 장곡사 지장전)

시왕1(서울 안양암 명부전)

시왕2(서울 안양암 명부전)

우로 2·4·6·8·10의 짝수 대왕이 위치합니다. 지장보살의 뒤쪽 벽에는 지장탱화를 봉안하고, 시왕의 뒤편으로는 명부시왕탱화를 봉안합니다. 즉 지장전은 명부를 묘사하고 있습니다.

시왕은 도교의 신인 시왕이 불교와 결합한 것입니다. 따라서 망자가 태어날 세계를 정하는 심판관 시왕과 망자를 자비로 인도하는 지장보살이 함께하여 독립적으로 있던 지장전과 시왕전이 명부전이라는 이름으로 결합했다고도 봅니다. 어떻게 보면 지장보살은 명부 재판소의 변호사이기도 합니다. 한편, 시왕이 섬기는 불보살이 각각 다르므로 그들이 좋아하는 불보살을 섬기면 지옥의 고통을 면하게 된다는 10재일이 있습니다. 이는 『지장경』 등에 언급된 10재일과 관련된 것으로, 매월 1일·8일·14일·15일·18일·23일·24일·28일·29일·30일에 8재계를 지키며 몸과 마음을 가지런히 하는 날입니다.

무독귀왕은 『지장경』에 지옥을 안내해 주는 지옥의 왕으로 등장합니다. 한편, 도명존자에 대해서는 재미있는 이야기가 있습니다. 『환혼기(還魂記)』에 따르면 옛날 중국에 도명 스님이라는 분이 있었습니다. 그런데 동명이인이 있어 저승사자의 착오로 명부에 갔다가 다시 세상에 살아 내려왔습니다.

이 스님이 저승에 가서 지장보살의 모습을 보니, 지장보살은 두건을 쓰고 영락을 두르고 석장을 들고 보련을 밟고 사자를 데리고 있었다는 것입니다.

이에 법당에 모신 지장보살은 머리에 두건을 두르고, 왼손에는 연화를, 오른손에는 보주 또는 육환장(석장)을 들고 있습니다. 육환장(六環杖)은 지옥, 아귀, 축생, 수라, 사람, 하늘 육도를 상징하며, 육도를 윤회하는 중생을 구제한다는 뜻입니다. 이 육환장으로 일 년에 한 번 우란분절(백중)에 열린다는 지옥문을 열어 지옥중생을 구제합니다. 또 이는 육바라밀을 상징합니다. 때론 『지장십륜경』 등의 내용에 따라 삭발을 한 수행자 모습을 하고 있습니다. 그래서 가끔 나한전 등에 있는 아난존자와 혼동하기도 합니다.

명부전에는 업경대(業鏡臺)란 것이 있는데, 이는 명부에 있는 것으로 생전에 지은 선악의 업이 모두 거울 속에 나타나기 때문에 업경대라고 합니다. 시왕도 가운데 제5 염라대왕도에 묘사되기도 합니다. 업칭(業秤)도 있습니다. 이는 업의 경중을 다는 저울입니다. 현재 법당에는 조형으로서 업칭은 거의 보이지 않지만, 시왕도 가운데 제9 도시대왕도에 업칭이 묘사되어 있습니다.

지장보살은 결코 내세에만 관계되는 것이 아닙니다. 『지장경』에 지장보살을 생각하면 현세에도 수많은 공덕이 있다고 하였습니다. 이에 농을 합니다. 삶에 지장이 많으신 분은 지장보살을 생각하고 지장보살님께 꼭 소원을 들어 달라고 한 후 지장까지 받아 놓으시라고.

업경대(부산 삼광사 지장전)

문수동자(평창 상원사 문수전)

문수전(文殊殿)

강원도 오대산 상원사는 본 법당이 문수전입니다. 법당 안에는 양쪽으로 상투를 묶은 동자가 앉아 있습니다. 바로 문수동자, 문수보살입니다.

문수는 문수사리(文殊舍利, 文殊師利) 또는 문수시리(文殊尸利)의 준말입니다. '문수'는 '묘하다'·'훌륭하다'는 뜻이고, '사리'는 '복덕이 많다'·'길상하다'는 뜻입니다. 따라서 '묘길상(妙吉祥)'이라고 번역하는데, 뛰어난 지혜 공덕을 지녔다는 뜻입니다.

『화엄경』에 의하면, 문수보살은 보현보살과 함께 비로자나부처님의 협시보살입니다. 이때 보현보살이 실천행을 상징한다면, 문수보살은 지혜를 상징합니다. 또, 『화엄경』 「보살주처품」에 의하면, 문수보살은 동북방 청량산에 일만권속을 거느리고 항상 법을 설하고 있다고 합니다. 이러한 『화엄경』의 내용은 각 나라의 산에 문수보살이 상주하는 것으로 진행됩니다. 가령, 중국의 청량산(일명 오대산)이 유명합니다. 신라의 자장율사도 이곳에서 문수보살을 친견하기 위해 기도하였습니다. 한편, 중국의 오대산 금강굴에서 정진 중인 중국의 무착 스님에게 문수보살이 전해준 글귀가 유명합니다.

성 안 내는 그 얼굴이 참다운 공양구요
부드러운 말 한 마디 미묘한 향이로다
깨끗해 티가 없는 진실한 그 마음이
언제나 한결같은 부처님 마음일세

우리나라의 경우 강원도 오대산이 대표적입니다. 특히, 세조와 문수동자의 이야기가 유명합니다.

피부병이 심한 세조가 오대산 상원사 계곡에서 잠시 목욕을 하는데, 동자가 나타납니다. 동자가 등을 밀어주고자 하니 세조가 이에 응합니다. 그러면서 세조가 동자에게 말합니다. "어디 가서 왕을 봤다고 말하지 마라." 동자가 말합니다. "왕께서도 어디 가서 문수 봤다고 하지 마세요."

그 외에도 문수보살의 이야기가 전해오지만, 오늘날 문수 신앙과 관련된 사찰은 그리 많지 않습니다. 더구나 문수보살을 모신 문수전이 있는 곳도 거의 없습니다. 한편, 지리산 쌍계사 국사암의 문수전에는 문수보살과 보현보살을 함께 모시고 있습니다.

문수동자와 세조(천안 각원사 대웅보전 내벽)

부처님 가르침이 숨 쉬는 곳

모든 경전은 '여시아문(如是我聞)', '이와 같이 내가 들었다'로 시작합니다. 여기서 '아(我)'는 부처님 당시의 부처님 제자이기도 하지만, 바로 이 순간의 우리입니다. 석가모니부처님께서 열반하시기 전 '자기를 등불로 삼고, 법을 등불로 삼아라[自燈明 法燈明(자등명 법등명)]' 하셨으니, 부처님 가르침은 우리의 등불이요, 귀의처입니다. 아직도 석가모니부처님께서 영산회상에서 법을 설하시고 계신다 하니, 그 영산회상이 바로 이곳입니다.

영산전(靈山殿), 팔상전(八相殿)

영산전은 석가모니부처님이 법을 설하던 영축산에서 유래하였습니다. 이에 석가모니부처님을 중심으로 좌우에 부처님 제자를 모시고 있습니다. 그리고 후불탱화로는 중앙에 영산회상도를 모시고 좌우에 팔상도를 모시기도 합니다. 이에 팔상전이라고도 합니다. 팔상전이란 부처님의 일대기를 여덟 장면으로 나타낸 그림을 모신 법당을 말합니다. 이를 팔상도(八相圖)라고 하기에 붙여진 이름입니다.

부처님의 삶 그대로가 우리에게는 뛰어난 가르침입니다. 이 땅에 오셨다

팔상전(보은 법주사 팔상전)

팔상전 내부(부산 범어사 팔상전)

가신 그 흔적 하나하나가 헛된 것이 아닙니다. 옛말에 큰스님이 기침하심에도 가르침이 있다고 하셨습니다. 경전에서도 부처님께서 평소와 다른 모습을 보이시면 제자들은 부처님께 반드시 그 이유를 묻습니다. 그러면 부처님은 자비롭게 법을 설하십니다.

따라서 부처님 일대기 가운데 대표적으로 중생을 교화하기 위해 여덟 가지 모습으로 나투신 것을 팔상성도(八相成道)라 하고 이를 그림으로 나타낸 것이 팔상도(八相圖)입니다. 이는 부처님의 전생인 호명보살이 이 땅에 태어나기 위해 도솔천에서 흰 코끼리를 타고 내려오는 도솔내의상(兜率來儀相), 마야부인이 산달을 맞아 친정으로 가는 도중 룸비니 동산에서 태자를 낳는 비람강생상(毘藍降生相), 싯달타 태자가 동남서북 네 문으로 나가 각각 병자, 노인, 죽은 자, 수행자의 모습을 보고 출가를 결심하는 사문유관상(四門遊觀相), 모든 것을 버리고 성을 넘어 출가하는 유성출가상(踰城出家相), 설산에서 6년 동안 고행 수행하는 설산수도상(雪山修道相), 보리수 밑에서 온갖 마왕의 유혹을 뿌리치고 깨달음을 얻는 수하항마상(樹下降魔相), 녹야원에서 전법을 시작하는 녹원전법상(鹿苑轉法相), 45년 동안 전법하고 사라쌍수에서 열반하는 쌍림열반상(雙林涅槃相)입니다.

속리산 법주사 팔상전에는 중앙 기둥 사방에 각 두 폭의 그림으로 팔상성도가 모셔져 있고, 그 앞 불단에는 사방불과 함께 여러 부처님이 모셔져 있습니다. 법주사 팔상전은 근대 이전 조성된 유일한 목탑으로 17세기 초 중창되었기에, 우리나라 목탑 연구에도 매우 중요합니다. 법주사나 부산 범어사의 팔상전은 현판이 '八相殿'이 아니라 '捌相殿(팔상전)'으로 되어 있는데, 가끔 이를 별상전으로 읽어 웃음을 자아내기도 합니다. 한편, 하동 쌍계사 등 팔상전에 들어가 보면 실제 탱화가 아니라 거대한 사진이 모셔져 있는 경우가 많습니다. 이는 탱화를 예배의 대상으로 보지 않는 밤손님이 있기 때문입니다. 안타까운 마음입니다.

영산전이란, 석가모니부처님의 설법회 상인 영축회상에서 유래하였습니다. 따라서 영축산에서 법을 설하는 장면을 나타내기 때문에, 불단에는 석가모니부처님 좌우로 제화갈라보살과 미륵보살이 협시하고,

미륵보살, 석가모니불, 제화갈라보살, 나한(고창 선운사 영산전)

부처님의 제자인 아라한(나한)들이 함께하고 있습니다. 제화갈라보살은 과거 불인 연등불(또는 정광불)로 과거를, 미륵보살은 미래불인 미륵불로 미래를 말합니다. 이는 부처님의 가르침이 과거, 현재, 미래, 삼세를 뛰어넘어 항상함을 나타냅니다. 중국의 수나라 때 어떤 스님이 선정에 들어가 보니, 지금도 부처님께서 영산회상에서 법을 설하고 계신다고 하였는데, 그 뜻이 아닌가 합니다.

진천 보탑사의 경우, 근래에 조성한 영산전이 참으로 재미있습니다. 팔각형의 법당 양식에 중앙에 부처님을 모시고 주위로는 영축산을 재현하였습니다. 즉, 법당 내벽에는 험준한 히말라야 산맥을 그려 장엄하였고, 그 앞에는 벽 따라 산 모양의 단을 둥글게 조성하였습니다. 그리고 그 산봉우리마다 부처님의 제자 아라한을 모셨습니다. 참신한 양식의 불사라고 생각하기에 마음이 많이 갑니다. 앞서 언급한

진천 보탑사 영산전 나한

바와 같이 아직도 영축산에서 법을 설하고 계시는 영산회상의 모습이 그대로 느껴지기 때문입니다.

이처럼 영산전은 부처님의 설법 당시를 재현한 것이기 때문에 부처님 제자인 아라한이 함께 있습니다. 따라서 영천 은해사 거조암 영산전을 유명한 나한전의 하나라고 소개하는 것처럼, 영산전과 나한전은 구별 없이 사용되기도 합니다.

응진전(應眞殿), 나한전(羅漢殿)

응진전 또는 나한전은 부처님 제자 가운데 아라한과(阿羅漢果)를 얻은 성자를 모신 법당을 말합니다.

아라한(arhat)이란 최고의 깨달음을 얻은 성자를 말합니다. 줄여서 나한이라고도 합니다. 더 이상 배울 것이 없기 때문에 무학(無學)이라고 하며, 번뇌라는 도적을 다 죽였기 때문에 살적(殺賊)이라고 하며, 공양 받을 만한 자격이 되기 때문에 응공(應供)이라고 합니다. 또한 생사의 과보를 받지 않기 때문에 불생(不生)이라고도 합니다. 이러한 아라한은 진리와 상응하였기 때문에 응진(應眞)이라고 합니다. 즉, 아라한이란 일체의 번뇌를 끊고 깨달음을 얻어 응당 공양 받을 만한 성자를 일컫는 말입니다. 따라서 아라한을 모신 전각을 응진전 또는 나한전이라고 합니다.

초기 불교에서 아라한은 최고수행 단계였습니다. 석가모니부처님도 아라한이라고 했을 뿐만 아니라, 부처님 제자도 아라한이라고 하였습니다. 그런데 이후 자기 수행에 빠진 소승불교를 비판하여 대승불교에서 보살이라는 이상적인 인간상을 부각시킴에 따라 아라한을 낮추게 되었습니다. 이후 대승불교가 모든 것을 포함함에 따라 아라한은 부처님 제자와 스님들을 가리키게 되고, 나아가 이타(利他)적이고 깨달음을 얻는 성자로서 석가모니부처님으로부터 불법을 지키고 대중을 구제하라는 임무를 위임받은 자를 지칭하게 되었습니다. 이에 아라한은 여러 신통을 갖추고 널리 중생을 구제하는 복전(福田: 중생에게 복을 주는 밭)으로 자리 잡게 되었습니다.

나한의 숫자도 16나한, 18나한, 500나한 등이 있습니다. 부처님이 열반하시고 800년 뒤 난제밀다라 아라한이 쓴 『대아라한난제밀다라법주기』(약칭 『법주기』)를 보면, 석가모니부처님께서 16인의 아라한에게 열반에 들지 말고 이 세상에 머물면서 불법을 수호하며 중생을 제도할 것을 당부합니다. 이는 『미륵하생경』에서 석가모니부처님께서 마하가섭을 포함한 4비구에게 법을 부촉한 내용이 발전한 것으로 봅니다. 이에 근거하여 16나한을 모신다고 하는데, 부처님 당시 제자와 이후 아라한이 함께 합니다. 그리고 16아라한에 두 분의 아라한을 더하여 18나한으로 모시기도 합니다. 500나한은 부처님께 교화되어 아라한이 된 500명의 도적이라 하기도 하고, 부처님 열반 후 경전을 결집한 부처님 제자 500아라한이라 하기도 하고, 『법화경』 「오백제자수기품」에 나오는 이라 말하기도 합니다. 한편, 1천 2백 5십 아라한을 모신 곳도 있는데, 이는 『금강경』을 비롯한 여러 경전 첫머리에 나오는 부처님 제자를 말합니다.

이처럼 나한은 부처님이나 보살과 달리 수행자의 모습을 하고 있습니다. 우리에게 친근감을 주는 다양한 모습입니다. 그 모습 가운데 개구쟁이 같은 모습도 있고, 익살부리는 듯한 모습, 이를 드러내고 웃는 모습 등 표정이 다양합니다. 우리 삶을 닮은 모습 때문인지, 나한을 차별하면 나한이 심통을 부린다는 속설이 전해집니다. 그래서 나한전을 들어가 보면, 16나한 앞에 각각 공양 올리는 그릇(쟁반)이 있거나, 또는 기도자가 나한 무릎마다 똑같이 동전

아난존자, 석가모니불, 가섭존자 (하동 쌍계사 나한전)

오백나한도 (하동 쌍계사 나한전)

을 올려놓은 것을 볼 수 있습니다. 설마 성자이신데 질투하여 심통을 부리겠습니까? 그만큼 분별심을 갖지 말고 간절히 하라는 뜻이 아닌가 합니다.

보통 나한전은 석가모니부처님을 중심으로 좌우에 마하가섭존자와 아난존자를 모시고 그 좌우로 16나한 등을 모셔 영산회상을 나타냅니다. 물론, 삼존불 없이 나한만 모시는 경우도 있습니다. 또 후불탱화로는 영산회상도, 또는 나한탱화를 모시기도 합니다. 나한탱화는 16나한도, 500나한도 등이 있습니다.

나한전으로는 영천 거조암 영산전을 포함하여, 의성 고운사 나한전, 완주 송광사 오백나한전, 경주 기림사 응진전, 김천 직지사 응진전 등이 있습니다. 한편, 석가모니부처님과 오백나한을 모신 나한전을 16나한만 모실 경우 응진전이라고 한다고 주장하기도 하는데, 그 근거가 미비하고, 현장에 가보면 반드시 그렇지 않습니다.

대장전(大藏殿), 장경각(藏經閣)

대장전, 또는 장경각은 경전이나 경전을 인쇄하기 위한 목판을 모셔 놓은 곳입니다. 부처님 가르침인 경전은 불법승 삼보 가운데 법보이기에 법보전

⁽法寶殿⁾이라고도 하며, 경판을 모셨기에 판전⁽板殿⁾이라고도 합니다. 보통 이 대장전 중앙에는 진리 그 자체를 의미하는 법신불인 비로자나부처님을 모시거나, 중생을 위해 법을 설하시는 석가모니부처님을 모십니다.

우선, 고려대장경⁽판⁾인 팔만대장경⁽판⁾을 모셔 놓은 해인사의 장경각이 유명합니다. '대장경⁽大藏經⁾'이란 경, 율, 론의 삼장⁽三藏⁾을 집대성해 놓은 것으로 '일체경⁽一切經⁾'이라고도 합니다. 경장⁽經藏⁾이란 계율에 관한 내용을 제외한 부처님 말씀을 말합니다. 율장⁽律藏⁾이란 계율에 관한 부처님 말씀을 말합니다. 논장⁽論藏⁾이란 경장이나 율장에 대해 부처님 제자나 이후 스님들이 풀이한 것을 말합니다. 참고로 『서유기』에 나오는 삼장법사란 바로 경, 율, 논 삼장에 정통한 스님을 일컫는 말입니다. '팔만'이란 '팔만사천'을 줄인 말로

팔만대장경판(합천 해인사 장경각)

'헤아릴 수 없이 많은 수'를 일컫는 말입니다. 즉, 헤아릴 수 없이 많은 가르침을 뜻합니다. 신기하게도 고려대장경판의 숫자가 8만 1천여 개로 그 숫자가 비슷합니다. 물론 앞뒤로 판각 되었기에 인쇄하면 2배가 됩니다.

그런데 일반적으로 잘못 알고 있는 상식이 하나 있습니다. 그것은 바로 세계문화유산에 팔만대장경이 등록되었다는 것입니다. 세계문화유산에 등록되어 있는 것은 팔만대장경이 아니라, 팔만대장경을 모시고 있는 장경각입니다. 해인사 일주문 앞 큰 비석에 분명히 '세계문화유산 팔만대장경판전'이라고 되어 있습니다. 동산은 세계문화유산에 등록할 수가 없습니다. 부동산에 한해 등록될 수 있습니다. 참고로, 팔만대장경은 2007년에 기록문화유산에 등록되었습니다.

사람들은 또 이야기할지도 모릅니다. '팔만대장경이 뛰어나지만 동산이라서 등록할 수 없기에 부동산인 장경각으로 등록했을 것이다.' 아닙니다. 장경각 또한 조상들의 뛰어난 지혜가 담겨 있습니다. 기계적인 시설이나 동력 없이, 창문의 크기와 배치, 그리고 소금과 숯과 흙으로 마감한 바닥 등의 구조로 배기·환풍·제습 및 가습이 가능하도록 과학적으로 지어졌습니다. 박정희 대통령 당시 팔만대장경을 장경각에 방치(?)할 수 없다는 생각에 과학적인 기술을 동원하여 현대식 건물을 지었으나, 시험보관 중 며칠 되지 않아 문제가 생기는 바람에 다시 장경각으로 옮겼다는 이야기가 있습니다. 그 현대식 건물은 지금 스님들의 수행처로 쓰고 있습니다.

또, 경북 예천 용문사 대장전이 유명합니다. 고풍스러운 법당 중앙에는 설법인을 하고 계시는 석가모니부처님 좌우로 문수보살, 보현보살이 계십니다. 그리고 법당 안 좌우에는 윤장대가 있습니다. 손잡이를 잡고 윤장대를 돌리면 그 안의 경전을 한 번 읽은 것과 같은 공덕이 있다고 합니다. 이는 경전을 가까이 할 수 없는 이를 위한 배려라고도 볼 수 있습니다. 한편, 일심으로 지극 정성 돌린다면 알음알이로 경전을 보는 것보다는 더 뛰어나기 때문인지도 모릅니다.

한편, 통일신라시대에는 『법화경』이나 『화엄경』을 석판으로 조성하기도 하였습니다. 구례 화엄사 각황전에는 신라 경덕왕 때 『화엄경』을 돌에 새겨 사방 벽에 모셔 두었습니다. 그런데 임진왜란 때 파손되어 지금은 법당 내 별도 용기에 보관하고 있습니다. 그 외 김제 금산사 대장전, 순천 선암사 장경각 등 사찰마다 형편에 맞게 경전과 경판을 모시고 있으며, 수원 용주사는 『부모은중경』 목판이 유명합니다.

윤장대(예천 용문사 대장전)

조사전(祖師殿)

조사전이란 조사스님 또는 사찰의 창건주, 중창주 스님의 공덕과 위업을 기리기 위해 세운 전각입니다.

조사(祖師)란 불교 종파를 개설한 스님, 또는 그 가르침을 이어 전한 스님들을 일컫는 말입니다. 여기에 각 사찰에서 수행하여 귀감이 되는 스님을 포함하기도 합니다.

조사당(영주 부석사 조사당)

태고 보우 스님 진영(보은 법주사 진영각)

창건주란 처음으로 절을 지어 부처님 가르침을 펼치신 분을 말하고, 중창주는 이후 다시 절을 크게 일으켜 융성시킨 분을 말합니다. 따라서 조사전이란 옛 스님들의 수행 공덕과 위업을 본받고자 스님의 부조상 또는 영정을 모신 전각을 말합니다. 조사당(祖師堂), 또는 영각(影閣)이라고도 합니다.

조사전이란 이렇듯 그 절의 역사를 알 수 있고 부처님 가르침이 끊임없이 이어져 왔음을 느낄 수 있는 소중한 공간입니다. 당 사찰 역시 봄·가을, 또는 조사스님 탄신일에 다례재(茶禮齋)를 봉행함으로써 조사스님의 뜻을 기리고 그 가르침을 본받고자 합니다. 특히 선종 사찰의 경우 스승에 대한 존경심이 높아 달마 스님 이후 중국의 역대 조사스님과 우리나라의 보조국사 지눌 스님, 원증국사 태고 보우 스님 등 조사스님을 더욱 떠받듭니다.

순천 송광사의 경우 고려의 보조국사 포함 16분의 국사(國師)가 나셨기에, 국사전(國師殿)에 16분의 영정을 모시고 있습니다. 현재 이곳은 스님들의 수행 공간이기에 일반인의 참배가 제한되어 있습니다. 영주 부석사 조사당의 경우, 고려 말엽의 독특한 건축양식으로 국보로 지정되었지만, 사람들에게는 처마 밑에 있는 나무 한 그루가 더 알려져 있습니다. 어느 절에 있을 법한 이야기, 의상대사의 지팡이가 살아 있는 나무가 되었다는 것입니다. 한편, 양산 통도사의 개산조당[開山祖堂, 海藏寶閣(해장보각)], 밀양 표충사(表忠寺)의 표충사(表忠祠), 서산대사를 모신 해남 대흥사의 표충사(表忠祠)도 조사전에 해당됩니다.

이 땅의 신앙이 살아 있는 곳

칠성 신앙, 독성 신앙, 산신 신앙은 불교 자체 신앙이기보다는 인도에서 발생한 불교가 여러 나라를 거쳐 우리나라에 들어와서 그 지역 신앙과 결합한 불교 신앙입니다. 이에 불보살을 모신 법당을 전(殿)이라고 함에 비해 칠성, 독성, 산신 등을 모신 법당은 격을 좀 낮추어 각(閣)이라고 합니다. 칠성각, 독성각, 산신각 등입니다. 물론 이 또한 반드시 그런 것은 아닙니다. 그리고 이외에도 사찰에는 우리 문화와 관련한 다양한 전각들이 있습니다. 양산 통도사의 가람각 등입니다.

칠성각(七星閣), 북두각(北斗閣)

자식이 단명한다고 하면, 칠성님께 명다리(실타래)를 올려놓고 무병장수를 기원합니다. 이 칠성님이 계신 곳이 바로 칠성각입니다.

'칠성'이란 북두칠성을 일컫는 말입니다. 북두칠성을 신앙의 대상으로 한 것은 인도에도 있었지만, 보통 도교에서 나온

치성광여래와 명다리(김룡사 금륜전)

중국의 토착 신앙을 불교에서 흡수한 것으로 봅니다. 도교에서는 북극성이나 북두칠성뿐만 아니라 별들이 인간의 운명을 좌우한다고 보았습니다. 북극성을 모든 별을 통솔하는 자미대제(紫微大帝)로, 북두칠성을 칠원성군(七元星君)으로 보았습니다.

그런데 불교가 중국에 들어오면서 도교와 마찰을 피하고자 약사 신앙과 결합하게 됩니다. 도교의 칠성성군을 7여래로, 자미대제를 치성광여래(熾盛光如來)로 받아들입니다. 가령, 북두 제7 파군성군은 약사여래의 화현이 됩니다. 그리고 해와 달은 일광변조소재보살(일광보살)과 월광변조소재보살(월광보살)로 바뀌어 치성광여래의 좌우보처로 자리하게 됩니다. 다시 말하면 칠성 신앙은 약사 신앙과 결합한 형태입니다. 한편, 약사여래가 약합을 들고 있는 것과 같이 치성광여래는 금륜(金輪)을 들고 있습니다. 무엇보다 칠성여래는 그냥 북두칠성이 아니라 여래의 증명을 거친 부처님의 화현입니다.

제1 탐랑성군인 운의통증여래는 자손에게 만덕을 주고, 제2 거문성군인 광음자재여래는 장애와 재난을 없애 주고, 제3 녹존성군인 금색성취여래는 업장을 소멸시키고, 제4 문곡성군인 최승길상여래는 구하는 것을 모두 얻게 해 주고, 제5 염정성군인 광달지변여래는 백 가지 장애를 없애 주고, 제6 무곡성군인 법해유희여래는 복덕을 고루 갖추게 하며, 제7 파군성군인 약사유리광여래는 수명을 오래도록 연장해 줍니다.

이런 까닭에 무병장수를 기원할 때는 칠성각을 찾게 됩니다. 그리고 칠성각(七星閣)을 북두각(北斗閣), 북극보전(北極寶殿), 금륜각(金輪閣) 등으로도 이름합니다.

칠성각에는 보통 불단에 부처님이 계시지 않고 칠성탱화만 있거나, 간혹 불단에 치성광여래를 모시고 그 뒤로 칠성탱화를 모시기도 합니다. 칠성탱화는 중앙 치성광여래를 중심으로 좌우 일광보살, 월광보살을 협시로 하며 좌우로 칠성여래가 자리합니다. 그리고 그 주위로 별자리에 해당하는 북두대성자미대제, 태산노군(남극성), 칠원성군, 삼태육성(三台六星), 28숙(宿) 등 여러 권속들이 함께 합니다.

칠성탱화(김천 청암사 보광전)

독성각(獨聖閣), 천태각(天台閣)

독성각에는 그림 속에 하얀 수염과 긴 눈썹을 한, 신선 같은 느낌을 주는 할아버지 한 분이 계십니다. 그분이 바로 독성각의 주인이신 나반존자(那畔尊者)입니다.

나반존자가 누구인지는 명확하지 않습니다. 어떤 이는 '나반'은 고유명사가 아니라 아라한, 또는 나한을 일컫는 말이라고 주장합니다. 나한을 한자로 적다 보니 나반이 되었다는 것입니다. 어떤 이는 나반존자는 존자의 이름이라고 봅니다. 그런데 경전에 '나반'이라는 이름이 등장하지 않기에 누구를 지칭하는지 알 수 없습니다. 우리나라에서는 16나한 가운데, 첫 번째 나한인 빈두로존자의 모습이 긴 눈썹과 흰 머리로 나반존자와 비슷하고, 신통력이 뛰어난 점 또한 나반존자와 같기에 동일 인물로 보기도 합니다. 또는 단군이라 보는 이도 있습니다. 참고로 태안 태을암처럼 가끔 삼성각에 단군을 모시기도 합니다.

독성(강화 보문사 삼성각)

여하튼 나반존자는 석가모니부처님의 제자로서 아라한과를 얻고, 부처님의 수기를 받아 남인도 천태산(天台山)에 머무르다가, 부처님이 열반하신 뒤 말법시대 중생의 복덕을 위해 출현합니다. 이에 나반존자는 남인도 천태산에서 홀로[獨(독)] 선정을 닦고 있는 성자[聖(성)]이기 때문에, 독성 또는 천태존자라 하며, 그 전각을 독성각 또는 천태각이라 합니다.

이런 이유로 독성탱화는 깊은 산중에 홀로 수도하는 수도자의 모습으로 묘사되어 있습니다. 간혹 산신탱화와 혼동을 하기도 하는데, 독성탱화에는 호랑이가 함께 하지 않습니다. 대신 독성탱화에는 차 시중을 하는 동자가 함께 합니다. 여기서 신선처럼 묘사된 것은 도교와 결합한 모습을 보여줍니다.

나반존자는 말세 중생을 구제한다는 측면에서 말세 중생이 복덕을 구하고 힘을 얻고자 찾게 되는 곳이 바로 독성각입니다.

산신각(山神閣), 산령각(山靈閣)

작은 공간이지만, 아직도 이 땅의 많은 사람들이 찾아가는 법당이 산신각입니다. 산신각은 대부분 사찰 한쪽에 소박하게 자리하고 있습니다. 산신각 안에는 이 땅을 지켜왔던 산신이 계십니다.

계룡산 신원사 중악단

산신은 원래 불교와 관련이 없는 토속신앙입니다. 우리나라는 예로부터 국토 대부분이 산이기에 산신에 대한 믿음이 강하였습니다. 농사 등 우리의 삶을 보살펴 주는 이가 산신이라고 생각하였습니다. 이에 국가적인 차원에서도 산신제를 지냈습니다. 조선시대에는 지리산 하악단, 계룡산 중악단, 묘향산 상악단 세 곳에서 국가적인 차원에서 산신제를 지냈습니다. 지금은 계룡산 신원사 내 중악단만 남아 있습니다.

인도의 많은 신들이 불교의 호법신장(護法神將)이 되었듯이, 산신은 절 안으로 들어와 사찰의 수호신이 되었습니다. 중국 수나라 때 국청사 내에 산왕각을 두었다는 기록이 있습니다. 우리나라도 이른 시기부터 산신이 절 내로 들어왔을 것으로 짐작됩니다만, 조선시대 이전 산신 신앙에 대한 기록이나 유물은 보이지 않습니다.

여하튼 절 안으로 들어온 산신은 사찰을 수호하는 외호신이 되었습니다. 그러나 산신 기도 때 많은 이들이 동참하는 것을 볼 때, 여전히 신도들에게는 재난을 없애주고 풍요를 약속하며 복을 주는 분입니다.

산신각은 대부분 산신탱화로 산신을 모시지만, 가끔 산신상을 모시기도 합니다. 그리고 할아버지 산신도 있지만, 할머니 산신도 있습니다. 가령, 지리산 쌍계사 삼성각에는 비녀를 꼽고 있는 할머니 산신이 계십니다. 물론 그 옆에는 호랑이도 함께 합니다. 보통 호랑이와 산신을 같다고 봅니다. 즉, 호랑이가 바로 산신이라는 것입니다. 또 동자가 천도복숭아를 들고 있기도 합니다.

산신각에 가면, 가끔 재미있는 장면이 있습니다. 오이나 미나리 등이 있거나 혹은 술이 있는 경우도 있습니다. 농사가 잘 되었다고 산신께 고마움으로 올린 것입니다. 또는 한 해 잘 지내기를 기원하는 마음입니다. 또 어떤 이는 산신상의 손에 지폐

산신할매(하동 쌍계사 국사암 산신각)

를 꽂아 두기도 합니다.

삼성각(三聖閣)

칠성, 독성, 산신을 각각 독립된 전각에 모시기도 하지만, 하나의 전각에 모실 경우에 삼성각이라고 합니다. 칠성, 독성, 산신이 각각 별도로 갖추어진 사찰은 얼마 되지 않습니다. 대부분 삼성각 하나만 두고 있습니다. 또는 하나의 전각이지만, 칠성각, 독성각, 산신각 등의 현판을 모두 다 걸어 두고 있기도 합니다.

이 경우 보통 탱화로 모시고 있습니다. 앞서 삼존불의 배치에서 언급하였지만, 중앙에 칠성탱화, 좌로 독성탱화, 우로 산신탱화를 모시는 것이 일반적입니다. 가끔 중앙에 산신 또는 독성이 올 수도 있습니다. 이때에는 그 사찰이 각각 산신 신앙, 독성 신앙(나반 신앙)을 중요시한다고 짐작할 수 있습니다.

용왕(포항 오어사 삼성각)

가끔 삼성각이 있는데도, 별도로 산신각이 있는 경우가 있습니다. 한 절에 두 분의 산신을 모시는 경우는 아직 보지 못했습니다. 그렇다면 어떻게 이해해야 할까요? 예. 이때는 삼성각에 산신이 계신 것이 아니라 다른 분이 계신 것으로 이해해야 합니다. 가령, 포항 오어사의 경우 산령각에는 산신이 계시고, 삼성각에는 산신 대신 용왕이 계십니다.

더욱 특이한 경우도 있습니다. 바로 양산 통도사 삼성각입니다. 삼성각 바로 옆에는 산령각이 있습니다. 그러면 앞과 똑같이 생각할 수 있습니다. 삼성각에는 산신 대신 다른 분이 칠성, 독성과 함께 계시겠지. 그런데, 이곳에 계신 다른 분이란 바로 삼대화상으로 불리는 지공 스님, 나옹 스님, 무학 스님입니다. 세 분은 고려 말, 조선 초에 이 땅의 불교를 융성시킨 성인입니다. 어쩌면 세 분이 성인이기에 삼성각(三聖閣)에 모셨다고 생각할 수 있습니다. 그렇다면 통도사 삼성각은 조사전의 역할도 겸하게 됩니다. 그런데, 이전에는 법당 중앙에 삼대화상을 모셨는데, 지금은 중앙에 독성을 중심으로 왼쪽으로 칠성, 오른쪽으로 삼대화상을 모시고 있습니다.

그 외 가람각 등

앞서 언급한 전각 이외에도 사찰마다 독특한 전각들이 있습니다. 양산 통도사 가람각, 순천 송광사 척주당과 세월각, 영주 부석사와 서산 부석사의 선묘각, 김제 성모암 고시례전, 파주 보광사 어실각, 양평 사나사 함씨각 등입니다.

통도사 가람각(伽藍閣)은 그 사찰을 수호하는 가람신을 모신 곳입니다. 절을 짓기 전, 그 터에 있었던 토지신을 사찰의 외호신인 가람신으로 받아들인 경우입니다. 이 또한 토속 신앙과 불교의 융합으로 볼 수 있습니다. 싸우고 빼앗기보다는 서로 함께 함을 느낄 수 있습니다. 현재 범종루 앞 천왕문 옆에 있습니다.

순천 송광사의 척주당(滌珠堂)과 세월각(洗月閣)은, 죽은 자의 위패가 사찰에 들어오기 전 세속의 때를 깨끗이 씻어 주는 곳입니다. 남자는 '구슬을 씻는다'는 뜻의 척주당에서, 여자는 '달을 씻는다'는 뜻의 세월각에서 각각 세속의 때를 씻습니다. 일주문을 들어서자마자 보이는 조그마한 전각입니다.

부석사의 선묘각(善妙閣)은 의상 스님을 사모한 나머지 용이 되어 스님을 도와준 당나라의 선묘낭자를 위한 공간입니다. 절을 세우는데 방해하는

서산 부석사 선묘낭자

김제 성모암 고시례전

무리를 선묘용이 돌을 공중에 띄워 제압하였기에 부석(浮石)이라고 합니다. 이런 내용과 관계되는 부석사가 영주와 서산 두 곳에 있습니다. 단지 영주에는 부석이 무량수전 뒤에 있지만, 서산의 부석은 저 멀리 바닷가에 있습니다. 서산 부석사의 경우, 의상 스님과 선묘낭자를 조그만 캐릭터 상으로 조성하여 절을 찾는 이들에게 친숙한 느낌을 전해주고 있습니다. 천편일률적인 포교용품에 비해 참신한 아이디어입니다.

김제 성모암의 고시례전에는 조선시대 생불로 알려진 진묵대사 어머님의 영정이 모셔져 있습니다. 그 옆으로는 '震默大聖師尊妣之墓(진묵대성사존비지묘)'라는 글씨 뒤로 묘가 있습니다. 스님인 관계로 후손은 없지만, 어머니 묘에 향이 하루도 끊이지 않을 것이라는 진묵대사의 효심이 전해지는 공간입니다. 고사 때나 들에서 음식을 먹을 때, 남에게 음식을 받았을 때, 음식을 조금 뜯어 던지면서 '고시래' 또는 '고수레'라고 외칩니다. 누구는 단군 때 고시(高矢)라는 사람이 백성에게 농사짓는 법을 가르쳤다는 데서 유래하였다고도 하고, 누구는 진묵대사 어머니 성씨가 '고' 씨로 진묵대사의 어머니에게 예를 나타내는 것에서 유래하였다고도 합니다.

파주 보광사 어실각(御室閣)에는 조선 영조의 어머니 숙빈 최씨의 영정과 신위가 모셔져 있습니다. 숙빈 최씨의 묘는 보광사에서 십여 리쯤 떨어진 곳에 있습니다. 이는 영조의 효심을 느낄 수 있는 공간이기도 하지만, 조선 왕실의 안녕을 기원하는 원찰(願刹)로서 억불숭유 정책하에서 이 땅의 불교가 힘겹게 이어져 온 모습도 함께 전해집니다. 따라서 어실각은 보광사뿐만 아니라 조선 왕실(의 묘)과 관계되는 사찰에 있(었)습니다.

양평 사나사 함씨각

양평 사나사 함씨각(咸氏閣)은 함씨의 시조를 모신 곳입니다. 고려 건국 당시 그 지역의 호족 세력이 함씨였습니다. 신심 깊은 함씨들이 절을 위해 많은 불사를 하였고, 절 또한 그 함씨들의 안녕을 기원하였을 것입니다. 이에 함씨 사당의 의미로 절 안에 함씨각을 지은 것으로 보입니다.

그 외 다양한 모습들이 사찰 속에는 공존하고 있습니다. 배척하기보다는 함께하라는 마음을 우리에게 전해 주는 공간들입니다. 어떤 경우에는 시대의 아픔도 느낄 수 있고, 어떤 경우에는 치우친 느낌을 주기도 하지만, 내적으로 흔들림 없기에 다름을 받아들일 수 있는 것이 아닌가 합니다.

사찰의 생활 공간

절을 찾았을 때 쉽게 갈 수 없거나, 없다고 생각하는 공간들이 있습니다. 물론 처음 절을 찾는 사람의 입장에서는 모든 공간이 다 그렇게 느껴지기는 하지만 말입니다. 그러나 일반인 누구나 쉽게 접근하기 힘든 공간들이 있습니다. 바로 스님들이 수행하시는 공간입니다. 사람들은 차를 마시며 스님 말씀을 가까이 들었던 것이 인상에 많이 남는다고 합니다. 그리고 여타의 문화 유적지에 비해 사찰이 다정다감한 느낌이 드는 이유는 그곳에 지금도 스님들의 삶이 함께 하기 때문입니다. 즉, 사찰은 박제화된 민속촌이나 박물관 같은 공간이 아니라 살아 있는 도량입니다.

일반적으로 스님들이 기거하며 사무를 관장하고 수행과 의식주 등을 해결하는 생활 공간을 요사, 또는 요사채라고 합니다. 요사채는 큰방 등을 포함하여 공양간(부엌), 해우소(화장실) 까지 모두 포함합니다. 여기에는 참선을 하는 선원(禪院), 경을 공부하는 강원(講院), 계율을 공부하는 율원(律院)도 있습니다. 그런데 좁은 의미로는 보통 스님들이 거처하는 처소나 큰방을 요사, 또는 요사채라고 합니다.

큰방

큰방은 보통 대중방이라고 하며, 모든 대중이 함께 공양하고 정진하는 공간입니다.

이곳에서는 공양(식사)뿐만 아니라 정진을 함께하는 공간이며, 중요한 일을 의논하는 대중공사(大衆公事)가 이루어지는 공간입니다. 출가자는 대중과 함께 생활함으로써 대중을 배려하고 자신을 살펴보며

나무 모양 그대로 기둥을 사용한 큰방(구례 화엄사 구층암)

하심을 익히게 됩니다. 물론 큰방에서 대중이 함께 생활하기도 하지만, 스님들이 각각 머무시는 별도의 공간도 있습니다.

큰방은 보통 법당 앞쪽이나, 법당 좌우 또는 별도 공간에 위치하고 있습니다. 큰방은 그 기능과 의미에 따라 다양한 이름이 있습니다.

지혜의 칼을 찾아 무명의 풀을 베어 버린다는 뜻의 심검당(尋劍堂), 깨달음의 집, 또는 고요한 선정 상태를 의미하는 적묵당(寂默堂), 참선과 강설의 의미가 합쳐진 것으로 말을 떠난 선을 이야기한다는 뜻인 의미심장한 설선당(說禪堂), 선을 닦는다는 뜻의 수선당(修禪堂), 부처님을 뽑는다는 뜻의 선불당(選佛堂) 등이 있습니다.

한편, 큰스님이 머무시는 처소는 염화실 또는 반야실 등으로 이름하거나 스님의 당호 등을 붙이기도 합니다.

큰방 안에는 대중이 함께 살아가기에 각각의 소임을 적어 둔 용상방(龍象榜)이 한쪽 벽에 붙어 있고, 스님들의 가사가 가지런히 걸려있으며, 스님들의 발우가 선반 위에 놓여 있습니다. 그리고 대중방 마루 아래에는 스님들의

하얀 고무신이 잘 정돈되어 있습니다. 이처럼 대중방은 스님들의 생활 공간이자 수행 공간이기에 일반인의 출입을 금하고 있는 경우가 많습니다. 대부분 절 마당 옆에 대중방이 있는지라, 스님들의 수행에 방해가 되지 않도록 조심해야 합니다.

간혹, 사찰을 찾는 이들을 위해 공양이나 차담을 나눌 수 있는 공간으로 활용하는 사찰도 있습니다. 대중방의 쓰임을 잘 아는지라, 사찰 측의 마음씀에 합장 반배하게 됩니다.

공양간

절에 가서 호기심에 목탁이나 종을 함부로 치거나 하면 안 됩니다. 절에서는 대부분의 신호를 목탁이나 종으로 하기 때문입니다. 그 신호 중에 반가운 소리가 공양 시간을 알리는 소리가 아닌가 합니다. 가끔 절에 갔을 때 점심 무렵이나 저녁 무렵에 요사채 쪽에서 목탁이나 종 또는 운판 소리가 나면 바로 공양 시간이라는 것입니다.

절에서는 식사를 공양(供養)이라고 합니다. 공양간이란 부엌을 뜻합니다. 절에서 제일 바쁜 곳이자 힘든 곳이 아닌가 합니다. 가끔 스님들이 초발심으로 돌아가고자 공양간에서 소임을 보기도 하고, 출가하려는 이에게 자신의 마음을 다시 살펴보라고 공양간 소임을 맡기기도 합니다.

공양간 한쪽 벽을 보면, 탱화가 모셔져 있습니다. 조왕탱화입니다. 우리나라에는 예로부터 집을 지키는 다양한 신이 있었습

조왕신(청양 장곡사 공양간)

니다. 집을 성(城)으로 보아 '성주신'이 가장 주된 신이고, '조왕신'이라 하여 부엌을 지키는 신, 우물을 지키는 '용신' 등 여러 많은 신들이 있었습니다. 부엌을 관장하는 조왕신은 불을 다루는 데서 비롯되었습니다. 또 음식을 만들 때 물을 사용하기에 조왕신은 물로 상징되기도 하지만, 대부분 불로 상징됩니다.

즉, 우리나라의 토착신인 조왕신이 불교에 들어와 호법신장인 황신(荒神)이 되어 부엌에 모신 곳이 조왕단입니다. 보통 조왕탱화로 모시기도 하지만, 어떤 경우는 '南無竈王大神(나무조왕대신)'이라는 글자로 대신 봉안되기도 합니다.

공양간은 일이 힘든 만큼 많은 일손이 필요합니다. 그래서 큰 절에서는 밥을 짓는 소임[공양주], 반찬을 만드는 소임[菜供(채공)], 국을 끓이는 소임[羹頭(갱두)] 등 일을 나누어 맡습니다. 물론 규모가 작은 절에서는 공양주가 다 맡아 하기도 합니다. 그리고 공양은 공양간이 아닌 큰방에서 하게 되지만, 어떤 경우에는 공양간에서 하기도 합니다. 오늘날에는 보통 공양간에 달린 식당에서 공양합니다.

혹 사찰에서 공양하게 될 경우, 이 음식에 깃든 모든 이들의 공덕을 생각하며 이 몸을 유지하는 약으로 알아 고맙게 공양할 일입니다. 물론 음식은 본인이 필요한 만큼 담아서 남김이 없어야 합니다. 그리고 스스로 뒷정리를 하는 마음가짐도 중요합니다.

참고로, 간혹 법당 근처를 보면 향적전(香積殿)이 있습니다. 이는 노전(爐殿) 스님이 머무는 방소로, 전통적으로 부처님 전에 올리는 사시 공양은 향나무를 때어 밥을 지었기에 향나무를 쌓아 놓은 건물이란 뜻입니다. 이곳에는 노공간(爐供間)이라 불리는 공간이 있습니다. 이는 부처님 전에 올리는 공양을 일반 공양간(供養間)에서 지을 수 없다는 정성에서 나온 것입니다. 그러나 지금은 향나무로 밥을 짓는 모습은 보기 어렵고, 단지 노전 소임이 있어 큰 법당 예불의식 등을 담당합니다.

해우소(解憂所)

사찰에서는 언제부터인가 화장실을 해우소라 하였습니다. '근심을 푼다'라는 뜻입니다. 급한 것을 해결하니 참으로 멋있는 말입니다. 그러나 그 말에는 우리 인생에서 참으로 급한 것이 무엇인지 새겨보라는 가르침이 담겨있는 것이 아닌가 합니다. 원효 스님의 「발심수행장」 끝 구절인 '급하지 아니한가! 급하지 아니한가!'라는 말이 생각납니다.

해우소는 또 정랑(淨廊)이라고도 합니다. '깨끗한 복도'라는 뜻입니다. 옛날에는 화장실이 외진 곳에 있는 것이 아니라 깨끗한 회랑의 일부분이었기 때문이라고 합니다. 하여튼 참으로 묘한 말입니다. 어쩌면 『반야심경』의 '더럽지도 않고 깨끗하지도 않다[不垢不淨(불구부정)]'는 가르침을 느끼게 합니다. '깨끗하다', '더럽다' 분별하는 우리의 분별심을 경계하는 것 같습니다.

그런데 그 이름에 못지않게 절의 측간(厠間)은 아직도 전통적인 푸세식입니다. 깊이가 보통이 아닐 뿐만 아니라, 어떤 경우에는 칸막이 높이가 일 미터 정도에 문이 없는 경우도 있습니다. 급한 마음에 들어가 볼일 보는데 옆에 나란히 앉아 볼일 보는 사람이 있을 때도 있습니다. 절 화장실은 볼일을 본 뒤, 그 위에 재를 뿌려 냄새를 제거할 뿐만 아니라 이후 비료로도 활용합니다.

해우소에 관한 재미있는 이야기가 여럿 있습니다. 정월 초하루에 볼일을 봤는데 섣달 그믐에 떨어지는 소리가 났다는 이야기는 절 화장실이 얼마나 깊은가를 과장한 말입니다. 절에 온 아이가 화장실 아래로 떨어졌다가 살아난 이야기도 있습니다. 이때는 민간에서도 그렇지만, 새로 태어났다는 의미에서 대중에게 떡을 올립니다. 이를 똥떡이라고 합니다. 똥탑도 있습니다. 이는 겨울에 똥이 얼어 탑처럼 차고 올라오는 것을 말하는데, 엉덩이를 찔를 때쯤 도끼로 허뭅니다.

순천 선암사 뒤ㅅ간

이러한 해우소는 서산 개심사, 순천 선암사 등에 있습니다. 특히 지방유형문화재인 순천 선암사 해우소는 입구에 '뒤ㅅ간'이라고 적혀 있는데, 누구는 엉덩이를 깐 뒤에 볼일을 본다고 '깐뒤'라고 읽습니다.

긴 시간 동안 큰 법당을 비롯하여 여러 법당을 참배하고, 요사채에서 차 한 잔하며 스님에게 좋은 말씀을 듣고 공양간에서 공양한 뒤, 해우소에서 근심 또한 해결했으니, 이 순간이 바로 극락이 아니겠습니까. 잠시 숨을 고르면서 그 법락(法樂)을 느껴 봅시다. 급하게 먹으면 체하듯이 부처님 공부도 마음만 급하면 큰일 납니다. 지나가는 바람이 소리 하나 남겨 둡니다.

"땡그랑, 땡그랑, 땡그랑."

05

그림으로 나투신
불법승 삼보

불화의 분류

법당 안팎으로 다양한 그림이 불국토를 장엄하고 있습니다. 부처님과 보살님의 모습, 스님의 모습, 신장들의 모습, 경전 속의 이야기, 스님들의 수행 이야기, 사찰 창건에 관한 이야기, 그리고 다양한 문양으로 된 단청 등에서 부처님[佛]의 자비와 가르침[法(법)], 그리고 그 가르침을 실천한 대중[僧(승)]의 삶이 느껴집니다.

이 모든 것을 넓은 의미로 불교회화 또는 줄여서 불화(佛畵)라고 합니다. 부처님 당시 기원정사에도 불화로 장엄하였다는 이야기가 있습니다.

사찰 안팎의 그림은 그냥 그림이 아닙니다. 중생의 귀의처이며, 가르침을 전해 주는 법문이며, 불국토를 장엄하는 장엄물입니다. 즉, 불화는 관람의 대상이 아니라 예경의 대상입니다. 이에 불화를 용도에 따라 예배용, 교화용, 장엄용으로 분류하기도 하지만, 그것은 편의에 따른 구분일 뿐, 한가지로 제한할 수 없습니다. 특히 법당에 봉안되는 그림은 아무렇게나 그려 아무렇게나 모신 것이 아닙니다. 여법하게 그려서 여법한 절차에 따라 모신 것입니다.

이러한 불화이기에 다양한 의미와 내용을 담고 있는데 주제에 따라 다음과 같이 분류하기도 합니다.

우선, 존상도(尊像圖)입니다. 신앙의 귀의처인 불보살님, 신중 등의 존상을 그린 것으로, 한 분만 모시기도 하고 여러분을 같이 모시기도 합니다. 한편, 넓은 의미로는 스님들의 모습을 그린 진영(眞影)도 존상도에 포함할 수 있습니다. 진영은 영정이라고도 합니다.

회상도(會上圖)는 부처님이 설법하는 광경을 그린 것입니다. 회상도에는 석가모니부처님이 영축산에서 설법하는 '영산회상도', 아미타부처님이 극락에서 설법하는 '극락회상도' 등이 있습니다.

변상도(變相圖)는 경전의 내용이나 심오한 가르침을 축약하여 그림으로 나타낸 것입니다. '변(變)'이란 경전의 내용을 알기 쉽게 바꾸거나 방편으로 변화시킨 것을 말합니다. 『관무량수경』을 그린 '관경변상도', '화엄경변상도', '법화경변상도' 등입니다. 대부분의 불화가 경전 또는 가르침에 근거하였기에 모든 불화를 변상도라 할 수 있습니다. 한편, 변상도라 하면 좁은 의미로 책 속의 삽화처럼 경전 속에 있는 그림을 말하기도 합니다.

그 외, 본생도(本生圖)는 부처님의 전생 이야기를 그린 것이고, 불전도(佛傳圖), 팔상도(八相圖)는 부처님의 일대기를 그린 것입니다. 심우도(尋牛圖)는 마음을 소에 비유하여 소를 찾아가는 과정을 그린 것입니다. 그 외 역대 스님들의 수행담을 그린 것도 있고, 그 사찰과 관련된 창건 이야기를 그린 것도 있습니다.

그리고 형태와 재료에 따라 탱화, 벽화, 경전화로 분류합니다. 탱화는 베나 종이에 그려 족자나 액자의 형태로 모신 것이며, 벽화는 말 그대로 건물 벽에 그린 것입니다. 경전화는 경전 속에 그려진 그림으로 변상도라고도 합니다.

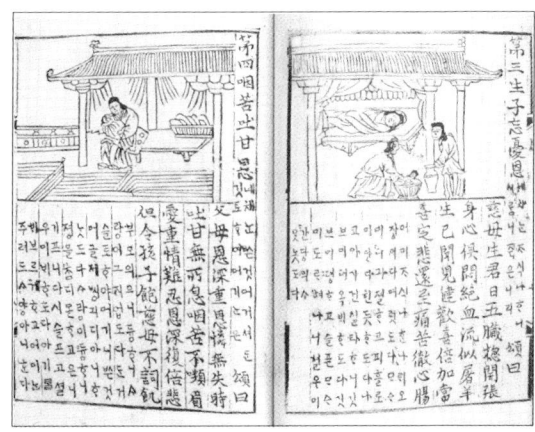

부모은중경 언해본 판경화(경전화)

광덕사 묘법연화경 변상도(동국대학교 박물관)

묘법연화경 변상도(월정사 성보박물관)

이외에도 다양한 분류법이 있을 것입니다. 그런데 보통 일반인이 접근하기 쉬운 분류는 일단 탱화와 벽화의 분류가 아닌가 합니다. 그리고 그 분류에 주제별 분류가 다소 첨가되는 형태일 것 같습니다.

탱화(幀畵),
마음의 천에 부처님이 젖어들다

탱화란 베나 종이에 그려 족자나 액자의 형태로 걸어서 모신 불화를 말합니다. 그리고 나무에 조각하여 채색한 것을 목각탱이라고 합니다. 문경 대승사, 예천 용문사, 상주 남장사 등에는 조선시대 목각탱이 있으며, 안양 한마음선원처럼 근래에 들어 목각탱을 조성한 사찰도 꽤 있습니다. 이러한 탱화는 대부분 예경의 대상으로서 법당에 모셔져 있

예천 용문사 대장전 후불목각탱

그림으로 나투신 불법승 삼보 _ 197

습니다.

그런데 탱화는 거의 전문가 수준이 아니면, 무엇이 무엇인지 구분하기 어렵습니다. 전체적으로 구분했다 하더라도 한 분, 한 분이 누구인지 알기는 더욱 쉽지 않습니다. 그러나 법당에서 가장 많이 보게 되는 것이 탱화입니다. 물론 마음 아프게도 가끔 진품은 박물관에 있고 복사한 사진을 모시고 있는 경우가 있지만 말입니다.

탱화는 우선 법당에서 예를 드리는 순서에 따라, 혹은 신앙의 형태에 따라 상단탱화, 중단탱화, 하단탱화로 구분할 수 있습니다. 법당 중앙은 상단(上壇), 불보살단으로 불보살님을 모시고, 그 좌우로 각각 중단과 하단이라고 하는데, 중단(中壇)은 신중단(神衆壇)으로 신중을 모시고, 하단(下壇)은 영단(靈壇), 또는 영가단(靈駕壇)으로 영가를 모십니다. 또는 예배 대상의 위격과 상단, 중단, 하단의 분단법에 따라 여래 계열, 신중 계열, 나한 계열, 명부중 등으로 나누기도 합니다. 여기서는 법당에서 예를 드리는 순서에 따라 상단탱화, 중단탱화, 하단탱화로 나누어 살펴보겠습니다.

상단탱화

상단탱화는 상단인 불단의 불보살님 뒤에 모시기 때문에 보통 후불탱화라고 합니다. 이들 탱화는 모신 전각에 따라 대웅전 후불탱화, 화엄전 후불탱화, 극락전 후불탱화, 약사전 후불탱화, 용화전 후불탱화, 영산전 후불탱화, 관음전 후불탱화 등으로 구분합니다. 앞 전각편에서 언급하였지만, 다시 살펴보겠습니다.

　석가모니부처님을 모신 대웅전은 '영산회상도' 또는 '삼여래탱화(삼불탱)' 등을 모십니다. '영산회상도'는 영축산의 법회 장면을 나타낸 것으로 석가모니부처님 주위로 보살님과 그 권속들이 함께 그려져 있습니다. '삼여래탱화'는 석가모니부처님, 약사여래부처님, 아미타부처님인 삼세불(三世佛)과 그 권속들을 모십니다. 한 폭에 삼세불과 그 권속들을 함께 모시는 경우와, 세 폭에 삼세불을 나눠 모시는 경우도 있습니다. 이때 각각 석가탱, 약사탱, 미타탱이라고도 합니다. 대부분 석가모니부처님은 선정인에 항마촉지인을, 약사여래부처님은 손에 약합을, 아미타부처님은 구품인을 하고 있습니다.

　비로자나부처님이 계신 대적광전은 '삼신탱화' 또는 '화엄탱화' 등을 모십니다. '삼신탱화'는 청정법신 비로자나불, 원만보신 노사나불, 천백억화신 석가모니불인 삼신불과 그 권속들을 모신 것입니다. 삼신탱화도 세 분을 함께 모시는 경우와 별도로 모시는 경우가 있습니다. 각각 법신탱, 보신탱, 화신탱이라고도 합니다. 대부분 비로자나부처님은 지권인을, 노사나부처님은 보관에다 설법인을, 석가모니부처님은 선정인에 항마촉지인을 하고 있습니다.

　'화엄탱화'는 화엄경의 설법 장면을 나타낸 것입니다. 『(80권)화엄경』을 보면 일곱 장소에서 아홉 번의

영산회상도(순천 선암사 대웅전)

삼여래탱화(안성 청룡사 대웅전)

삼신탱화(청도 운문사 비로전)

화엄변상도(순천 선암사 팔상전)

법회가 이루어졌는데 이를 7처9회라고 합니다. 따라서 '화엄탱화'는 7처9회 각 회상(모임)마다 따로 구성하여 하나의 화폭에 가득 채우고 있습니다.

아미타부처님을 모신 극락전은 '아미타삼존도', '극락회상도', '관경변상도' 등을 모십니다. '아미타삼존도'는 아미타부처님·관세음보살·지장보살(또는 대세지보살)을 나타내고, '극락회상도'는 아미타부처님이 극락에서 2대 보살을 비롯하여 여러 보살과 신중 등 대중에게 설법하는 장면을 나타냅니다. '관경변상도'는 『관무량수경』에서 설하는 극락왕생을 위한 16관법의 내용을 담고 있습니다. 일본에 있는 고려불화 '관경변상

관경변상도(고려, 일본 사이후쿠지(西福寺) 소장)

도'가 대표적입니다. 상단 중앙에 해를 시작으로, 탱화 양쪽에 각각 여섯 칸으로 정토와 불보살님을, 중앙 가득 구품 중생을 세 단으로 그립니다. 이는 해가 지는 것을 관하는 것을 시작으로 정토의 모습과 불보살님, 그리고 정토에 왕생한 중생을 관하는 16관법을 나타냅니다.

약사여래를 모신 약사전에는 '약사유리광회상도' 등을 모십니다. 이는 약사여래가 계신 유리광정토에서 대중을 위해 교화하는 장면을 나타낸 것입니다. 약사여래와 좌우 일광보살과 월광보살의 약사삼존불을 중심으로 권속들이 함께 합니다.

미륵부처님을 모신 용화전은 '용화회상도'를 모십니다. 이는 미륵부처님이 용화수 아래에서 성불한 뒤, 그곳에서 세 번에 걸쳐 설법하여 중생을 교화

하는 내용을 담고 있습니다.

그 외 영산전 후불탱화인 '영산회상도' 또는 '팔상도', 관음전 후불탱화인 '관음탱화', '사십이수도', '천수관음도' 등이 있습니다.

중단탱화

중단탱화는 불단 오른쪽이나 왼쪽의 신중단에 모신 신중탱화를 말합니다. 신중탱화는 불법을 수호하는 역할을 담당하는 여러 신들을 그려 정법과 도량의 수호를 담아낸 것을 통틀어 말합니다. 상단탱화에서는 호법신에 지나지 않았으나 중생에게 복을 주고 재앙을 없애 주는 신장으로 발전하여 중단으로 분리되었다고도 봅니다.

관음탱화(안동 홍은사 대웅전)

신중탱화는 최고 104위 또는 39위를 그린 '신중탱화'를 비롯하여, 범천을 그린 '범천탱', 제석천을 그린 '제석탱', 함께 그린 '범천제석탱', 위타천(동진보살)이 중심인 '신중탱', 천룡과 팔부신장을 중심으로 한 '천룡탱' 등이 있습니다. 그리고 '칠성탱화', '산신탱화', '조왕탱화', '시왕탱화' 등도 포함됩니다.

범천은 본래 인도에서 우주를 창조하는 최고의 신 브라만을 말합니다. 이 브라만은 범천으로 불교의 호법신이 되었습니다. 불교에서 색계 초선천의 4천을 모두 범천이라고 합니다. 제석천은 인도의 무용

신중탱화(문경 김룡사 대웅전)

제석, 범천(안동 홍효사 신중탱)

신(武勇神)인 인드라에서 유래합니다. 불교에서는 선신(善神)으로 수용해 호법신으로 받아들입니다. 제석천은 33천이라고도 하는 도리천의 주재자로서 수미산 정상에 있는 선견성에 머무르면서 세상을 수호합니다. '범천제석탱'의 경우, 신중단 쪽에서 왼쪽이 범천, 오른쪽이 제석에 해당됩니다. 제석을 중심으로 '신중탱'을 모신 제석 신앙은 옛날 제천 신앙에서 그 유래를 찾습니다. 옛날 우리나라는 농업국으로서 풍년을 기원하는 제천의식을 매우 중요하게 여겼습니다. 따라서 신중 신앙에서 제석 신앙이 독립되어 나왔다고 봅니다.

가끔 신중탱을 보면 중앙이나 왼쪽에 깃털로 장식된 모자를 쓴 분이 있습니다. 바로 위타천인 동진보살입니다. 위타천은 사천왕 중 증장천이 거느린 8대장의 한 분으로, 사천왕의 32대장을 대표하는 수령입니다. 어려서 동진 출가하여 청정한 범행으로 오로지 불법 수호를 위해 정진한 끝에 부처님께서 호법선신으로 위촉했습니다. 그래서 동진보살이라고 부릅니다. 세계를 보호하고 중생을 제도하며 마군(魔軍: 마구니)을 없애 불법을 수호하는 선신입니다.

동진보살(안동 홍효사 신중탱)

39위, 또는 104위 신중탱화는 예적금강을 중심으로 신중들이 위치하고 있습니다. 39위는 『화엄경』에 등장하는 신장들이고, 104위는 인도, 중국, 한국의 토속신이 포함되어 있습니다. 104위 신중탱화에서 상단 및 중단과 하단 일부에는 인도의 토속신이, 중단은 중국의 북두칠성이, 하단은 한국의 토속신이 대부분을 차지합니다. 104위 신중탱화는 해인사나 범어사 등에서 볼 수 있습니다.

예적금강(안동 홍효사 신중탱)

이와 같은 104위 중 어느 신중을 중심으로 신중탱화를 구성하는지에 따라 그 시대와 그 지역의 신앙을 엿볼 수 있습니다. 그리고 이러한 신중 신앙에서 칠성, 산신, 조왕, 시왕들이 독립적인 위치로 신앙을 형성함에 각각 '칠성탱화', '산신탱화', '조왕탱화', '시왕탱화'로 분화되었다고도 봅니다. 부엌을 관장하는 조왕신을 그린 '조왕탱화'는 공양간에 모셔져 있습니다. 명부에서 중생을 심판하는 시왕을 그린 '시왕탱화'는 주로 명부전이나 큰법당 하단인 영단(영가단)에 모셔져 있습니다. 전각편을 참고하시길 바랍니다.

'지장탱화'도 이처럼 중단 신중탱화와 관련되었던 지장보살에 대한 신앙이 독립하여 조성되었다고 봅니다. '지장탱화'는 극락왕생, 영가천도와 관련되어 큰법당 영가단 및 별도의 전각인 지장전(또는 명부전)에 모십니다.

한편, 신중단에 신중탱화 대신에 '삼장탱화(三藏幀畵)'를 모시는 경우도 있습니다. '삼장탱화'란 지장 신앙이 확대되어 나타난 것으로 천장(天藏), 지지(地持), 지장(地藏)을 모신 것입니다. 이는 지장 신앙이 삼신불(三身佛)처럼 발전한 것으로 우리나라에서만 보이는 독특한 사상입니다. 이 '삼장탱화'는 천상계와 지상계와 지하계(또는 명부계)의 삼계 우주관을 가지고 있는 재래신관과 부합하는 것으로 봅니다. '삼장탱화'가 모셔져 있는 사찰은 그리 많지 않습니다. '삼장탱화'는 영가천도와 관련되어 문경 김룡사 대웅전처럼 하단인 영가단에 모시거나, 파주 보광사처럼 지장전에 모시기도 합니다.

하단탱화

하단탱화는 법당 안의 불단 오른쪽 또는 왼쪽에 차려 놓은 영단에 거는 탱화입니다. 또는 따로 독립된 명부전 주불인 지장보살상 뒤 또는 시왕상 뒤에 걸기도 합니다. 이에 명부중(冥府衆) 계열의 탱화라고도 합니다. 명부는 중생이 죽어서 다음 생을 받기 전 심판을 받는 곳입니다.

'감로탱화(甘露幀畵)'가 대표적인 하단탱화입니다. 감로왕도(甘露王圖)라고도 합니다. 부처님과 스님들에게 공양을 올림으로써 중생을 구제하여 아미타부처님 일행이 서방정토로 인도하는 모습을 담고 있습니다. 감로왕은 아미타부처님을 말합니다. 감로란 중생을 구제하는 데 다시없는 가르침을 비유합니다. 또는 음식을 가리키기도 합니다. 이 음식을 먹으면 지옥고에서 벗어나서 해탈할 수 있습니다. 한편, 아귀도에 빠진 어머니를 천상으로 구제한 목련존자의 이야기가 담긴 『우란분경』에서 유래하였다고 해서 '우란분경변상도'라고도 합니다.

감로왕도(서울 안양암 대웅전)

'감로탱화'는 세 단으로 구성되어 있습니다. 상단 중앙에는 아미타부처님을 포함한 7여래를 중심으로 아미타부처님을 보좌하는 관세음보살과 지장보살, 극락으로 길을 인도하는 인로왕(引路王)보살이 좌우에 있습니다. 중단에는 성대하게 공양상을 차려놓고 스님들이 대중과 함께 의식을 거행하고 있습니다. 하단에는 세속의 여러 생활상과 지옥의 모습이 그려져 있습니다.

지장시왕탱화(안동 봉정사 대웅전)

영가단에는 '지장탱화', 또는 '시왕탱화', 또는 '지장시왕탱화'를 모시기도 합니다. 영가단에 '지장탱화'를 모신 것은, 『지장경』에 언급된 지옥 중생 천도와 관련하여 지장보살이 영가들을 극락으로 인도해 주실 뿐만 아니라 조상들을 천도시켜 주신다고 보기 때문입니다. 또는 시왕과 함께 지장보살을 모신 '지장시왕탱화'도 있습니다. 시왕(十王)은 명부에서 심판을 담당하는 열 분의 대왕입니다. 그리고 시왕을 중심으로 한 '시왕탱화'는 각각 한 폭에 한 분씩 모신 경우, 두 폭에 1·3·5·7·9대왕과 2·4·6·8·10대왕을 모신 경우, 한 폭에 시왕을 다 모신 경우가 있습니다. '시왕탱화'의 상단에는 왕이 있고, 하단에는 지옥의 모습이 묘사되어 있습니다.

그런데 영가단에는 한 폭에다 시왕을 모두 모신 '시왕탱화'나 지장보살을 함께 모신 '지장시왕탱화'를 모십니다. 명부전에는 중앙에 '지장탱화'를 중심으로 좌우에 1·3·5·7·9대왕과 2·4·6·8·10대왕의 시왕탱화를 모십니다.

괘불, 괘불대

사찰에 모셔져 있는데 좀처럼 보기 힘든 불화가 있습니다. 바로 괘불(掛佛), 또는 괘불탱화라고 합니다. '걸 괘(掛)', 글자 그대로 걸게 되는 탱화를 말하고,

탱화이니 천에다 그린 불화를 말합니다. 긴 천에다 아교를 먹여 채색하였기 때문에 그 크기나 무게가 장난이 아닙니다. 큰 것은 높이 15미터, 폭 10미터가 되는 것도 있습니다. 보통 때에는 둥글게 말아 법당 안 오동나무 상자 안에 보관하다가, 성대하게 지낼 특별 행사가 있을 때면 법당 밖으로 모십니다.

즉, 괘불은 법당 밖에서 불교 의식을 치를 때 걸어 놓는 예배용 불화입니다. 괘불을 법당 앞에 걸어 놓고 법회를 지내는 것을 괘불재(掛佛齋)라고 하고, 이를 위해 괘불을 밖으로 모시는 것을 괘불 이운(移運)이라고 합니다. 그런데 무게가 무거워 장정 열 명 내지 스무 명이 함께 정성스럽게 모십니다. 또한 평소 불단 뒤에 보관할 경우, 크기 때문에 법당 뒤 측면에 괘불 출입을 위한 별도의 작은 문이 있기도 합니다.

괘불을 걸기 위해서는 날씨도 좋아야 하지만 별도의 장치가 있어야 합니다. 법당 앞에 양쪽으로 나란하게 있는 돌기둥입니다. 괘불대지주에 해당합니다. 이 괘불대지주에 괘불대를 고정하여 단단히 세우고 괘불을 걸게 됩니다. 그리고 야단법석이 펼쳐집니다.

괘불재는 일 년에 한 번 있을까 말까 하기 때문에 사람들에게는 또 하나의 신앙으로 자리 잡아 사찰마다 다양한 이야기가 전해집니다.

괘불대(양산 통도사)

괘불 ©김경호

가령, 해남 미황사에는 가뭄이 들 때 걸어 놓고 기우제를 지내면 비를 내리게 한다는 괘불이 전해오고 있습니다. 계룡산 갑사의 괘불재도 유명합니다.

복장낭(腹藏囊)

부처님을 모시면서 불상의 몸 안에 사리·불경 등을 넣습니다. 이를 복장이라고 하고 그 뒤에 점안의식을 합니다. 이러한 점안의식을 통해 단순한 조각이나 그림이 신앙의 대상으로 생명력을 가지게 됩니다.

탱화를 모실 때도 마찬가집니다. 그런데 불상은 입체적이라 복장이 가능하지만, 탱화는 평면인데 어떻게 복장이 가능할까요. 탱화 위를 보시기 바랍니다. 중앙이나 양쪽에 주머니가 매달려 있는 것을 볼 수 있습니다. 그것은

복장낭(천안 각원사 대웅보전 신중단)

그림으로 나투신 불법승 삼보 _ 207

바로 탱화를 모시기 위해 복장을 한 복장주머니, 복장낭이라고 합니다. 탱화는 복장할 곳이 없기 때문에 비단이나 종이로 복주머니처럼 만들어 복장물을 넣은 뒤 탱화 위에 매달아 놓습니다.

보통 부처님 몸속에는 사리와 사리통, 경전, 다라니, 만다라, 오곡, 오색실, 의복, 복장기, 조성기 등을 채웁니다만 복장낭은 그처럼 크지도 않고 벽에 매달게 되니 그에 맞게끔 복장합니다.

참고로, 불탑을 모실 때도, 법의(法衣)인 가사(袈裟)를 받을 때도 점안의식을 거행합니다.

벽화,
벽은 벽이 아니라 길이다

벽화란 말 그대로 벽에 그린 그림을 말합니다. 법당 안팎 벽에는 다양한 그림이나 문양들이 그려져 있습니다. 벽화는 법당을 장엄하기도 하지만, 절을 찾는 이들에게 시각적으로 부처님의 가르침을 전해 줍니다. 따라서 벽은 단지 벽이 아니라 부처님 가르침이자 진리로 가는 길입니다.

법당 벽은 대부분 흙으로 되어 있습니다. 그런데 흙벽은 비바람에 쉽게 훼손되기 때문에 옛 숨결을 느낄 수 있는 벽화는 오늘날 거의 없습니다. 안동 봉정사 대웅전 후불 벽화, 영주 부석사 무량수전 벽화, 강진 무위사 극락보전 벽화 등이 남아 있습니다. 이러한 벽화도 훼손을 방지하기 위해 성보박물관에 보관 전시 중입니다. 따라서 현재 절에서 보게 되는 벽화는 대부분 오늘날 장엄한 것입니다.

가끔 나무로 된 벽에 그려진 벽화도 있습니다. 파주 보광사 대웅보전 벽화가 그렇습니다. 외벽을 보면, 오랜 세월 동안 비바람에 떨어져 나간 부분도 있지만, 그 자체가 오히려 묘한 느낌을 줍니다. 한편, 그림의 내용도 다양합니다. 연꽃 위의 부처님과 보살님, 그리고 합장하고 있는 중생 등등. 또 벽은 아니지만, 제주도 약천사의 경우, 나무로 된 창문 창살을 벽화처럼 새겨 꾸민 것은 참신한 느낌을 줍니다.

흙벽이든 나무벽이든 또는 어떤 것이든, 그곳에는 부처님의 가르침이 있고, 그 절의 역사가 있습니다. 절마다, 법당마다 다양한 가르침이 그려져 있지만, 공통적으로 가장 많이 접하게 되는 내용이 팔상도(八相圖)와 심우도(尋牛圖)가 아닌가 합니다. 물론 그 외에도 옛 조사스님들의 이야기, 절의 역사도 함께 있지만 말입니다.

팔상도(八相圖)

팔상도는 석가모니부처님 일대기 가운데 중요한 일을 여덟 장면으로 나타낸 것입니다. 이는 탱화로 조성하기도 하지만, 법당 벽에 그려져 있는 경우도 많습니다. 사찰마다 다소 차이가 있지만, 그 내용은 다음과 같습니다.

팔상도 도솔래의상(청원 왕암사 대웅전 외벽)

팔상도 비람강생상(청원 왕암사 대웅전 외벽)

도솔래의상(兜率來儀相)은 호명(護明)보살이 도솔천에서 내려오는 장면입니다. 호명보살은 석가모니부처님의 전신으로 도솔천에 계실 때의 이름입니다. 호명보살이 도솔천에서 상아가 여섯 개인 하얀 코끼리[六牙白象(육아백상)]를 타고 마야부인 태중으로 내려옵니다.

비람강생상(毘藍降生相)은 부처님께서 정반왕의 태자로 탄생하시는 장면입니다. 마야부인이 태자를 낳기 위해 친정으로 가는 도중 룸비니 동산에서 몸에 이상을 느낍니다. 이때 마야부인이 무우수(無憂樹) 나뭇가지를 오른손으로 잡는 순간, 태자가 오른쪽 옆구리에서 탄생합니다. 그리고 태자는 아홉 용이 뿜어내는 물로 목욕한 뒤, 사방으로 7보를 걸으시고 한 손으로 하늘을 가리키고 한 손으로 땅을 가리키면서 '천상천하유아독존(天上天下唯我獨尊)'이라 외칩니다. 비람은 룸비니를 말합니다.

사문유관상(四門遊觀相)은 태자가 네 곳의 문을 통해 세상을 돌아보는 장면입니다. 동문에서 노인을 만나고, 남문에서 병자를 만나고, 서문에서 죽은 자를 보고 삶의 고통을 느낀 뒤, 북문에서 출가수행자를 만나 법문을 듣고 출가할 뜻을 세웁니다.

유성출가상(踰城出家相)은 태자가 출가하고자 성을 넘는 장면입니다. 태자가 출가할 결심이 서자 밤중에 마부 찬다카[車匿(차익)]가 끄는 애마 칸타카[健陟(건척)]를 타고 성을 넘어 출가합니다.

팔상도 사문유관상(청원 왕암사 대웅전 외벽)

팔상도 유성출가상(청원 왕암사 대웅전 외벽)

설산수도상(雪山修道相)은 태자가 출가 사문이 되어 설산에서 수행하는 모습입니다. 설산에서 6년 동안 정반왕이 보낸 교진여 등 다섯 비구와 함께 수행합니다. 그런데 고행으로 깨달음을 얻을 수 없다고 생각한 태자가 고행을 멈추자, 다섯 비구는 태자가 타락했다고 생각하여 곁을 떠납니다.

수하항마상(樹下降魔相)은 보리수 밑에서 마왕을 항복시키고 깨달음을 얻는 장면입

팔상도 설산수도상(청원 왕암사 대웅전 외벽)

팔상도 수하항마상(청원 왕암사 대웅전 외벽)

팔상도 녹원전법상(청원 왕암사 대웅전 외벽)

팔상도 쌍림열반상(청원 왕암사 대웅전 외벽)

니다. 보리수 밑에서 진정한 깨달음을 얻기 전에는 자리에서 일어나지 않겠다며 수행에 들어간 태자는, 마왕의 위협과 회유, 마왕의 네 딸의 유혹 등을 물리치고, 어느 새벽에 별을 보고 깨닫게 됩니다.

녹원전법상(鹿苑轉法相)은 부처님께서 녹야원에서 처음으로 법을 펼치는 장면입니다. 부처님께서 성도하신 뒤 떠나간 교진여 등 다섯 비구를 찾아 바라나시 녹야원으로 갑니다. 그곳에서 부처님은 처음으로 중도와 사성제 등 법을 설하십니다. 이를 초전법륜(初轉法輪)이라고 합니다. 이후 45년 동안 법을 설하여 중생을 교화하십니다.

쌍림열반상(雙林涅槃相)은 부처님께서 사라쌍수 사이에서 열반에 드시는 장면입니다. 부처님께서는 대장장이 춘타에게 최후 공양을 받으시고 구시나가라 사라쌍수 사이에서 열반에 드십니다. 뒤늦게 온 가섭존자를 위해 관에서 발을 내보이시며[槨示雙趺(곽시쌍부)] 법을 전하고, 다비 후 부처님 진신사리를 여덟 나라가 나눠 탑을 세웁니다.

물론 법당 벽에는 팔상도 이외에도 석가모니부처님께서 전생에 보살로서 수행할 때의 그림도 있고, 현생에서 중생을 교화하는 내용을 담은 그림도 있습니다.

심우도(尋牛圖)

내용은 깊게 몰라도 일반인도 '아! 그 그림' 하는 벽화가 있습니다. 심우도입니다. 아마 법당 벽화 가운데 많은 부분을 차지하거나, 소를 비유한 것이 친근하게 와 닿기 때문이 아닌가 합니다. '찾을 심(尋)', '소 우(牛)' 즉, 심우도는 잃어버린 소를 찾아가는 여정입니다. 이는 마음을 소에 비유하여 수행자가 본성을 깨달아 가는 과정을 시각적으로 나타낸 선화(禪畫)입니다.

그 찾아가는 과정을 열 단계로 나타내기에 십우도(十牛圖)라고 하고, 소를 길들이기에 목우도(牧牛圖)라고도 합니다. 심우도는 여러 가지가 있으나, 현재 우리나라에는 12세기 송대 곽암(廓庵)선사가 계송으로 정리한 심우도가 거의 대부분입니다. 곽암선사의 심우도에 의거하여 열 단계를 나타내면 다음과 같습니다.

심우도 제1 심우

제1 심우(尋牛: 소를 찾는다)입니다. 소를 찾아 산속을 헤매는 모습입니다. 본성이 무엇이지 모르지만 발심하여 수행에 임하는 모습을 비유합니다.

제2 견적(見跡: 발자국을 보다)입니다. 겨우 소의 발자국을 발견한 모습입니다. 이제 본성의 자취를 어렴풋이 느끼게 되는 것을 비유합니다.

제3 견우(見牛: 소를 보다)입니다. 드디어 멀리 있는 소를 발견한 모습입니다. 소의 울음소리를 듣고 소의 모습을 어렴풋이 보았지만 아직 소의

심우도 제2 견적

심우도 제3 견우

심우도 제4 득우

심우도 제5 목우

심우도 제6 기우귀가

성질은 알지 못합니다. 본성을 깨닫는 것이 가까워졌음을 비유합니다.

제4 득우(得牛: 소를 잡다)입니다. 소를 잡았지만 아직 길들이지 않아 소를 채찍질하는 모습입니다. 이때 소의 모습은 검은색으로 되어 있습니다. 이는 아직 번뇌에 물들어 있는 것을 나타냅니다. 이제 본성을 찾았지만 아직 번뇌가 없어지지 않았으므로 더욱 열심히 수행해야 함을 비유합니다.

제5 목우(牧牛: 소를 길들인다)입니다. 소에 고삐를 물리고 길들이는 모습입니다. 채찍과 고삐가 아니더라도 스스로 잘 따르도록 길들입니다. 이때 소는 길든 정도에 따라 차츰 흰색으로 변해 갑니다. 번뇌를 없애고 힘을 키우며[保任(보임)], 깨달음 뒤에 오는 방심을 조심해야 함을 비유합니다.

제6 기우귀가(騎牛歸家: 소를 타고 집으로 돌아오다)입니다. 길든 소를 타고 피리를 불며 돌아오는 모습입니다. 드디어 망상에서 벗어나 본성의 자리에 들었음을 비유합니다.

제7 망우존인(忘牛存人: 소를 잊고 사람만 있다)입니다. 집으로 돌아왔는데 소는 간데없고 오직 자기 혼자 남은 모습입니다. 본래 마음자리로 돌아왔으나, 찾았다는 생각도 돌아왔다는 생각도 접어

두고 한가로움을 비유합니다. 집에 이르러 소를 잊었다고 하여 도가망우(到家忘牛)라고도 합니다.

제8 인우구망(人牛俱忘: 사람도 소도 함께 잊다)입니다. 소도 잊고, 또 자기도 잊는다는 것을 뜻하기 위해 텅 빈 원만을 그려 놓습니다. 나에 대한 집착도 법에 대한 집착도 없습니다. 마음 작용이 끊어져 나와 너 분별없는 공의 경지에 선 것을 비유합니다.

제9 반본환원(返本還源: 근원으로 돌아가다)입니다. 푸른 산과 푸른 물의 광경을 그려 놓습니다. 본성은 본래 청정하여 아무 번뇌가 없어 산은 산대로 물은 물대로 드러납니다. 분별없는 마음에 세상 만물이 그대로 드러남을 비유합니다.

제10 입전수수(入廛垂手: 저잣거리에 들어가 손을 드리우다)입니다. 중생 제도를 위해 마을로 향하는 모습입니다. '가게 전(廛)' 입니다. 가게란 손님이 원하는 것을 내어 주는 곳인 것처럼 중생과 함께 하면서 중생이 원하는 바에 따라 방편[방법]으로 제도함을 말합니다.

한편, 서산 개심사 명부전 외벽에는 다른 곳과 달리 보명선사의 십우도가 그려져 있습니다. 이처럼 사찰 법당에 열 가지 그림이 다 그려져 있는

심우도 제7 망우존인

심우도 제8 인우구망

심우도 제9 반본환원

심우도 제10 입전수수

곳도 있지만, 어떤 곳은 벽 사정에 따라 몇 가지 부족한 상태로 그 가르침을 전하고 있습니다. 그림을 보며 차분하게 자신의 마음을 살펴볼 일입니다.

단청(丹靑), 오방색으로 불국토를 장엄하다

법당 안팎은 여러 가지 색깔과 문양으로 장엄되어 있습니다. 이를 보통 단청이라고 합니다. 사찰에 장엄된 단청은 넓은 의미에서 불화에 속합니다.

단청은 주로 궁궐, 관청, 그리고 사찰이나 서원 등에서 볼 수 있습니다. 단청을 더욱 아름답게 장엄하여 왕권의 권위나 신성함을 나타내기도 합니다. 즉, 궁궐의 단청은 왕의 권위와 위엄을 상징합니다. 사찰은 부처님을 모신 곳이기에 궁궐에 버금가는 화려함을 나라에서 인정하였습니다. 사찰의 단청은 불법승 삼보의 거룩함과 불세계의 신성함을 나타냅니다. 그런데 옛 기록을 보면 일반 가정집까지 단청을 하게 되자 왕권이나 종교의 권위를 침해한다 하여 일반 가정의 단청을 금하였습니다. 또한, 단청은 그 비용이 많이 듭니다. 단청 안료가 귀하고 비쌀뿐만 아니라 국내에서 구할 수 없는 비싼 수입품도 있습니다. 단청하는 과정도 세심한 일손이 필요하여 인건비도 많이 듭니다. 이에 사치 풍조를 금하고자 궁궐이나 관청, 사찰, 서원 이외에는 단청을 금지하였습니다.

단청은 이처럼 존엄을 나타내는 상징적인 의미도 있지만, 한편으로는 건물 목재를 보호하려는 실용적인 면도 있습니다. 천연 안료에는 살충의 효과도 있을 뿐만 아니라, 단청을 함으로써 방풍, 방습 등의 효과도 있습니다. 또는, 목재의 흠집을 감추기 위해서 단청을 하기도 하고, 일반 건물과 구별하여 특수기념물의 성격을 나타내고자 단청을 하기도 합니다. 종교 의식적인 측면도 있습니다.

단청은 굉장히 화려해 보입니다. 그 기본 색깔은 청(靑)·적(赤)·백(白)·흑(黑)·황(黃) 입니다. 또 이를 혼합해서 사용하기도 합니다. 단청의 색은 오행사상을 나타냅니다. 보통 좌청룡, 우백호, 남주작, 북현무라고 합니다. 푸른색은 동쪽으로 용이며 계절로는 봄에, 오행으로는 목(木)에 해당합니다. 붉은색은 남쪽으로 주작(朱雀, 붉은 봉황)이며 여름, 화(火)에 해당합니다. 흰색은 서쪽으로 호랑이이며 가을, 금(金)에 해당합니다. 검은색은 북쪽으로 현무(玄武, 거북과 비슷한 길상의 짐승)이며 겨울, 수(水)에 해당합니다. 노란색은 중앙으로 계절로는 토왕(土旺), 토(土)에 해당합니다. 참고로 토왕이란 토왕지절(土旺之節)이라 하여 입춘, 입하, 입추, 입동 이전 18일간 새로운 계절로 들어가기 전의 기간을 말하며, 환절기에 해당합니다. 이처럼 오행의 관점에서 단청을 하는 것은 현세의 편안함과 사후의 안녕을 기원하는 바람이 담겨 있습니다.

단청의 무늬는 건물의 부위와 장식 구성에 따라 여러 종류가 있습니다. 한두 가지 색으로 칠만 하기도 하고, 단순한 문양을 하기도 하고, 화려한 문양을 반복하기도 합니다. 특히 사찰에는 연꽃 모양이 많습니다. 갓 피어나기 시작하는 연꽃, 여러 개의 꽃잎이 피어 있는 연꽃, 물결 모양의 연꽃 등이 있는데, 간혹 국화나 모란 등도 있습니다. 그리고 봉황, 용, 기린, 학 등의 동물도 있습니다. 이러한 다양한 문양과 다양한 색으로 어우러진 단청은 법당을 더욱 아름답게 장엄합니다. 온갖 공덕이 갖추어진 불국토의 모습을 드러냅니다. 물론 세월이 흘러 단청이 벗겨져 나간 뒤의 고풍스러운 모습도 아름답습니다. 있는 그대로의 모습이 오히려 깊은 맛을 던져 줍니다. 심우도에서 저잣거리로 향하는 선사의 모습이랄까. 부안 내소사 대웅보전의 문살이 대표적입니다.

부안 내소사 대웅보전 문살

06

말없이 이어지는 불멸(不滅)의 삼보

부처님이 계신 곳, 탑

불이문을 거쳐 부처님을 친견하려 한걸음에 법당으로 들어서느라 합장 반배하고 지나쳤던, 절 마당에 자리 잡은 부처님[佛(불)]이 계신 탑을 이제 찬찬히 살펴봅니다.

법당 마당에는 탑이 없는 곳도 있지만, 보통 하나 또는 쌍으로 있습니다. 탑 앞에서 합장 반배하는 사람도 있고, 합장한 자세로 탑 주위를 돌면서 사면에다 각각 합장 반배하는 사람도 있습니다. 그것도 부족해서 사찰 한구석이나 근처 계곡에 여기저기 흩어진 돌로 정성스럽게 탑을 쌓기도 합니다. 이처럼 탑은 우리의 간절함과 함께하며, 때로는 친숙함으로 다가옵니다.

탑은 부처님의 사리를 봉안한 곳

탑은 탑파의 약칭으로, 범어로는 '스투파(stūpa)', 팔리어로는 '투파(thūpa)'를 음역한 것입니다. 스투파는 '신골(身骨)을 봉안하여 흙이나 돌로 높이 쌓아 올린 분묘'를 말합니다. 이것을 번역하면 무덤, 묘(廟), 영지(靈地)가 됩니다. 미얀마 지방에서는 '파고다'라고 합니다. 한때 파고다 공원으로 불렸던 탑골 공원은 조선시대 원각사가 있었던 곳으로 현재 공원 안에 원각사지 10층석탑이 있습니다. 탑이란 원래 부처님의 진신사리나 경전이 모셔져

부여 정림사지 오층석탑

쌍림열반상(부산 범어사 팔상전)

있는 성스러운 공간입니다. 사리란 인도말 '사리라'로 보통 신체 또는 유골을 말합니다. 이처럼 탑의 본래 의미는 타워(tower)라고 하는 탑과는 전혀 차원이 다릅니다. 그리고 탑은 그냥 무덤이나 건축물이 아니라, 부처님이 계신 곳이고 부처님의 가르침이 살아 숨 쉬는 곳입니다.

깨달음을 성취하신 뒤 부처님은 많은 이들에게 가르침을 베푸시고, 구시나가라 사라쌍수 아래에서 열반에 드셨습니다. 이때 부처님은 수행자들에게 수행자의 본분을 다해 정진하라 하시며, 당신의 장례를 재가신도들에게 맡겼습니다. 이에 말라족 사람들이 중심이 되어 전륜왕(轉輪王: 법과 덕으로 나라를 다스리는 이상적인 왕)의 유해 처리 방법에 따라 다비(茶毘, 火葬(화장)]가 진행되었습니다. 다비가 끝난 뒤, 사리를 수습하여 한곳에 보관하였습니다. 그 양이 엄청나서 여덟 섬 너 말, 또는 여덟 말의 사리가 수습되었다고도 합니다. 그런데 뒤늦게 도착한 일곱 나라에서 부처님 사리를 봉안하고자 전쟁이라도 할 태세였습니다. 결국 바라문의 중재로 여덟 나라에서 부처님의 사리를 8등분하여 분배하였습니다. 이를 사리팔분(舍利八分), 또는 분사리(分舍利)라고 합니다. 여덟 나라는 각기 탑을 세워 부처님 사리를 봉안하였습니다. 이를 근본 8탑이라고 합니다. 한편, 중재했던 바라문은 사리를 담은 병을 가져가서 병탑을 세우고, 뒤늦게 도착한 모리야 족은 남은 재를 가져가 회탑을 세웠습니다. 합쳐서 근본 10탑이라고도 합니다.

그 이후 인도 마우리야국 아소카 왕(B.C.268~B.C.232년 동안 재위한 것으로 추정)이 근본 8탑 가운데 7기의 탑을 나누어 인도 전역에 8만 4천기의 사리탑을 세웠습니다. 여기서 8만 4천이라는 숫자는 딱 떨어지는 숫자일 수도 있고, 많다는 의미일 수도 있습니다. 이런 과정에서 부처님의 사리가 서역을 거쳐 중국으로, 그리고 우리나라에 이르게 되었습니다.

근본 8탑을 세울 때는 큰 네거리에 세웠습니다. 그것은 많은 사람들이 사리탑에 참배하거나 향과 꽃을 바쳐 예배하고 마음을 깨끗하게 하여 이익과 안락을 얻게 하고자 함입니다. 그런데 지금은 대부분 절 안에 탑이 있습니다. 갑자기 많은 탑이 건립되기 시작한 것은 아소카 왕 때부터라고 보고 있습니다만, 명확하지 않습니다. 탑 주위에 수행처가 자리잡음으로써 절 안으로 탑이 들어왔다고 보기도 하고, 예배의 중심이 탑에서 불상으로 변화함으로써 독자적인 위치로 사찰 속의 한 부분으로 자리 잡았다고 보기도 합니다. 하여튼 이후 불교와 더불어 사리가 여러 나라에 전해지면서 수행처와 탑이 함께 세워지고, 우리나라의 경우도 자연스럽게 법당과 함께 탑이 사찰의 중심부로 위치한 것으로 보입니다.

사찰을 설명하는 책을 보면, 일탑삼금당식, 일탑일금당식, 쌍탑일금당식 등의 가람 배치라는 말을 보게 됩니다. 이는 사찰의 중심부인 탑과 금당(법당)의 배치를 통해 시대에 따라 가람 배치가 어떻게 변화했는지 알 수 있는 기준이 되기도 합니다. 말이 나온 김에 살펴보자면, 일탑삼금당식은 말 그대로 하나의 탑을 중심으로 금당이 셋 있다는 뜻으로 고구려 지역의 사찰이 주로 이 형식입니다. 일탑일금당식은 하나의 탑에 하나의 금당이 되어 있다는 뜻으로 백제 지역의 사찰이 주로 이 형식입니다. 그리고 신라의 경우에는 하나의 탑 주위로 전각이 위치한 단탑식(또는 일탑일금당식)에서 2기의 탑에 전각이 위치한 쌍탑식(또는 쌍탑일금당식)으로 나아갔다고 봅니다. 그만큼 탑은 금당과 더불어 사찰에서 중요한 부분입니다.

처음에는 탑 안에 부처님 진신사리를 모셨지만, 이후 법신사리(法身舍利), 또는 법사리에 해당하는 경전을 대신 모시기도 하였습니다. 『법화경』 「법사품」에서는 다음과 같이 언급합니다.

경주 불국사 다보탑

"어디서든지 이 경을 설하거나 읽거나 외우거나 쓰거나 이 경전이 있는 곳에는 마땅히 칠보로써 탑을 쌓되 지극히 높고 넓고 장엄하게 꾸밀 것이요, 또 다시 사리를 봉안하지 말아라. 왜냐하면 이 가운데는 이미 여래의 전신(全身)이 있는 까닭이니라."

경주 불국사 석가탑

석가탑에 무구정광대다라니나 여러 탑 속에 경전이 있는 이유도 그렇습니다. 이런 경우 경탑(經塔)이라고도 합니다. 한편, 종이에 경전의 글을 탑 모양으로 사경한 것도 경탑이라고 하며, 또는 '탑만다라', '탑다라니'라고 합니다.

탑 이름과 탑의 구조
탑은 드물게 석가탑이나 다보탑 등으로 불리기도

하지만, 보통 ○○사 3층석탑, □□사 8각 9층석탑, △△사 9층목탑 등으로 불립니다. 이러한 이름을 통해 그 탑이 어디에 있으며, 어떤 재료로 만들어졌고, 어떤 모습을 하고 있는가를 알 수 있습니다. 물론 이러한 특징 때문에 탑을 그렇게 부르는 것이지만 말입니다.

인도에서 시작된 탑은 중국, 우리나라, 일본 등에 전래되면서 각 나라의 특색에 따라 독특한 양식과 재료로 탑을 세웠습니다.

불교 전성기의 인도 탑은 대부분 파괴되고 B.C.3세기~B.C.1세기에 세워진 산치대탑이 남아 있습니다. 이를 통해 초기의 인도 탑은 그릇을 엎어놓은 모양인 복발형(覆鉢形) 또는 봉분형(峰墳形)의 모습을 지닌다고 짐작할 수 있습니다. 그런데 중국에서는 처음부터 인도 탑과는 전혀 다른 모습을 띠게 됩니다. 전형적인 인도 탑의 모습은 탑의 윗부분인 상륜부에 그 모습을 남기고 탑신부와 기단부는 고층 누각(樓閣)의 형태[高樓形(고루형)]로 탑을 세웁니다. 이는 바위에 새겨진 탑 조각이나 옛 문헌을 통해 알 수 있습니다. 그 당시 고층 누각을 세우는 기술이 발달했기 때문에, 혹은 불멸의 부처님이 머물러 계신 집이라는 측면에서 누각의 형태로 탑을 세웠다고 봅니다. 고층 누각형 탑 상륜부에 인도 탑의 모습이 있는 것을 통해 불교와 그 지역 문화의 조화를 읽어내기도 합니다. 이러한 고층 누각형의 탑이 우리나라에 전해지게 되고, 이후 다보탑 등 독특한 양식의 탑이 등장하게 됩니다.

한편, 중국은 전탑(塼塔: 벽돌로 만든 탑)의 나라, 우리나라는 석탑(石塔)의 나라, 일본은 목탑(木塔)의 나라라고 합니다. 즉, 탑을 조성하는 주재료에 따라 각 나라마다 탑은 특수하게 전개됩니다. 초기 인도 탑은 흙이나 벽돌로 만들었고, 중국은 처음에는 나무로 조성하다가 나중에는 벽돌로 된 전탑(塼塔)이

주를 이룹니다. 목탑은 수명이 짧을 뿐 아니라, 중국에서는 예로부터 벽돌을 사용하는 기술이 발달하였고 벽돌 만들기에 좋은 흙이 풍부했기 때문입니다. 우리나라에서는 목탑이 발달하였다가 나중에 석탑이 주를 이루게 됩니다. 전탑이 많지 않은 것은 벽돌 만들기에 적합한 흙이 풍부하지 않기 때문이고, 석탑이 주를 이루는 것은 지질구조상 질 좋은 화강암이 많을 뿐만 아니라 돌을 다루는 기술이 뛰어났기 때문이 아닌가 합니다. 일본은 화산이 분출한 지역이므로 석탑이나 전탑을 조성할 적당한 재료가 많지 않고, 지진 등에 상대적으로 유리한 목탑이 발달하였습니다.

보은 법주사 팔상전 목탑

안동 신세동 7층전탑

이처럼 탑은 그 재료에 따라 목탑, 전탑, 석탑 등으로 분류합니다. 우리나라에도 석탑뿐만 아니라 법주사 팔상전, 화순 쌍봉사 대웅전(1984년 화재로 소실 후 중창)처럼 목탑도 있습니다. 근래 조성된 진천 보탑사의 목탑은 이 시대 불사의 모범이 아닌가 합니다.

전탑의 경우는 안동 신세동 7층전탑, 안동 조탑동 5층전탑, 안동 동부동 5층전탑, 경북 칠곡 송림사 5층전탑, 신륵사 다층전탑 등이 남아 있습니다. 참고로, 전탑이 대부분 안동지역에 치우친 것은, 안동지역의 화강암은 석탑의 석재로는 적당하지 않고 오히려 퇴적암 층에 양질의 뻘이 있는 지질적 특징 때문이라고 보기도 합니다.

그런데 분황사의 경우는 좀 특이합니다. 모양은 벽돌 모양인데, 자세히 보면 흙으로 만든 벽돌이 아니라 돌을 벽돌 모양으로 만든 것입니다. 이런 경우는, 벽돌[塼(전)]을 모방[模(모)]해서 만든 것이라고 해서 모전석탑(模塼石塔)이라고 합니다. 태백산 정암사 적멸보궁에 있는 수마노탑 또한 모전석탑에 해당합니다. 전해진 이야기에 의하면, 자장율사가 물길 따라 반입한 마노석(瑪瑙石)으로 만든 탑이라 물 수(水)자를 붙여 수마노탑이라고 합니다.

태백산 정암사 적멸궁 수마노탑

그 외, 재료에 따라 다양한 탑 이름이 주어지는데 철탑, 금은탑, 청동탑 등입니다.

탑은 양식상으로 3층, 5층, 9층, 10층, 13층 등으로 분류합니다. 그런데 어떻게 층수를 계산할까요? 일단 탑의 기본 구조를 살펴봅시다. 탑은 크게 기단부(基壇部), 탑신부(塔身部), 상륜부(相輪部) 세 부분으로 되어 있습니다.

탑의 층수를 계산할 때는 기단부와 상륜부는 중요하지 않습니다. 탑신부의 지붕돌[屋蓋石(옥개석)]만 헤아리면 됩니다. 탑신부는 기단부 위에 놓이는 탑의 몸체로 옥개석과 옥신석으로 되어 있습니다. 옥개석의 숫자만 세면, 3층탑인지 5층탑인지 알 수 있습니다.

그런데 여기서 재미있는 것을 발견할 수 있습니다. 탑의 층수는 홀수로 되어 있다는 것입니다. 3층, 5층, 7층, 9층 등입니다. 반면, 수평으로는 4각

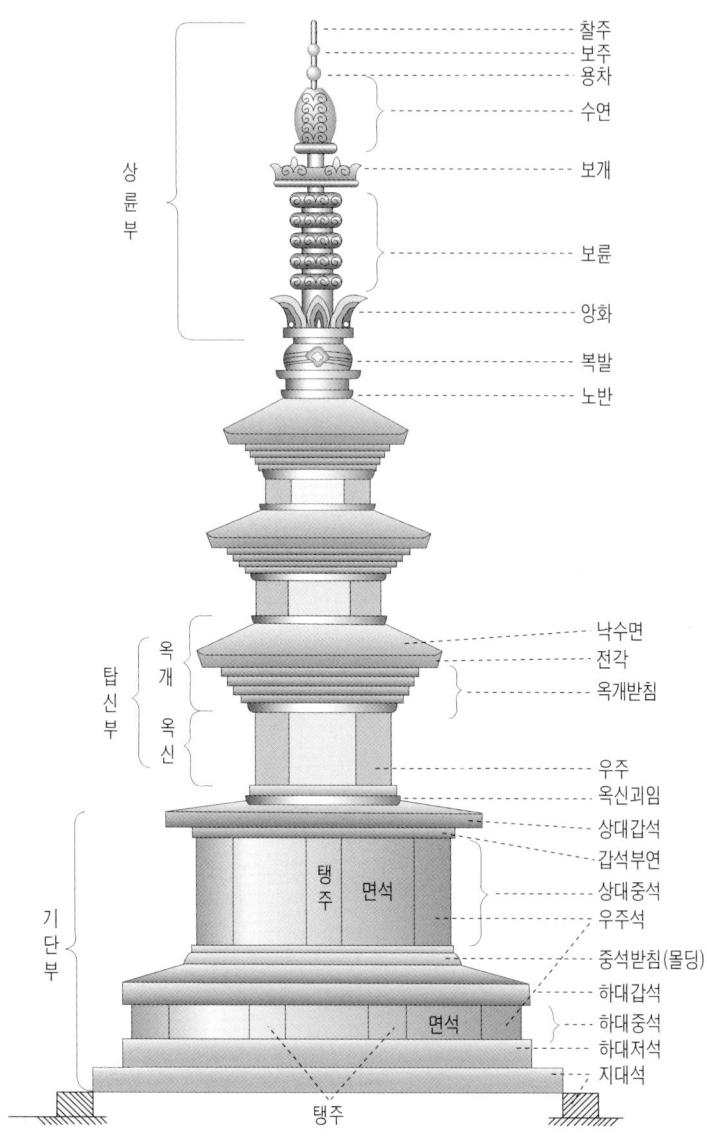

〈탑의 세부 명칭〉

형, 8각형, 원형 등 짝수로 구성됩니다. 가령 월정사 8각 9층석탑처럼 말입니다. 홀수는 양수(陽數)이고 짝수는 음수(陰數)입니다. 즉, 음양의 조화를 나타냅니다. 그리고 양(陽)은 하늘을, 음(陰)은 땅을 의미합니다. 어떤 이는 하늘과 땅의 조화, 음과 양의 조화로 이루어진 집이야말로 완전한 집이고, 그 완전한 집에 가장 이상적인 인간인 부처님이 계신다고 봅니다. 또 하늘은 시간을, 땅은 공간을 뜻하기에, 탑에 계신 부처님은 시방삼세(十方三世) 늘 중생과 함께 하신다고 풀이합니다.

양양 낙산사 7층석탑

물론 10층탑도 있습니다. 현재 국립중앙박물관에 있는 경천사지 10층석탑이나 탑골공원에 있는 원각사지 10층석탑이 그 예입니다. 이는 고려 시대 원나라 불교[라마교]의 영향을 받았기 때문이라 하기도 하고, 그 탑신부를 아래 3층과 위 7층으로 나누어 생각하기도 합니다. 무엇보다 불교에서는 10이라는 숫자가 원만수(圓滿數)이기 때문이 아닌가 합니다. 그런데 가끔 탑 층수를 헤아리다 보면 짝수도 있습니다. 가령, 고창 선운사 대웅보전 앞의 탑은 6층입니다. 안내문을 보면, 온전한 탑이 아니라고 되어 있습니다. 훼손된 것입니다. 4층으로 남아 있는 월악산 사자빈신사지탑도 마찬가지입니다.

상륜부는 탑의 위쪽에 해당하는 부분을 말합니다. 여러 가지 장엄물로

월악산 사자빈신사지탑

경주 남산 용장사지 3층석탑

탑을 장엄하고 있습니다. 이는 인도 탑의 흔적이 남아 있는 공간이기도 합니다. 현재 우리나라 탑 가운데 상륜부가 온전하게 남아 있는 것은 남원 실상사 3층석탑이 대표적입니다. 이 탑의 상륜부를 근거로 석가탑 등의 상륜부를 복원하였습니다. 마곡사 대광보전 앞 5층석탑이나 낙산사 원통보전 앞 7층석탑의 경우, 상륜부가 독특한 모습을 지닙니다. 이 또한 원나라 불교의 영향입니다. 가끔 감은사지 3층석탑처럼 탑 꼭대기에 우뚝 솟은 쇠기둥을 피뢰침으로 이해하는 사람이 있습니다. 이는 피뢰침이 아닙니다. 상륜부의 중심 기둥[心柱(심주)]으로 찰주(刹柱, 擦柱)라고 합니다.

기단부는 탑 아래 부분을 말합니다. 이는 보통 하대석, 상대석 2단으로 되어 있습니다. 가끔 십이지신, 팔부신장 등을 새겨 놓기도 합니다. 그리고 구례 화엄사 4사자 3층석탑이나 월악산 사자빈신사지탑처럼 탑신부를 네 마리의 사자가 받들고 있는 독특한 형태의 기단부도 있습니다. 무엇보다 재미있는 것은 산 중턱의 바위 그대로를 기단부로 사용한 경우입니다. 경주 남산 용장사지 3층석탑, 설악산 봉정암 진신사리탑, 지리산 법계사 석탑 등이 그렇습니다. 가끔 이를 아는 이들이 세상에서 제일 크고 제일 높은 탑은 지리산 법계사 석탑이라고 합니다. 산 전체가 탑이 되고, 산 전체가 부처님이 계신 불국토가 됩니다. 대중의 간절한 마음과 넉넉한 마음, 그리고 조상들의 지혜를 읽을 수 있습니다.

탑과 대승불교

불교사에 있어서 탑은 매우 중요한 위치를 차지합니다. 부처님이 열반하시고 난 뒤, 단일 교단으로 이어오다가 100년 내지 200년 정도 지난 무렵 교리 문제나 계율 문제에 이견이 생기게 됩니다. 이에 따라 기존 입장을 고수하는 상좌부와 변화를 주장하는 대중부로 나누어지게 됩니다. 그 이후 20여 개의 부파로 전개되는데, 이를 부파불교라고 합니다. 여러 부파로 나누어진 각 부파는 정통성을 주장하기 위해 부처님의 가르침을 심도 깊게 고민합니다. 이에 현학적이고 출가교단 중심이 되면서 상대적으로 신도들과 거리가 생기게 됩니다. 이를 극복하기 위해 부처님 근본 가르침으로 돌아가자는 자각이 일어나기 시작하니 이를 대승불교라고 합니다. 이에 반해 기존 불교를 소승불교라고 폄하하게 됩니다.

그런데 이러한 대승불교가 어떻게 일어났는지 정확하게 알 수는 없습니다. 단지 학자들이 경전 등의 문헌이나 유적을 통해 추정할 뿐입니다.

그 가운데 하나가 바로 불탑을 중심으로 대승불교가 일어났다는 것입니다. 부파불교가 출가중심으로 진행되고 현학적으로 흐름에 따라 재가신자들은 가까이 있는 불탑을 중심으로 신앙생활을 이어가게 됩니다. 불탑을 중심으로 신앙생활을 하는 가운데 삼매에 들기도 하고, 삼매 중에 부처님을 친견하기도 합니다. 이를 관불삼매(觀佛三昧)라고 합니다. 한편, 탑을 중심으로 많은 이들이 모이게 되자 자연스럽게 부처님의 전생담이나 일대기를 이야기하게 됩니다. 이를 통해 여러 가지 부처님 전기에 대한 불전문학(佛傳文學)이 나옵니다. 이러한 과정 속에서 부처님 수행시의 보살도를 실천하고자 하는 보살사상이 부각되면서 대승불교가 일어난 것으로 보입니다. 물론 출가수행자의 지도력도 무시할 수 없습니다.

과연 불탑신앙을 중심으로 대승불교가 일어났는지에 대해서는 단언할 수 없지만, 불탑이 불자들에게 큰 힘이 되었다는 것은 부인할 수 없습니다. 여러 대승경전에서 불탑에 대해 강조하고 있기 때문입니다. 우리나라에도 이러한 불탑신앙이 전해져 탑돌이라는 신앙형태가 남아 있습니다. 그리고 오늘날 우리의 모습을 보아도 알 수 있습니다. 절 주변 골짜기 골짜기마다 돌탑을 쌓고 있는, 많은 이들의 염원을 보면 말입니다.

금강계단(金剛戒壇)

탑처럼 부처님 진신사리를 모신 곳으로 예배의 대상이기도 하지만 수계(受戒)의식을 진행하는 곳이 있습니다. 이를 금강계단이라고 합니다.

금강계단! 보통 이 말을 처음 접하는 이들은 황금으로 된 계단(階段)으로 잘못 알기도 합니다. 이는 금강보계(金剛寶戒)에서 유래한 말입니다. '금강'은 무엇으로도 깨뜨릴 수 없는 가장 단단한 것을 말합니다. '계'란 불자가 지켜야 할 생활규범을 말합니다. '단(壇)'이란 의식을 진행하기 위해 높이 쌓아올린 곳을 일컫는 말입니다. 따라서 금강계단이란 금강처럼 무엇으로도 깨뜨릴 수 없는 계법을 전수하는 법다운 장소를 말합니다.

이러한 계단은 부처님 진신사리를 모신 곳이 으뜸이므로 그 곳에서 여법하게 계법을 전수하게 됩니다. 이는 부처님 진신사리를 부처님의 현신(現身)이라고 보기 때문입니다. 이처럼 금강계단은 부처님 진신사리를 모시고 있지만, 단순한 묘탑과 다른 의미가 있습니다.

인도에서부터 유래한 이러한 계단은, 신라 자장율사가 부처님 진신사리를 통도사에 봉안하면서 시작되었습니다. 통도사 대웅전 한쪽에는 '金剛戒壇(금강계단)'이라는 현판이 걸려 있습니다. 그 외 여러 곳에 계단이 있었으나,

금강계단(양산 통도사 적멸보궁)

현재는 통도사의 금강계단과 금산사의 방등계단이 대표적입니다. 방등(方等)이란 대승을 일컫는 말로, 넓고 깊어 비교할 수 없는 평등한 가르침이라는 뜻입니다.

온 누리에 가르침을 비추는 곳, 석등

절 마당 탑과 탑 사이에, 또는 탑 앞에, 또는 법당 앞에, 또는 부도탑 앞에 석등이 있습니다. 그렇게 탁 트인 공간에 있음에도 누가 강조하지 않으면 그냥 무심코 지나치기 쉽습니다. 가끔 간절한 마음을 지닌 이가 정성을 나타내기도 하지만 말입니다.

본래 석등은 등불을 밝히는 것이지만, 이제는 불국토인 사찰을 장엄하는 하나의 상징물로 자리합니다. 절에서 등불은 지혜, 가르침, 깨달음 등을 상징합니다. 가령, '부처님의 지혜와 자비 광명이 함께 하기를' 바라거나, 역대 조사스님들의 가르침이 전해 이어지는 것을 '전등(傳燈)'이라고 표현합니다. 그리고 부처님께 등을 공양하기도 하는데, 이때 등은 '무명(無明)을 밝히는 지혜'를 상징합니다.

석등의 구조와 의미

이러한 상징적인 의미는 석등의 구조에서도 잘 나타납니다. 석등은 크게 세 부분, 또는 다섯 부분으로 나눕니다. 등불을 넣는 화사석(火舍石)을 중심으로 아래로는 하대석, 중대석, 상대석의 기단부가 있고, 위로는 옥개석이 있습니다. 옥개석 위로는 보주가 자리하고 있습니다. 화사석은 8각에다 4면에 화창(火窓)을 낸 것이 기본형이지만, 8각 또는 6각에 창을 낸 경우도 있습니다. 그리고 화사석 사면에 보살을 모시거나 혹은 사천왕을 새겨 두기도 합니다. 하대석과 상대석은 대부분 연꽃 모양을 하고 있습니다. 하대석의 연꽃은 땅을 향해 있기에 '엎을 복(覆)' 자를 써서 복련(覆蓮), 상대석의 연꽃은 하늘을 향해 있기에 '우러를 앙(仰)' 자를 써서 앙련(仰蓮)이라고 합니다.

영주 부석사 석등

이제 그 상징적 의미를 살펴보겠습니다.

불상을 설명할 때 언급한 바와 같이 연꽃 위에 올라갈 수 있는 분은 부처님과 보살이라고 하였습니다. 그렇다면 석등의 하대석과 상대석이 연꽃으로 되어 있다는 것은 그 위에 부처님 또는 보살이 자리하시거나, 또는 그에 해당하는 무엇이 자리한다고 볼 수 있습니다. 따라서 상대석 위 불집[火舍(화사)]은 부처님이 머물고 계신 곳이며, 화사석 안에는 부처님께서 깨달으신 진리가 등불이 되어 화창을 통해 뭇 중생에게 널리 비춥니다. 그리고 화사석 사면에 계신 보살이 부처님을 협시하기도 하고, 사천왕이 법을 지키기도 합니다.

화사석도 보통 8각에다 4면에 화창을 내고 있습니다. 이를 불교의 근본 가르침인 사성제(四聖諦)와 팔정도(八正道)에 비유합니다. 물론 다른 비유도 가능할 수 있습니다.

한편, 법주사 쌍사자 석등처럼 중대석을 두 마리의

보은 법주사 쌍사자 석등

사자가 받치고 있는 경우도 있습니다. 사자는 지혜를 상징합니다. 그리고 부처님의 설법을 사자후라고 합니다. 자세히 보면, 한쪽 사자는 입을 벌리고 있고, 한쪽 사자는 입을 다물고 있습니다. 앞서 금강문에서 말씀드린 것처럼, 한쪽은 우주의 첫소리인 '아'라고 외치고 있고, 한쪽은 우주의 끝소리인 '훔'이라고 외치고 있습니다. 즉, 시작과 끝, 생성과 소멸을 나타냅니다. 이 둘을 합치면 '옴'이 됩니다. 이는 모든 우주를 아우르는 소리입니다. 혹은 양쪽 입의 모양이 같은 경우도 있습니다.

석등의 분류

쌍사자 석등을 언급한 김에 기단부 모양에 따라 석등을 살펴보겠습니다. 하대석과 중대석 사이에 8각의 긴 기둥이 자리하고 있는 석등을 간주형(竿柱形) 석등이라고 합니다. 보통 중대석을 간주석이라고 하듯이 간주형 석등이 기본형입니다. 영주 부석사 무량수전 앞 석등, 법주사 사천왕 석등 등이 있습니다. 여기서 변형된 것으로 쌍사자 석등과 고복형(鼓腹形) 석등이 있습니다. 쌍사자 석등은 중대석의 긴 간주 대신에 두 마리의 사자가 있습니다. 법주사 쌍사자 석등, 중흥산성 쌍사자 석등(국립중앙박물관) 등이 있습니다. 혹은 고달사지 쌍사자 석등(국립중앙박물관)처럼 사자가 쭈그려 앉아 있는 경우도 있습니다. 고복형 석등이란 8각의 간주석이 원형으로 바뀌고 그 원형 기둥의 중앙에 '북'의 형태를

구례 화엄사 각황전 앞 석등

이룬 굵은 마디를 둔 것이 특징입니다. '북[鼓 (고)] 모양의 배[覆(복)]'란 뜻으로, 장구 모양 같 기도 합니다. 구례 화엄사 각황전 석등, 남원 실 상사 석등 등이 있습니다.

그밖에 여러 변형의 석등이 있습니다. 특히 구례 화엄사 4사자석탑 앞 석등이 유명합니다. 이 석등 기단부 중앙에는 화엄사의 창건주인 연기 스님이 무릎을 꿇은 채 자리하고 있습니다. 이는 석탑 기단부 중앙에서 탑을 받들고 있는 비구니 스님인 어머니에게 차공양을 올리는 모습입니다. 스님의 지극한 효심을 상징합니다. 이에 이곳을 효대(孝臺)라고도 합니다.

구례 화엄사 4사자 3층석탑 석등

빈자(貧者)의 일등(一燈)

한편, 등을 이야기할 때 빠지지 않는 이야기가 있습니다. 바로 가난한 여인의 등, '빈자(貧者)의 일등(一燈)'입니다. 옛날 홀로 사는 가난한 노파가 있었습니다. 부처님을 맞이하기 위해 등을 밝힌다는 마을 사람들의 이야기를 듣게 된 노파는 한 푼 두 푼 구걸한 돈으로 기름을 마련합니다. 그 양은 얼마 되지 않지만, 노파는 기쁜 마음으로 부처님이 지나가실 길에 불을 밝히고 지극 정성으로 기도하였습니다. 밤이 깊어 가면서 등이 하나, 둘 꺼져 가는데 이 노파의 등은 더욱 밝게 빛나고 있었습니다. 날이 밝아지자 부처님은 목련 존자로 하여금 모든 등불을 끌 것을 지시합니다. 그런데 신통력으로도 그 노파의 등은 끌 수가 없었습니다. 이에 부처님은 말씀하십니다.

빈자의 일등(합천 해인사 대적광전 외벽)

"큰 서원과 지극한 마음이 담긴 등불은 결코 꺼지지 않으리라. 이 등을 공양한 여인은 이후 부처가 되리라."

이렇듯 다양한 이야기와 함께, 석등 속에는 모습 없는 모습으로, 말씀 없는 말씀으로, 부처님의 가르침이 침묵의 불꽃으로 활활 타올라 온 누리에 비칩니다. 침묵의 가르침에 잠시 함께 하는 것도 좋은 일입니다.

옛 스님들의 삶이 전해지는 곳, 부도와 비

절 한쪽 한적한 곳에 있는, 옛 스님(僧(승))들의 삶이 담긴 부도 또는 비 또한 정성스럽게 마음 내야 할 곳입니다. 탑은 사찰의 중심부에 위치한 반면에, 대부분의 부도와 부도비는 사찰 경내 한쪽 변두리나 경내 밖 한적한 곳에 있습니다.

부도와 비는 한 기씩 있는 경우도 있지만, 어떤 경우에는 여러 기가 함께 모여 있습니다. 이것을 부도전(浮屠田), 비림(碑林)이라고 합니다. 경내에서 떨어진 한적한 공간에서 옛 스님들을 친견하는 느낌은, 산사 안의 산사에 들어선 것 같습니다. 지나가는 바람 소리에 스님들의 가르침이 들려옵니다.

부도전(해남 대흥사)

비림(순천 송광사)

부도의 유래

부처님의 사리나 경전을 모신 곳을 탑이라고 하는 반면, 스님들의 사리를 모신 곳은 부도(浮屠)라고 합니다. 부도란 말은 부처님을 뜻하는 붓다(Buddha)에서 유래하였다고도 하고 탑을 뜻하는 스투파에서 유래하였다고도 하지만, 정확하지는 않습니다. 여하튼 오늘날 일부에서는 불탑(佛塔)과 승탑(僧塔)으로 구분하기도 합니다.

부도는 스승을 섬기는 극진한 마음에서 스승이 입적한 뒤 정성을 다해 세우는 것으로 통일신라시대 말기 선종이 크게 일어나자 더욱 많이 조성되었습니다. 스승의 법을 이어받아 전하는 것을 중히 여기는 선종에서는 당연한 일입니다. 스승을 존경함에 그 말씀을 어록으로 남길 뿐만 아니라 스승의 사리를 모셔 후세에도 스승의 가르침을 전하고자 하였습니다. 이러한 전통은 오늘날에도 이어집니다.

다비와 사리

이쯤에서 다비에 대해 언급하고자 합니다. 다비(茶毘)는 '태운다'는 뜻의 인도말로 화장(火葬)을 말합니다. 부처님도 다비를 하였듯이, 큰스님이 입적하시면 다비를 하게 됩니다.

우선 넓은 공터에 다비장을 만듭니다. 스님을 모신 감(龕, 관)을 넣어 둘 공간을 마련하고 숯과 장작을 쌓습니다. 그 위에 연꽃잎으로 연화대를 만듭니다. 연화대를 마련하는 것은 불보살님이 앉아 계신 자리가 연화대이고, 서방 극락정토에 왕생할 때는 연꽃 속에서 화생(化生)하기 때문입니다. 백양사처럼, 연화대를 만들기 전에 그 밑 땅속에 물을 채운 항아리를 묻기도 합니다. 음양오행의 이치 때문이라고 합니다. 그런데 다비 후 창호지와 뚜껑, 진흙 등으로 밀봉된 항아리 속에도 사리가 나타납니다. 다비식 날이 되면, 스님의 법구를 운구하여 연화대 안에 넣습니다. "큰스님 불 들어가요." 외치며 연화대에 불을 붙입니다. 불은 하루 밤낮을 타올라 모든 것을 태우고 꺼집니다. 그리고 사리를 수습하게 됩니다.

수습된 사리를 보면, 하얀 유골도 있지만, 보석처럼 영롱한 구슬도 있습니다. 이를 수행의 결정체라고 하며 신앙의 대상으로 여기기도 합니다. 그러나 눈에 보이는 것은 어리석은 중생을 잠시 이끌기 위한 방편일 뿐입니다. 방편을 목적으로 보는 우를 범해서는 안 될 것입니다. 큰스님들이 앉아서 열반에 드시거나[坐脫(좌탈)], 서서 열반에 드신 것[立亡(입망)]이 죽음 앞에 여여한 가르침을 주시는 것처럼, 우리에게 보여주신 사리 또한 가르침이 항상함을 나타낸 것이 아닌가 합니다.

부도의 분류

수습된 사리는 인연 있는 곳에 모시게 됩니다. 스님의 사리를 모신 부도는 양식에 따라 8각원당형, 복발형(종형), 특수형 등으로 나눕니다.

8각원당형은, 우리나라 부도의 주류를 이루고 있는 전형 양식으로 기단부, 탑신부, 옥개석이 모두 8각형이고 단층을 이룹니다. 흥법사 염거화상탑(국립중앙박물관), 남원 실상사 증각대사탑, 장흥 보림사 보조선사탑, 화순 쌍봉사 철감선사탑, 곡성 태안사 적인선사탑, 양양 진전사지 부도, 구례 연곡사 동부도, 여주 고달사지 부도 등입니다.

여주 고달사지 부도

양평 사나사 원증국사 태고보우 스님 부도

순천 선암사 벽파선사 부도

양주 회암사지 부도

복발형도 우리나라 부도의 많은 부분을 차지합니다. 그릇을 엎어놓은 모습이라 복발형이라 하고, 종 모양이라고 해서 종형이라고도 합니다. 여주 신륵사 보제본자 석종 등이 있습니다. 그런데 가끔 '석종(石鍾)'이라고 해서, 절에 와서 돌로 된 종을 찾는 사람도 있습니다.

특수형은, 원주 법천사지 지광국사 현묘탑(경복궁)처럼 부도의 기본 형식인 8각원당형을 벗어나 평면 4각을 기본으로 삼는 방형(탑형)이 있고, 충주 정토사 흥법국사 실상탑(국립중앙박물관)처럼 8각원당의 기본형을 유지하면서 탑신이 원구형으로 된 오륜형 등이 있습니다. 지, 수, 화, 풍, 공을 5대, 또는 오륜이라고 합니다. '륜(輪)'은 법성의 덕이 원만구족함을 나타냅니다. 이러한 5대가 모였다 사라지는 것이 생멸하는 자연의 섭리임을 알려줍니다.

부도비

부도와 함께 그 스님의 행장을 적은 비를 함께 세우기도 합니다. 이를 부도비 또는 탑비라고 합니다. 이를 통해 스님의 덕화(德化)를 알 수 있고, 아울러 그 시대의 역사를 엿볼 수 있는 귀중한 자료가 되기도 합니다. 물론 절의 창건이나 유래와 관련된 사적비나 공덕비도 귀중한 자료입니다.

이러한 석비(石碑)는 비석을 받치는 대좌(臺座), 비문을 새기는 비신(碑身), 비신을 덮는 개석(蓋石) 또는 관석(冠石)의 세 부분으로 되어 있습니다. 또는 귀부(龜趺), 비신(碑身), 이수(螭首)라 이름하기도 합니다.

대좌는 대부분 거북이 모양이기에 귀부(龜趺)라 하기도 하고, '돌거북'이라고도 합니다. 보통 전체적으로 거북이 모양을 하고 있지만, 용의 얼굴을 하기도 합니다. 이에 거북이라 보기도 하고 용이라 보기도 합니다. 거북이는 십장생 가운데 하나로 수명장수를 상징하는 신령스러운 동물입니다. 옛 글을 보면 용의 아홉 아들 가운데 비희(贔屭)라는 용이 있습니다. 이 용은 일명 패하(覇下)라고도 하며, 모양은 거북이를 닮았는데 무거운 것을 지기 좋아해서, 석비 아래에 있는 귀부가 이 용이라고 합니다.

강진 무위사 선각대사 부도비

여하튼 귀부는 그 나름대로 다양한 표정과 모습을 지니고 있습니다. 화순 쌍봉사 철감선사 부도비처럼 오른쪽 앞발을 살짝 올려 색다른 느낌을 준다고 말하는 이도 있습니다. 어떤 이는 귀부의 꼬리 부분을 유심히 보기도 합니다. 중원 미륵사지 귀부는 거북이(또는 용) 등을 기어 올라가는 새끼 거북이(또는 용)의 귀여운 모습도 있습니다. 한편, 대구 동화사의 경우 봉황이라고도 하고 닭이라고도 하는 동물이 대신하고 있습니다.

대구 동화사 비문 아래 봉황

하동 쌍계사 진감선사 부도비(최치원 사산비명 중의 하나)
최치원 사산비명이란 지리산 쌍계사 진감선사 부도비, 만수산 성주사
낭혜화상 부도비, 초월산의 대숭복사비, 희양산의 봉암사 지증대사 부도비

개석 또한 대부분 용이 구름과 어울려 있는 모습이기에 이수라고 합니다. 또는 '비석머리'라 합니다. 이수를 이루고 있는 용은 먼 곳 보기를 좋아하는, 용의 아홉 아들 가운데 이문(螭吻)이라는 용입니다. 이 용은 뿔이 없습니다. 이수에는 비의 이름이 새겨져 있습니다.

앞서 언급한 바와 같이 비신에 새겨진 글씨는 귀중한 자료가 됩니다. 한편, 진천 보탑사에 있는 연곡리 석비는 비면에 글씨가 새겨져 있지 않아 백비(白碑)라고도 합니다. 왜 없는지에 대해서는, 처음부터 그렇게 조성했는지, 어떤 이유로 미처 새기지 못했는지, 아니면 후대에 지워 버렸는지, 명확하지 않습니다. 단지 여러 추정만 있을 뿐입니다. 이에 덧붙여 보자면, 이 땅에 오실 큰 스승을 위해 마련해 둔 것은 아닌지.

이러한 탑, 석등, 부도와 비는 늘 고요함 속에서 삼보(三寶)의 지혜와 자비 광명을 전해 줍니다. 그뿐만 아니라, 차갑고 딱딱한 돌 속에 숨겨져 있는 돌의 따뜻하고 부드러운 성품을 찾아낸 조상들의 정성도 함께 말입니다.

07

상징물과 삶의 흔적

불국토를 장엄하는 여러 상징물

텅 빈 공간으로 넉넉함을 전하는 절 마당도 있지만, 조금이라도 절을 찾는 이들에게 부처님의 가르침을 전하고자 하는 자비심에 상징물로 장엄한 곳도 있습니다. 어떤 경우에는 지붕이나 벽, 또는 난간에 장엄하기도 하지만, 석조물을 세워 장엄하기도 합니다. 이러한 장엄물을 통해 그것이 상징하는 바를 살펴보고자 합니다.

불기2955(고성 건봉사 석주)

불기(佛紀)

강원도 고성 건봉사에는 '佛紀二九五五戊辰夏(불기이구오오무진하)'라는 석주가 있습니다. 그 석주의 다른 면에는 '南無阿彌陀佛(나무아미타불)', '大方廣佛華嚴經(대방광불화엄경)'의 글귀가 있습니다.

경 이름을 쓴 것은 화엄경의 가르침을 실천하겠다는 뜻으로, 경의 이름을 한 번 읽는 것이 경을 읽는 공덕과 같다는 가르침에 근거한 것으로 보입니다. '나무아미타불'은 일념으로 나무아미타불을 외우면 극락에 왕생할 수 있다는 미타 신앙에 근거합니다.

'나무(南無)'는 인도말로 '나모(namo)'로 '돌아가 의지하다', 즉 '귀의(歸依)하다'는 뜻입니다. '아미타부처님께 돌아가 의지하다'는 뜻이 됩니다. '나무아미타불'과 '대방광불화엄경'의 두 글귀가 함께 있는 것은, 보현행원을 독송하게 되면 아미타불의 극락세계에 왕생하는 『40화엄경』「보현행원품」에 근거한 것으로 보입니다.

잠시 살펴볼 것이 있습니다. 바로 '불기 2955'라는 표시입니다. 현재 우리가 사용하고 있는 불기는 25XX년입니다. 그런데 과거에 세운 석주의 연도는 2955년입니다. 여기서 알고 넘어가야 할 것이 있습니다. 지금 우리가 사용하는 불기는 1956년 네팔에서 열린 세계불교도대회에서 정해진 것입니다. 그전에는 지역마다 불기를 다르게 사용했습니다. 그것은 인도에서 전해지는 문헌들의 부처님 탄생 연도가 서로 다르기 때문입니다.

따라서 우리나라를 비롯한 중국 등 북방에서는 1960년대 무렵까지 기원전 1029년 부처님이 탄생하셨다는 기록을 따랐습니다. 60년대 이전 책이나 노스님께서 성화(聖化) 3XXX년이라고 하는 경우가 그 때문입니다. 건봉사 석주의 경우, 서기 1928년이 됩니다. 그런데 이러한 불기는 불교와 도교의 우열 논쟁에서 부처님이 노자보다 앞선 분으로 노자가 부처님의 환생이라는 주장을 펴기 위한 것으로 봅니다. 반면 남방에서는 부처님 탄생 연도를 기원전 566년으로 봅니다.

이처럼 여러 나라가 다르게 불기를 사용하고 있어 1956년에 부처님이 열반하신 뒤 2500년이라고 통일된 불기를 정한 것입니다. 즉, 불기는 탄생 연도를 기준으로 하는 것이 아니라 열반하신 때를 기준으로 합니다. 그런데 또 문제가 생겼습니다. 회의가 있던 다음 해를 불기 2500년으로 결의하였는데, 무슨 이유가 있었는지, 그때 회의에도 참석했던 우리나라는 그 해를 불기

2500년으로 계산했습니다. 우리나라는 1966년부터 불기를 공식적으로 사용하고 있습니다.

십바라밀(十波羅蜜)

건봉사 석주를 언급한 김에 중요한 석주를 하나 더 살펴보겠습니다. 바로 십바라밀 석주입니다. 건봉사 능파교를 건너 바로 앞 두 개의 석주에 열 가지 문양이 새겨져 있습니다. 해인사 공양간 위 난간 등에도 새겨져 있습니다.

바라밀(pāramitā)이란, '도피안(度彼岸)', '저쪽 언덕으로 건너간다'는 뜻으로 '깨달음의 세계에 도달하는 것'과 '완성'의 의미로 풀이됩니다. 『반야경』계통에서는 육바라밀을 언급하고 『화엄경』 등에서는 십바라밀을 언급합니다. 이는 생사고해와 번뇌화택에서 윤회의 고통받는 중생을 깨달음의 세계에 이르게 하는 수행 방법입니다. 다음과 같이 상징적인 문양으로 십바라밀을 나타냅니다.

십바라밀1(고성 건봉사 석주)　십바라밀2(고성 건봉사 석주)

① 둥근 달[圓月(원월)]: 둥근 달 모양으로 보시바라밀을 말합니다. 허공의 밝은 달이 두루 원만하게 비추는 것과 같이 광대한 가르침을 닦아 중생의 마음에 따라 모두 만족게 보시함을 나타냅니다.

② 반달[半月(반월)]: 반달 모양으로 지계바라밀을 말합니다. 초승달이 어둠을 줄이고 밝음을 더욱 자라게 하는 것과 같이 모든 잘못을 방지하고 깨끗한 계율을 닦아 이룸을

나타냅니다.

③ 신발[鞋經(혜경)]: 신발 모양으로 인욕바라밀을 말합니다. 신발이 바깥의 장애로부터 발을 보호하는 것과 같이 밖으로 모든 고통을 참고 안으로 부처님 성품을 따름을 나타냅니다.

④ 가위[剪子(전자)]: 가위 모양으로 정진바라밀을 말합니다. 가위로 물건을 다 자를 때까지 물러나지 않는 것과 같이 지혜로 나아감에 항상 물러남이 없음을 나타냅니다.

⑤ 구름[靉靆(애체)]: 구름 모양으로 선정바라밀을 말합니다. 구름이 대지를 덮어서 모든 열기를 소멸시키는 것과 같이 마음을 한 곳에 모으면 능히 일체 번뇌의 열기를 소멸할 수 있음을 나타냅니다.

⑥ 금강저(金剛杵): 금강저는 지혜바라밀을 나타냅니다. 그 무엇으로도 제압할 수 없는 금강저처럼 능히 일체법을 두루 아는 것을 비유합니다. 어떤 경우 간략하게 H 모양으로 묘사합니다.

⑦ 좌우 우물[左右雙井(좌우쌍정)]: 좌우 나란히 있는 두 개의 우물 모양으로 방편바라밀을 나타냅니다. 하나의 원천에서 좌우로 두 우물을 나누어 중생의 목마름을 해결하듯이 갖가지 방편으로 중생을 피안의 세계로 인도함을 나타냅니다.

⑧ 앞뒤 우물[前後雙井(전후쌍정)]: 앞뒤로 있는 두 개의 우물 모양으로 원바라밀을 나타냅니다. 귀한 이와 천한 이가 각기 물을 마실 수 있는 것과 같이 모든 중생에게 두루 깨달음을 구하려는 서원과 남을 이롭고 안락하게 하려는 서원을 세우고 보살도를 수행하는 것을 나타냅니다.

⑨ 이중 담장[卓環二周(탁환이주)]: 집을 둘러싼 두 개의 울타리 모양으로 역바라밀을 나타냅니다. 집주인이 담장을 쌓고 순찰하며 쉬지 않는

것과 같이 사유하여 결택하는 힘과 닦아 익히는 힘으로써 여래의 법안에서 항상 쉬지 않음을 나타냅니다.

⑩ 별 가운데 달[星中圓月(성중원월)]: 별 가운데 둥근 달이 빛나는 모양으로 지(智)바라밀을 나타냅니다. 별 가운데 달이 멀거나 가깝거나 두루 비추어 장애가 없는 것과 같이 여래의 지혜를 증득하고 삼세 일체법을 두루 알아 장애가 없음을 나타냅니다.

건봉사 석주에는 각각 한쪽에는 ①·③·⑤·⑦·⑨ 문양이, 한쪽에는 ②·④·⑥·⑧·⑩ 문양이 새겨져 있습니다.

법륜(法輪)

법륜은 부처님 가르침을 뜻하는 대표적인 상징물입니다. 그래서 사찰이나 불교 관련 단체를 나타내는 문양에 많이 들어갑니다. 선운사 도솔암 지장보살도 법륜을 들고 있습니다. 천수관세음보살이나 신중들도 법륜을 들고 있는 경우가 있습니다. 청도 운문사 만세루 옆에도 석조로 법륜이 장엄되어 있고, 구미 도리사 설선당 안에는 불단 위에 법륜이 모셔져 있습니다.

법륜은 윤보(輪寶)에서 유래되었다고 봅니다. 고대 인도의

법륜(청도 운문사)

이상적인 통치자인 전륜성왕은 세상을 다스리기 위해 7보를 가지고 있습니다. 그 가운데 윤보는 바퀴 모양의 무기로써 굴리는 방향에 따라 모두 와서 항복한다고 합니다. 윤보에는 금, 은, 동, 철의 네 가지가 있습니다. 부처님의 가르침 또한 모든 번뇌를 굴복시키기에 윤보에 비유하여 법륜이라고 합니다. 그리고 가르침은 항상 구르는 바퀴처럼 끊임없이 일체중생에게 평등하게 돌아간다는 뜻과 둥근 바퀴처럼 어디에도 치우침 없이 원만하다는 뜻도 지닙니다. 또는 항상 부처님께서는 범음으로 설법하시기 때문에 범륜(梵輪)이라고도 합니다. 이는 부처님이 깨달음을 얻었을 때 범천이 법을 청하였기 때문이라고도 합니다. 따라서 녹야원에서 처음 부처님이 설법하신 것을 초전법륜(初轉法輪)이라고 합니다.

이렇듯 우리도 윤회의 바퀴에 놀아날 것이 아니라 부처님 가르침의 바퀴, 법륜에 번뇌를 굴복시켜야 하는데 말입니다.

만(卍)

'卍(만)'을 보면 불교를 떠올릴 정도로, 우리나라에서 만(卍)자는 불교를 나타내는 대표적인 표시입니다. 특히 오늘날 반지나 목걸이에 장엄하여 사용하기도 합니다.

이 만자(卍字)는 만자(萬字)라고도 씁니다. 바다 구름이 휘몰아쳐 모이는 것처럼, 좋은 기운

卍(천안 각원사 경해원)

과 만덕이 모인다는 뜻에서 길상해운(吉祥海雲), 길상희선(吉祥喜旋)이라고 합니다. 부처님의 가슴, 손발, 두발, 허리에도 이런 모습이 있습니다. 이는 부처님의 복덕을 시각적으로 나타낸 것입니다.

"여래의 가슴에는 훌륭한 분의 특징이 있다. 형태는 만자(卍字)와 같으니, 길상해운(吉祥海雲)이라 이름한다."

− 『(80)화엄경』 권 제48

'卍(만)'은 원래 글자가 아니고 상(相)이고 상징이었는데, 7세기 말부터 한문 문자로도 사용하게 되었습니다. 불교의 길상상을 표현하기 위한 방편으로 卍자의 형태를 가진 글자를 만들어 정식 문자로 채택하였으며, 만덕이 모였다는 뜻을 새겨 '萬(만)' 자로 읽었습니다. 『(80)화엄경』 범어본과 한역본을 대조해 보면, 만(卍)자에 해당하는 범어가 네 종류가 됩니다. 이전에는 덕(德) 또는 만(萬)자로 번역하였습니다.

　　만자의 상징과 기원에 대해서는 여러 의견이 있습니다. 태양, 흐르는 물, 둥글게 말린 모발, 번개, 회전하는 북두칠성 등을 상징한다고 합니다. 이는 예로부터 세계 각지에서 사용하였기 때문입니다. 특히 인도에서는 인도의 신 비슈누의 가슴에 있는 선모가 기원입니다. 이는 상서로운 조짐, 또는 길상을 나타내는 덕의 모임을 의미합니다. 참고로 독일의 나치가 사용했던 것은 게르만 전통에서 하켄크로이츠라고 부르며 행운을 상징했다고 합니다.

　　만자가 불교와 관련을 갖게 된 것은, 부처님의 상호에 만자의 모습이 있다는 것과 부처님이 성도하실 때 사용하신 풀방석 재료의 풀 끝이 卍 모양의 길상초였다는 것으로 봅니다. 그러나 그러한 모양이 있기 때문에 불교를 상징하는 기호가 되었다기보다는 부처님의 지혜와 복덕을 그 시대의 상징으로 나타냈다고 보아야 하지 않을까 합니다.

만자는 중심에서 왼쪽으로 도는 좌만자[卍]와 오른쪽으로 도는 우만자[卐]가 있습니다. 우리나라에서는 주로 좌만자[卍]의 형태를 사용합니다. 우만자[卐]는 고성 건봉사 석주, 또는 예천 용문사 대장전 목각탱 상단 부분 등에서 겨우 볼 수 있습니다.

한편, 서구 불교 학자들은 卍을 네 개의 L자로 나누어 Life(생명), Light(광명), Love(자비), Liberty(자유)로 풀이합니다.

(우)만자(고성 건봉사 석주)

일원상(一圓相, ○)

사찰 여기저기에서 많이 볼 수 있는 상징 가운데 하나가 ○입니다. 이를 일원상(一圓相)이라고 합니다. 심우도 가운데 그려놓기도 하고, 그냥 단독으로 법당 벽에 그려놓기도 합니다. 달마도 등과 더불어 종이에 그려 액자로 걸어두기도 합니다.

언어도단(言語道斷)이라는 말이 있습니다. 일반 사회에서는 '어이가 없는 말'로 사용하지만, 이는 불교 용어가 와전된 것입니다. 중생이 고통 속에 살아가는 것은 '나', '너' 이렇게 분별하며 살아가기 때문입니다. 이러한 모든 분별하는 마음 작용은 언어와 함께 합니다. 분별하는 언어가 끊어지고 마음 작용이 사라진 경지를 '언어도단(言語道斷) 심행처멸(心行處滅)'이라고 표현합니다. 그렇다고 고요한 적막만이 있는 것은 아닙니다. 빛처럼 모든 것을 그대로 드러냅니다. 이에 스님들은 다음과 같이 말씀하십니다.

일원상(양평 사나사 대적광전)

"여기에 한 물건이 있는데, 본래부터 한없이 밝고 신령하여, 일찍이 나지도 않고 죽지도 않았으며, 이름 지을 수도 없고, 모양 그릴 수도 없음이로다. 한 물건이란 무엇인가?
○⋯."

- 『선가귀감』, 서산대사

마음이라거나 진리라거나 불성이라거나 해서 억지로 이름 붙였지만, 어떤 이름으로도 한 물건을 나타낼 수 없습니다. '입을 여는 즉시 그르친다[開口卽錯(개구즉착)]'는 말이 있듯이, 말 자체가 이미 분별이고 오해가 있게 됩니다. 이에 어쩔 수 없이 동그라미 하나로 표시한 것입니다. 따라서 선가에서는 일원상을 공안[話頭(화두)]의 하나로 삼습니다.

원이삼점(圓伊三點)

원이삼점은 큰 원에 점 세 개를 그린 것으로 보통 사찰 지붕 등에 있습니다. 일종의 범어 글자인 실담(悉曇) '이[𑖂]' 자의 모양이 세 점으로 되어 있기 때문에 이자삼점(伊字三點)이라고도 합니다. 이(伊) 자는 세 점이 삼각형을 이루고 있어 세로줄로 연결되는 것도 아니고 가로줄로 연결되는 것도 아닙니다. 큰 원은 법계를 말하고, 원융을 상징합니다.

"세로도 아니고 가로도 아닌 원이(圓伊)의 도는 현묘하게 모인 것이다. 따라서 세 가지 덕의 묘한 성품이 완연하여 어긋남이 없다는 것을 안다."

- 『선종영가집』

원이삼점(천안 각원사 대웅보전)

여기서 세 가지 덕이란 열반의 삼덕인 법신, 반야, 해탈을 말합니다. 대자재천(마혜수라)의 눈이 세 개인 것처럼 이 삼덕은 상즉상리(相卽相離)의 관계임을 원이삼점으로 비유합니다.

"무엇을 비밀장(秘密藏)이라고 이름하는가? 비유하면 이자(伊字)와 같다. 세 점을 만약 가로로 나란히 하면 이자가 되지 않고, 세로로 하면 역시 되지 않는다. 마혜수라 얼굴의 세 눈과 같이 해야 이자가 된다. 나도 이와 같다. 해탈의 법은 또한 열반이 아니고, 여래의 신(身)은 또한 열반이 아니고, 마하반야는 또한 열반이 아니다. 삼법이 각각 다르면 또한 열반이 아니다. 나는 지금 이와 같은 삼법에 안주하여 중생을 위하기 때문에 열반에 들어갔다고 이름한다. 세상의 이자와 같다."

– 『(남본)열반경』

이처럼 원이삼점은 가로도 아니고 세로도 아닌 삼각의 형태에서 상즉상리(相卽相離), 불일불이(不一不異), 또는 삼즉일(三卽一) 일즉삼(一卽三)의 관계를 나타냅니다.

이를 토대로 모든 삼법 관계를 설명하기도 합니다. 불법승(佛法僧) 삼보(三寶), 계정혜(戒定慧) 삼학(三學), 삼법인(三法印), 법신·보신·화신 삼신(三身), 혹(惑)·업(業)·고(苦) 삼도(三道) 등입니다. 가령 대한불교조계종 문장인 삼보륜은 선정과 법륜을 상징하는 일원상에 삼보와 삼학을 상징하는 세 점으로 된 형상입니다.

법계도(法界圖)

절에 큰 행사가 있을 때면 좁은 공간을 효율적으로 사용하기 위해 절 마당에 미로와 비슷한 선을 그립니다. 이러한 그림은 부석사 범종에도 조각되어 있고, 구미 도리사 같은 경우에는 석조 장엄물로 조성되어 있습니다. 이것은 바로 화엄 사상을 핵심적으로 나타내는 법계도(法界圖)입니다.

보통 화엄일승법계도, 화엄법계도, 일승법계도라고 합니다. 그런데 의상 스님이 저술한 『일승법계도(一乘法界圖)』는 도형인 법계도인(法界圖印)과 7언 30구의 시인 법성게(法性偈)와 해석 부분인 법계도기(法界圖記)를 통칭하는 말입니다. 여기서 도형인 법계도인을 좁은 의미에서 법계도라고 칭하기도 합니다. 법성게는 아침 도량석을 돌 때나, 예불 때 영단을 향해 외우게 되는 절에서 매우 친숙한 게송입니다. 이에 대한 재미있는 일화가 있습니다.

법계도(구미 도리사)

의상 스님이 당나라 지엄 스님의 처소에서 화엄을 배우던 중, 꿈속에 신인의 권유를 받고 『대승장』이라는 10권을 편집하였습니다. 지엄 스님의 지적을 받고 다시 수정하여 『입의숭현』이라 이름하였습니다. 이에 지엄 스님이 의상 스님과 함께 나아가 '글이 성스러운 뜻에 맞으면 불에 타서 없어지지 마소서' 하며 태웠습니다. 210자가 남았기에 의상 스님이 주워서 다시 불에 넣었지만 타지 않습니다. 이 210자로 며칠 만에 30구의 게송을 만든 것이 바로 법성게입니다.

법계도에는 여러 가르침이 담겨 있습니다. 한 길로 이어지는 것은 여래의 한결같은 마음으로 중생을 제도함을 나타냅니다. 그 길이 굴곡이 많은 것은 중생의 근기가 다양함을 나타냅니다. 시작도 없고 끝도 없이 이어지는 것은 중생을 제도함에 자재함을 나타냅니다. 그리고 사각형으로 이루어진 것은 보살이 지녀야 할 사섭법과 사무량심을 나타냅니다. 사섭법(四攝法)은 함께 나누는 보시섭(布施攝), 부드러운 말을 하는 애어섭(愛語攝), 다른 이를 이롭게 하는 이행섭(利行攝), 중생과 함께 하는 동사섭(同事攝)입니다. 사무량심(四無量心)

은 보살이 가져야 할 한량없는 네 가지 마음입니다. 중생에게 즐거움을 주는 자(慈), 중생의 고통을 없애주는 비(悲), 다른 이의 즐거움을 같이 즐거워하는 희(喜), 차별 없이 중생을 대하는 사(捨)입니다.

    이러한 뜻을 담고 우리는 법성게를 외우고 법성도를 돕니다. 그 가운데 어느덧 화엄의 세계에 함께 합니다.

    그밖에 각 사찰의 여건에 따라 다양한 장엄물이 있습니다. 이렇듯 불국토를 장엄하는 장엄물은 그냥 장식용이 아니라, 부처님의 지혜를 전하는 눈에 보이는 법문입니다. 잠시 그 법문에 눈을 멈춰 보세요.

어느 것도
그냥 있는 것이 아니다

사찰은 많은 대중이 불도를 닦는 수행의 도량이자, 불법을 널리 펴서 중생을 제도하는 전법의 도량입니다. 불법승 삼보께, 부처님께 예배 드리며 기도 수행하는 곳입니다.

많은 대중이 모여 수행하기에 가람이라 하고, 항상 부처님이 계시고 대중이 불법을 배우고 구현하는 곳이기에 도량이라 합니다. 절은 대중이 있는 도량이기에 가끔 절에 남아 있는 살림살이를 통해 절의 규모를 알 수 있고, 무심코 지나칠 수 있는 것에서 절 생활의 지혜를 볼 수 있습니다.

석조(石槽)

절터나 화재로 인해 여러 번 중창한 사찰의 경우에도 남아 있는 옛 흔적으로 그 당시 절의 규모를 짐작할 수 있습니다. 그 가운데 하나가 석조입니다. 석조는 큰 돌을 파서 채워 두고 쓰거나 곡물을 씻는 일종의 돌로 만든 통입니다. 주로 절이나 궁

석조(서산 보원사지)

쇠솥(보은 법주사)

중, 그 밖의 상류층 가정에서 사용하였습니다. 이에 남아 있는 석조의 규모를 통해 그 당시 절 사정을 짐작할 수 있습니다.

가령, 법주사에는 통일신라시대에 만들어졌다고 하는, 높이 130센티미터, 길이 446센티미터의 커다란 석조와 더불어 높이 120센티미터, 지름 270센티미터, 둘레 108센티미터의 쇠솥이 전해집니다. 각각 쌀 80가마와 40가마가 너끈히 들어간다고 합니다. 이는 법주사에 3,000명의 대중이 모여 수행할 때 물통과 국솥으로 쓰던 물건이라고 하니, 그 당시 대중과 사찰의 규모를 짐작할 수 있습니다. 양주 회암사지의 경우 커다란 맷돌과 함께 석조가 남아 있습니다.

한편, 영암 도갑사 석조처럼 '강희 21년 임술(서기 1682년)'이라는 조성 연대가 새겨져 있는 경우도 있습니다. 이러한 석조는 정확한 그 시대를 알 수 있는 중요한 문화재입니다. 물론, 통일신라시대에 만든, 서산 보원사지 석조는 보물로 지정되어 있습니다.

무엇보다 석조를 대할 때는 그 큰 돌의 딱딱한 속을 정으로 한 손 한 손 파 들어간 이의 정성에 자신을 살펴보게 됩니다. 물론 석조에 묻어 있는 대중의 끝없는 정진과 신심도 함께 말입니다. 특히, 부처님의 자비가 쉼 없는 것처럼, 도갑사 석조처럼 오랜 세월 맑은 물이 흘러 넘쳐 오늘도 감로수로 마른 목을 적셔 주기에 더욱 좋습니다.

구시

법당 처마 아래 배 모양의 커다랗고 오래된 나무통이 있습니다. 이는 밥 등을 담아 두는 통으로 구시, 또는 구유라고 합니다. 구시 또한 석조와 마찬가지로 그 당시 절의 규모를 짐작할 수 있습니다.

가령, 송광사에는 '비사리 구시'가 있습니다. 그 안내문에는 다음과 같이 적혀 있습니다.

구시(순천 송광사)

"1724년 전라남도 남원 송동면 세전골에 있던 싸리나무가 태풍으로 쓰러진 것을 가공하여 조선 영조 이후 국제를 모실 때 손님을 위해 밥을 저장했던 통이라 함. 약 7가마 분량 밥 저장…."

이처럼, 구시는 커다란 통나무 속을 파서 만든 것입니다. 구례 화엄사, 하동 쌍계사, 김천 직지사, 청양 장곡사 등 규모가 큰 사찰에 남아 있습니다. 구시 또한 만든 이의 정성과 많은 이들이 함께 야단법석을 펼쳤던 모습을 떠오르게 합니다. 석조는 지금도 사용하는 경우가 있지만, 구시는 옛날의 모습을 나뭇결에 남긴 채 대부분 법당 처마 밑에 놓여 있습니다.

드무

법당 옆에 있는 것으로 항아리 모양이지만, 석조나 구시와는 다른 용도로 사용하는 것이 있습니다. 옛날에는 절이나 궁전에서 사용했지만, 지금은

드무(강화 전등사 대웅보전 옆)

드문 것으로, 바로 강화 전등사에서 볼 수 있는 '드무'입니다. 그 내용을 그대로 적어 봅니다.

"드무란 '넓적하게 생긴 큰 독'이라는 뜻의 순수 우리말입니다. 궁궐이나 사찰에서 방화수를 담아 놓고 불을 예방하는 청동 용기인데 옛날의 건축물들은 목조 구조로 되어 있기 때문에 火魔(화마) 예방 차원에서 이 항아리를 두게 되었습니다. 이런 종류의 큰 항아리는 고대 중국에서는 門海(문해)라고 불렀다고 하는데, 문 앞의 큰 바다라는 뜻입니다. 사람들은 문밖에 큰 바다가 있으면 화재를 막아 상서로움을 보존할 수 있다고 믿었기 때문에 이를 일러 吉祥缸(길상항)이라고도 불렀습니다.

불을 일으키는 귀신이 와서 자신의 모습을 보고 놀라 달아나기를 기대했다고 합니다. 드무는 유사시에 방화수의 역할도 하지만, 화재진압을 막기 위한 예기입니다. 우리의 귀중한 문화재입니다."

드무의 경우처럼 사찰에 있는 연못 등도 화재 예방을 겸하고 있습니다. 앞서 언급한 석조도 마찬가지입니다.

배례석(拜禮石)·봉로대(奉爐臺)

탑 앞, 석등 앞, 또는 법당 앞 절 마당에 지면과 비슷하게 놓인 판판한 돌이 있습니다. 그 돌 위에는 연꽃이 새겨져 있으니, 예사 돌이 아닌 것은 분명합니다.

보통 배례석이라고 합니다. 배례석이란 말 그대로 예를 올리기 위해 사용하는 돌판입니다. 여러 여건상 법당에 들어갈 수 없는 이를 위해 밖에서 삼보께 예를 올릴 수 있도록 배려한 공간입니다. 한편, 불국사 석등 앞의 경우에는 봉로대라고 이름한 기록이 있습니다. 봉로대란 향로를 얹어 향을 피우고 공양을 올리는 단입니다.

배례석(김천 직지사 대웅전 앞)

다. 즉, 밖에서 부처님께 향공양을 올릴 수 있도록 향로를 놓는 단입니다. 부처님을 향한 마음이 바로 깨달음으로 가는 길이기에 연꽃으로 장엄하지 않았나 합니다. 순간순간 삼보를 대함에 정성을 다해야 함을 배웁니다.

법당 앞 연꽃 모양 기왓장

법당 앞 석축 바로 밑이나 대중방 마당 한 쪽에 기왓장을 연꽃 모양으로 모아 둔 곳이 있습니다. 이곳은 바로 육도 중생 가운데, 아귀 중생에게 감로수를 주는 곳입니다. 이에 '아귀발우', '아귀구(餓鬼口)', '귀구(鬼口)'라고 합니다. 또는 다기물이나 발우 씻은 물을 주기 때문에

아귀발우(충북 청원 안심사)

'천수통(天水筒)', 청수통(淸水筒)', '퇴수대' 라고도 합니다.

아귀 중생도 여러 종류가 있지만, 일반적으로 배는 남산만 한데 목구멍은 바늘구멍보다 작은 아귀가 많이 알려져 있습니다. 배가 남산만 하기 때문에 끊임없이 먹을 것을 구하지만, 목이 바늘구멍보다 작아 티끌만 한 음식도 목에 닿는 순간 불길로 변해 버리는 고통을 당하게 됩니다. 이에 불단에 올린 다기물이나 스님들이 공양을 한 뒤 발우를 닦은, 곡기가 남은 물을 먹고 삽니다.

이는 아귀의 삶을 통해서 욕심 많은 우리의 모습을 바라보게끔 하는 가르침입니다. 또한 쌀 한 톨도 함부로 하지 말고, 모든 이들의 정성을 생각하여 부지런히 정진하라는 경책이기도 합니다.

그럼, 이것은?

저도 아직 절에 대해서 아는 것보다 모르는 것이 더 많습니다. 어떤 경우에는 책을 통해서 알기도 하고, 어떤 경우 스승이나 선배를 통해 알기도 하지만, 어떤 경우에는 현장에서 직접 보고 당 사찰 관계자를 통해 알기도 합니다. 그 가운데 하나가 다음 사진입니다.

어쩌면 그동안 이것을 자주 스쳤는지도 모릅니다. 그러나 시야에 들어오지 않았습니다. 어느 날 어느 사찰 마당을 거니는데, 문득 이것이 눈에 들어왔습니다. 법당 가슴 정도 높이의 기둥에 가로 박혀 있는 판자 하나. 이것은 무엇

법당 문을 열기 위해 공양을 잠시 내려놓는 곳
(상주 남장사 보광전)

이지? 마침 스님이 절 마당에 계셔 여쭈어 보았습니다. 답은 바로, 공양물을 임시로 내려놓는 곳이라는 것입니다. 불단에 올릴 공양물을 가지고 오는데, 법당문이 닫혀 있습니다. 보통 법당문은 여닫이문인데다 한 손으로 열기 힘든 경우도 있습니다. 그렇다고 부처님께 올릴 공양물을 바닥에 내려놓을 수 없는 일. 그래서 이것을 만들었다는 것입니다. 간혹, 어떤 곳에서는 불기(佛器)를 올려놓는 곳이라 하여 '불기대'라고 합니다. 삼보님께 향하는 정성스러운 마음을 느낄 수 있습니다.

이후 다른 사찰에서도 유심히 보니, 많은 곳에서 법당문 옆 기둥에 이것이 있었습니다. 어떤 경우에는 절구 모양의 돌을 문 옆에 둔 곳도 있습니다.

이렇듯, 절 여기저기에 있는 모든 것들은 그냥 있는 것이 아닙니다. 다 자기 역할이 있고, 그 역할 속에서 많은 가르침을 배울 수 있습니다. 어느 것 하나 헛된 것은 없습니다.

석가모니부처님 당시 지바카라는 유명한 의사가 있었습니다. 그가 스승으로부터 의술을 배울 때 이야기입니다. 스승은 지바카에게 그 공부됨을 알아보고자 분부를 내립니다. "여기서 백 리 안에 있는 것 가운데 약으로 쓸 수 없는 것을 찾아오너라." 백 리 안을 다 살펴본 뒤, 지바카는 말합니다. "스승이시여, 약으로 쓸 수 없는 것은 하나도 없습니다."

08

사찰 생활과 신행

삼보와 함께 하는 사찰의 하루

절은 고풍스러운 문화재만 달랑 남아 있는 곳이 아닙니다. 절은 살아 숨 쉬는 공간입니다. 그것도 그냥 살아 숨 쉬는 공간이 아니라, 삼보에 의지하여 깨달음을 향해 나아가는 도량입니다. 그러므로 절 안에는 쉼 없이 움직이는 흐름이 있습니다. 그 흐름 속에 우리는 또 삼보의 가피를 받고 가르침을 배울 수 있습니다.

삼사(三事)라는 말이 있습니다. 절 생활의 가장 기본적인 예불, 공양, 울력을 말합니다. 예불은 부처님께 예를 올리는 것이고, 공양은 식사하는 것을 말하고, 울력은 함께 일하는 것을 말합니다. 이러한 기본적인 일들을 중심으로 사찰의 하루가 흘러갑니다. 사찰 여건과 계절에 따라 다소 차이가 있지만, 대략 다음과 같습니다.

새벽 3시 기상, 4시까지 새벽 예불, 아침 공양 전까지 아침 정진, 6시 아침 공양, 7시부터 오전 정진, 10시 30분에서 11시 30분까지 사시마지(사시예불), 11시 30분 점심 공양, 2시부터 오후 정진 또는 울력, 5시 저녁 공양, 6시부터 30분까지 저녁 예불, 이후 저녁 정진, 9시 취침.

도량석(道場釋)

절의 하루는 도량석으로 시작됩니다. 도량석이란 도량을 '다스림(釋)'을 말합니다. 도량송(道場誦)이라고도 합니다. 목탁을 사용하기에 목탁석이라고 합니다. 예불 전에 도량을 청정하게 하는 의식입니다. 즉, 도량을 맑게 하고 삼보를 지키는 여러 신들을 깨워 맞이한다는 의미가 있습니다.

천안 각원사 대웅보전

보통 새벽 세 시 소임을 맡은 스님이 불단에 다기물을 올린 다음, 촛불을 켜고 삼배를 올립니다. 시각이 되면 법당 앞으로 나와 목탁을 울려 산사의 새벽을 알립니다. 낮은 소리에서 점차 높은 소리로 올렸다 내리는 것을 세 차례 하고 목탁 소리에 맞추어 독경을 합니다. 보통 『천수경』, 『화엄경 약찬게』, 『법성게』 등을 십오 분 정도 외우면서 법당 주위나 경내를 돕니다. 도량석을 마칠 즈음에는 법당 앞 정면에 이르러 목탁을 세 번 내려치고 마칩니다. 그 동안 염불 소리와 목탁 소리에 산천초목과 삼라만상이 다 일어나고, 대중 또한 자리에서 일어나 새벽 예불을 준비합니다.

종송(鐘頌)

도량석에 이어 종송이라고도 하는 쇳송이 시작됩니다. 도량석이 끝나는 동시에 법당 안 작은 종이나 또는 금고로 소리를 냅니다. 작은 소리에서 큰 소리로 점차 높이 울린 다음 장엄 염불을 외우면서 종을 치게 됩니다.

종송은 지옥중생의 구제에 그 뜻이 있습니다. 장엄 염불에는 아미타불의 위신력과 극락세계의 장엄을 설하고, 불보살님과 부모 등의 은혜를 명심하겠다는 내용이 담겨 있습니다. 이는 또한 지옥의 고통받는 중생이 종송을 듣고서 불보살님께 귀의 발원하여 왕생극락하도록 구제하는 데 의미가 있습니다. 새벽 종송은 십오 분 정도 진행됩니다. 반면 저녁 종송은 다섯 번 타종하며 게송 또한 간단합니다.

사물(四物)

종송이 끝나면 곧 사물이 울리게 되는데, 사물이 울리는 순서는 사찰에 따라 차이가 납니다. 사물은 법고, 운판, 목어, 범종을 말합니다.

앞의 범종각에서 언급한 바와 같이, 범종(梵鍾)은 천상과 지옥 중생을 제도하기 위한 것이고, 법고(法鼓)는 '법을 전하는 북'으로 네 발 달린 짐승을 비롯한 각종 육지 중생을 제도하기 위한 것이고, 운판(雲版)은 날아다니는 중생이나 허공을 떠도는 중생을 제도하기 위한 것이고, 목어(木魚)는 수중 중생을 제도하기 위한 것입니다.

사물은 다양한 소리를 담아 새벽 도량을 장엄합니다. 이러한 사물 소리를 듣고 일체중생이 고통을 여의고 법락에 충만하기를 기원합니다. 범종만 있는 경우 범종 소리로 모든 소리를 대신합니다.

참고로, 범종은 새벽 예불과 저녁 예불 이외에 정오 때도 타종합니다. 또, 산중에 불이 나거나 외적의 침입 등 긴급한 일로 대중의 운집이 필요할 때는 간격을 두지 않고 칩니다. 또 스님이 입적했을 때 임종과 동시에 백여덟 번 울립니다. 이때는 일정한 간격의 매우 느린 속도로 종을 칩니다. 이것을 열반의 종소리라 부릅니다.

새벽 예불

사물이 울리고 나면 법당 안의 작은 종(또는 금고)이 다섯 번 울립니다. 이때쯤이면 모든 대중은 법당 자기 자리에 자리합니다. 이윽고 경쇠(또는 목탁) 소리에 맞춰 예불이 시작됩니다. 절 생활 가운데 저녁 잠자리에 들어 새벽 예불 첫 게송을 외울 때까지 일체 말을 하지 않는 묵언을 원칙으로 합니다. 즉, 최초의 목소리로 부처님을 찬탄해야 한다는 것입니다.

선창이 있고 경쇠(또는 목탁)에 맞춰 대중의 장엄한 합송이 뒤따릅니다. 보통 아침에는 "아금청정수 변위감로다 봉헌삼보전 원수애납수"의 다게(茶偈)로 선창합니다. 또는 "계향 정향 혜향 해탈향 해탈지견향…" 등의 오분향례와 헌향진언을 선창합니다. 이후 대중이 함께 예경문을 합송합니다.

현재 우리나라에서 사용하고 있는 예경문을 칠정례(七頂禮)라고 합니다. 이는 기존에 사용되었던 많은 종류의 예경문을 종합 간략한 것으로, 1955년에 정리한 것입니다. 일곱 번 정례(頂禮)하기 때문에 칠정례라고 합니다. 이는 삼보에 대한 예경을 나타낸 것인데, 각 사찰에 따라 여덟 번 정례를 하기도 합니다. 가령, 설악산 봉정암에는 진신사리에 대한 정례를 추가하고, 또 사찰마다 개산조 또는 중창조에 대한 정례를 추가하기도 합니다.

예경문이 끝나면 새벽 예불에만 발원문을 낭독하거나 행선 축원을 하기도 합니다. 그리고 신중단을 향하여 『반야심경』을 독송합니다. 다시 불단을 향하여 반배를 한 뒤, 대중과 서로 반배를 합니다. 대부분 사찰에서는 『반야심경』을 독송하고 나서 영가단을 향해 『법성게』를 독송한 뒤, 불단으로 돌아옵니다.

이로써 새벽 예불이 끝나게 되지만, 이어서 『천수경』 등을 독송하면서 새벽 기도를 진행하기도 합니다. 물론 모든 법당의 예불이 끝난 것은 아닙니다.

큰법당의 예불이 끝나면, 다른 법당은 각기 맡은 소임자가 예를 올립니다. 반대로 저녁 예불은 큰법당 예불이 시작되기 전에 각 법당의 예불을 마치고 큰법당 예불에 동참합니다.

선방 생활은 모두 좌선을 위주로 짜여 있어 독특한 형태의 예불이 행해집니다. 사시예불을 제외하고는 큰법당에 나가지 않고 선방에서 간단히 행해집니다. 도량석 소리와 함께 선방의 입승스님(절 안의 기강을 맡은 소임)이 죽비 세 번으로 대중의 기상을 알립니다. 큰방에 불이 켜지면 대소사를 마친 뒤 가사 장삼을 수하고 자리에 앉아 있습니다. 곧 사물이 울리고 큰법당 작은 종이 다섯 번 울립니다. 이때, 입승스님의 죽비 소리에 맞추어 절 세 번으로 삼보에 예를 드리고 새벽 예불을 마칩니다. 그리고 바로 가사와 장삼을 거두고 자리에 앉아 화두를 잡습니다.

아침 공양

새벽 예불이 끝나면 네 시쯤 됩니다. 아침 공양을 알리는 신호가 있기 전까지, 선방은 선방대로, 강원은 강원대로, 종무소 소임자는 소임자대로 정진하거나 하루를 준비합니다. 이때 제일 바쁜 곳이 후원(後院), 공양간입니다. 공양(供養)이란 원래 음식이나 의복, 탕약, 방사(房舍) 등을 삼보께 올리는 것을 말하지만, 식사의 의미도 포함합니다.

계절에 따라 다소 변동이 있지만, 거의 모든 사찰이 여섯 시면 아침 공양을 합니다. 큰방 소임을 맡은 부전(副殿)스님 또는 공양간 소임자가 공양 십 분 전에 작은 종이나 목탁 등을 울려 신호를 합니다. 오늘날에는 공양간 식당에서 공양을 하는 경우가 많지만, 큰방에서 발우 공양을 하기도 합니다.

발우(鉢盂)란 밥그릇을 말합니다. '발'은 범어 '파트라'로 응량기(應量器)라 번역하고, '우'는 중국말로 밥그릇이라는 뜻입니다. 즉 '발우'는 범어와 중국말을 아울러 일컫는 말입니다. '응량기'란 각자 자기가 먹을 수 있는 양에 따라 공양하는 그릇이라는 뜻입니다. 우리말로 '바리때'라고 합니다.

공양 목탁 소리가 나면, 발우를 내려서 차례대로 자리에 앉습니다. 윗자리[上板(상판)]는 방에 모신 부처님 맞은편 자리로 어간(御間)이라 합니다. 어간에 자리한 조실스님 등 어른 스님들 좌우로 승랍에 따라 자리하여 젊은 스님들이 아래[下板(하판)] 자리에 앉게 됩니다. 불단을 바라보고 어간 왼쪽으로는 절에 상주하는 스님들이 자리하기에 청산(靑山)이라고 하고, 오른쪽으로는 선원, 강원, 율원 대중스님들이 자리하기에 구름처럼 머물지 않고 구름처럼 떠다닌다는 의미로 백운(白雲)이라고 합니다.

발우 공양은 처음부터 끝까지 죽비 소리에 맞춰 게송을 외우며 진행됩니다. 그 과정 속에 부처님과 음식에 감사하고, 중생의 고통을 생각하며, 음식과 물을 아끼고, 공양을 통해 얻은 힘을 일체중생에게 회향한다는 내용이 담겨 있습니다. 발우 공양이 아니더라도 공양할 때 보통 암송하는 오관게(五觀偈) 속에서 공양의 의미를 알 수 있습니다.

이 음식은 어디서 왔는고
내 덕행으로 받기가 부끄럽네
마음의 온갖 욕심 버리고
육신을 지탱하는 약으로 알아
도업을 이루고자 이 공양을 받습니다.

계공다소양피래처(計功多少量彼來處)

촌기덕행전결응공(忖己德行全缺應供)

방심리과탐등위종(防心離過貪等爲宗)

정사량약위료형고(正事良藥爲療形枯)

위성도업응수차식(爲成道業應受此食)

일반인도 템플스테이나 수련 기간 이러한 발우 공양을 통해 많은 것을 배웁니다. 이에 모두 똑같이 나눠 먹는 평등 공양이자, 음식을 소중히 여기는 절약 공양이자, 음식 쓰레기가 거의 없을 뿐 아니라 바로 닦고 주기적으로 햇볕에 말리기 때문에 청결 공양이자, 대중의 화합을 높이는 공동 공양이자, 모든 이의 복덕을 찬탄하고 스스로의 복덕을 성취하는 복덕 공양이라 풀이합니다.

대중공사(大衆公事)

아침 발우 공양이 끝난 뒤에는 그 자리에서 대중공사를 하는 경우가 많습니다. 대중공사란 절에 사는 대중이 모인 자리에서 절의 대소사를 민주적으로 논의하고 결정하는 제도입니다.

대중공사는 특별한 격식은 없지만 소임자가 공양 끝내는 죽비가 울리기 전에 대중에게 합장하고 이렇게 말합니다. "오늘 대중 스님께 드릴 말씀이 있습니다." 안건의 수는 제한이 없으며, 누구나 대중공사를 부칠 수가 있습니다. 조석예불과 울력, 공양, 그리고 맡은 소임의 성실성 여부와 책임에 대한 청규 위반 등입니다. 사항에 따라 논의가 시작되면 이내 결정이 납니다. 잘못이 있는 경우 절차를 따라 참회하고 허물에 대한 책임을 벗어나게 합니다.

중대한 일에 대해서는 별도의 시간에 대중공사를 소집하기도 합니다. 산중회의 등이 그렇습니다. 한편, 전국의 승려가 모이면 승려 대회라고 합니다. 이것도 일종의 대중공사입니다. 여기서 결정된 것은 초종헌(超宗憲)적 성격을 띠게 됩니다.

대중공사는 많은 대중이 모여 있기에 반드시 필요한 제도입니다. 서로 잘 잘못을 지적해주거나 스스로 참회하고, 또 모든 일을 함께 논의하며 해결함으로써 화합 승단을 유지하게 됩니다.

참고로 자자(自恣)와 포살(布薩)이라는 참회 의식이 있습니다.

자자는 안거가 끝나는 날에 수행자들이 한곳에 모여 자신들의 잘못을 서로 고백하고 참회하는 의식입니다. 인도에서 유래한 것으로 비가 많이 내리는 우기(雨期) 동안 유행하지 않고 한곳에 정착하여 수행하였습니다. 이를 우안거(雨安居)라고 합니다. 불교가 중국이나 우리나라에 전해짐에 따라 북방의 기후 조건에 따라 여름과 겨울 각각 3개월씩 안거를 지내게 됩니다. 동안거는 음력 10월 15일에서 1월 15일까지, 하안거는 음력 4월 15일에서 7월 15일까지입니다.

포살은 음력 매월 15일, 29일(또는 30일) 계율의 조목을 독송하면서 그동안 자신이 저지른 잘못을 참회하는 의식입니다. 요즈음은 포살 법회라고 하여 신도를 대상으로 진행하기도 합니다.

정진(精進)

아침 공양이 끝나면 각각 일을 보거나 도량 청소를 하기도 합니다. 가끔 절 마당에 깔끔한 무늬를 남긴 비질 자국을 보면, 발자국으로 어지럽힐까 미안할 때도 있습니다. 외국인들이 절에서 하고 싶은 것 가운데 하나가 비질이라고 합니다. 청소가 끝난 뒤 곧 오전 정진이 시작됩니다.

오늘날 강원은 승가대학이라고도 합니다. 선지식을 모시고 함께 생활하면서 승가의 가풍과 법도에 젖어들고 수행자의 자질을 향상시키기 위한 교육기관입니다. 대학 각 학년에 해당하는 치문(緇門), 사집(四集), 사교(四敎), 대교(大敎) 등으로 나뉘어 경전과 어록을 배우게 됩니다. 오전 일과는 모든 법을 다 배우기 위해 삼장(三藏)을 강론하겠다는 서약 의식인 상강례(上講禮)로 시작합니다. 이후 각 반별로 강의가 진행됩니다. 특히 사교와 대교 과정은, 미리 산통으로 발의와 중강을 뽑아 정해 놓습니다. 발의는 정해진 분량을 풀이하

순천 송광사 절마당 비질 자국

는 것을 말하고 중강은 강사 스님을 모시고 학인을 대표해서 강의하는 것을 말합니다. 모두 예습한 상태이기에 논쟁이 격할 때도 있습니다. 이때 주장이 워낙 강해 격한 마음에 산통을 집어던지는 경우도 있습니다. '산통 깨졌다'는 말이 여기서 나왔습니다. 밖에서는 보통 '일을 그르친 것'을 말하지만, 절에서는 그날 공부가 치열했다는 의미로 받아들입니다. 강의가 끝나면 사시 마지 전까지 글을 읽습니다.

선원은 보통 좌선 오십 분, 포행 십 분으로 진행됩니다. 두 시간 연속으로 좌선하는 곳도 있습니다. 포행(布行)이란 행주좌와(行住坐臥)의 참선 행법 가운데 행선법을 말합니다. 경행이라고도 합니다. 이는 졸음을 쫓고, 좌선으로 인한 다리의 근육과 긴장을 풀기 위해 방 가장자리나 앞마당 등을 조용히 걷는 것을 말합니다. 선원은 각자 자기 능력에 따라 공부하는 곳이므로 강원처럼 교육기간이 정해져 있는 것도 아니고 일정한 교육과정이나 진도가 있는 것도 아닙니다.

율원은 율장의 계율을 전문적으로 학습하며, 청정지계의 가풍을 학립하게 하는 상설 교육기관입니다. 보통 율주(律主) 스님이 율장을 강의하고 대중 생활의 율행에 관한 자문에 응합니다. 율원은 강원을 졸업했거나, 선원에서 오래 정진한 고참 납자 가운데 율문(律文)을 해독할 수 있는 이들로 구성됩니다.

종무소 또한 절 일 자체를 수행으로 보는 스님들의 하루 일과로 바쁘게 돌아갑니다. 종무소에는 주지스님 이외에 총무, 재무, 교무 등의 소임 스님이 있습니다. 주지는 대외적으로 절을 대표하고 행정을 총괄합니다. 원래 주지(住持)라는 말은 법(法)을 머물게 하고[住錫(주석)] 유지(維持)한다는 뜻의 말로 수행의 직책이었으나 요즈음은 행정의 직책을 뜻하는 말이 되었습니다.

총무, 재무, 교무 소임을 삼직(三職)이라고도 합니다. 그러나 대부분 소규모의 사찰은 주지스님 혼자 모든 것을 도맡아 하는 실정입니다.

참고로 선원, 강원, 율원, 염불원 등을 갖춘 곳 가운데 종단에서 인정한 사찰을 총림(叢林)이라고 합니다. 대중이 화합하여 한곳에 머무는 것이 마치 나무가 우거진 숲과 같다고 하여 이름 붙여진 것입니다. 또는 "풀이 흐트러지지 않고 가지런히 자라나는 것을 총(叢)이라 하고, 나무가 굽어지지 않고 잘 뻗는 것을 림(林)이라 한다. 그 속에 규구법도(規矩法度)가 있음을 말한다"고 합니다. 총림의 어른을 방장(方丈)이라고 합니다. 총림이 아닌 사찰의 어른은 조실(祖室), 또는 회주(會主)라고 합니다. 대한불교조계종의 경우, 통도사 영축총림, 해인사 해인총림, 송광사 조계총림, 수덕사 덕숭총림, 백양사 고불총림이 있습니다. 한국불교태고종의 경우, 선암사 태고총림이 있습니다.

사시마지(巳時摩旨)

사시마지는 절 하루 가운데 제일 중요한 의식입니다. 이는 석가모니부처님을 비롯한 모든 불보살님께 정성을 다해 공양을 올리는 불공의례(佛供儀禮)입니다.

사시(巳時)란, 10시 전후, 9시에서 11시까지를 말합니다. 마지(摩旨)란 부처님께 올리는 공양을 말합니다. '공들여 만든[摩(마)] 맛있는 음식[旨(지)]'이라는 뜻입니다. 석가모니부처님께서 그 당시 이 시간에 하루 한 끼 공양을 하셨기에 그에 맞춰 불보살님께 공양을 올리고 예를 나타내는 것입니다. 따라서 조석예불과 달리 사시마지에는 선방 스님뿐만 아니라 중요한 소임이 있는 이를 제외한 모든 대중이 함께 합니다.

10시 오전 정진이 끝나고 마지 올릴 준비를 합니다. 10시 30분 큰법당에서 마지종이 울립니다. 이윽고 큰법당과 각 전에서 일제히 마지 올리는 목탁 소리가 들립니다. 사시불공 때는 '지심귀명례(至心歸命禮)'가 아니라 '지심정례공양(至心頂禮供養)'이라 하고, 예불문 마지막 부분도 '수아정례(受我頂禮)'가 아니라 '수차공양(受此供養)'이라 합니다. 또 아침에는 발원문을 읽지만 사시불공에는 축원문을 읽습니다.

사시불공이 끝나면 스님들은 안행(雁行: 기러기 열을 지어 날 듯 좌차대로 일렬로 가는 모습)을 이루어 큰방으로 향합니다. 곧 점심 공양을 알리는 소리가 들립니다. 점심 공양을 재식(齋食)이라고 합니다. '재(齋)'는 '바로 잡다, 가지런하다, 재계(齋戒)하다' 등의 뜻이 있습니다. '청정한 법다움'이라는 뜻도 있습니다. 따라서 재식은 계율에 따른 법다운 식사라는 의미가 있습니다.

울력

오후에는 오후 정진이 진행됩니다. 그런데 수행의 일과로서 보통 오후에 일정한 양의 울력을 만들어 함께 하기도 합니다. 물론 울력은 필요에 따라 이루어지는 불규칙한 것으로 일상적인 것이 아닙니다.

사찰에서 대중이 함께 모여 육체적 노동을 하는 것을 울력이라고 합니다. '많은 사람들이 구름같이 모여서 일을 한다'는 의미로 운력(雲力) 혹은 '함께 힘을 기울인다'는 의미로 '운력(運力)'이라 하기도 합니다. 또 '널리 알리어 함께 일한다'는 뜻으로 보청(普請)이라고도 합니다. 울력은 단지 육체적 노동이 아니라 수행의 한 방편입니다.

'울력' 하면 떠오르는 유명한 글귀가 있습니다. 바로 당나라 백장선사의 '일일부작 일일불식(一日不作 一日不食)'이라는 가르침입니다. 백장선사가 90세가 되어서도 울력을 하자 상좌들이 호미를 숨겨 버렸습니다. 이에 스님이

이 말씀을 하시며 공양을 드시지 않자 곧 제자들이 호미를 내놓았다는 일화가 있습니다.

저녁 공양

하루해가 저물어 갈 무렵, 저녁 공양을 알리는 소리가 들립니다. 아침과 점심은 예불 뒤에 공양을 하게 되지만, 저녁에는 공양을 한 뒤 예불을 보게 됩니다. 하루의 끝을 부처님께 인사드리는 것으로 마치고 각 처소로 돌아가기 때문입니다.

계절에 따라 차이가 있지만, 저녁 공양 시간은 보통 여섯 시 정도입니다. 물론 스님들 가운데 하루 한 끼만 드시는 분도 있고, 아침, 점심 공양만 하시는 스님도 있습니다. 하루 한 끼만 하는 경우를 일중일식(日中一食) 또는 일중식(日中食)이라 하고, 오후 이후에는 먹지 않는 경우를 오후불식(午後不食)이라 합니다. 인도 당시 출가자에게 식사는 탁발에 의해 행해졌으며, 그 시간에 있어서도 정오 이전 하루 한 끼만을 들도록 율장에 규정하고 있습니다. 그러나 이후 불교의 전개 과정 속에서 다소 변화가 생겨, 지금의 모습을 지니게 되었습니다. 현재 한국불교종단협의회에서는 탁발로 여러 문제가 야기되는 것을 우려해 일상적인 탁발을 금지하고 있습니다.

한편, 저녁 공양을 약석(藥石)이라고 합니다. 약석이란 약이나 침을 말하는데, 공양을 기갈(飢渴)의 병을 치료하는 약석으로 비유하여 이름한 것입니다. 아침은 죽으로 대신하기도 하고 점심(點心) 또한 마음에 점만 찍을 정도라고 표현하니, 절에서 공양이란 도를 위해 육신을 지탱하는 약으로 삼는 것이지, 마음껏 먹는 식사의 의미가 아닙니다.

저녁 예불

저녁 공양 뒤 이윽고 저녁 예불을 알리는 종이 큰법당에서 울립니다. 곧이어 사물(四物)이 차례대로 울립니다. 사물이 끝나자마자 바로 큰법당에서 종송이 울립니다. 이에 앞서 스님들은 소임 맡은 각 법당에서 예불을 마치고 큰법당으로 모입니다.

새벽 종송은 십오 분 정도 진행되지만, 저녁 종송은 다섯 번만 타종하며 게송 또한 간단합니다.

> 종성을 듣고서 번뇌를 끊고
> 지혜를 길러 보리심을 냄으로써
> 지옥을 여의고 삼계를 벗어나
> 성불하여 모든 중생을 구제하기를

이어서 저녁 예불은 '오분향례', '예불문', '반야심경', '법성게' 등의 순서로 새벽 예불과 같이 진행됩니다. 단, 저녁에는 발원문을 봉독하지 않습니다. 또 예불이 끝나면 저녁 기도를 계속하기도 합니다.

정진 그리고 취침

저녁 예불이 끝나면 각 처소로 돌아가 저녁 공부에 매진합니다. 아홉 시 취침을 알리는 종성, 또는 죽비 소리와 함께 대중은 잠자리에 듭니다. 선방에서는 한 시간 지나 밤 열 시, 또는 가행정진할 때에는 열두 시경에 방선(放禪)합니다. 그리고 선방에서는 깔고 앉았던 좌복을 베개와 이불로 하여 입승스님의 죽비 소리에 맞춰 잠에 듭니다.

모든 등불이 꺼지고 어둠이 산사를 덮을 때, 사찰 규모에 따라, 스님들이 순번을 정해 새벽 예불이 끝날 때까지 문단속, 불단속 등을 위해 야경(夜警)을 돕니다.

이처럼 사찰의 하루는 예불, 공양, 정진, 울력 등을 중심으로 진행됩니다. "밤이면 밤마다 부처님을 안고 자고, 새벽이면 새벽마다 부처님을 안고 일어난다." 모든 순간 부처님과 함께 하고 깨달음을 구하고자 하는 것이 사찰의 하루입니다.

불보살님께 공양 올리고 가피를 구하다

불공과 법회

절에 간다고 하면 사람들은 보통 불공드리러 간다고 하거나, 법회 보러 간다고 하거나, 재 지내러 간다고 합니다. 불공하면 기도와 연관시켜 생각합니다. 법회와 재도 마찬가지입니다. 따라서 불공, 법회, 재, 기도는 함께 연결하여 생각합니다.

불공(佛供)이란, 부처님께 공양을 올리는 것을 말합니다. 이를 헌공(獻供)의식이라고 합니다. 불보살님과 대중에게 공양을 올린다는 의미로 반승(飯僧)이라고도 합니다.

여기서 재(齋)라는 의미를 살펴봅시다. 지금 현재 '제(祭)'와 '재(齋)'를 혼용해서 사용하는 경우가 있지만, 엄밀하게 구분되는 말입니다. 일반적으로 사용하는 '제(祭)'는 귀신이나 신(神)에게 음식을 올리는 의미가 강한 반면, 불교에서 사용하는 '재(齋)'는 부정한 것을 멀리하고 부처님과 대중에게 공양을 올리는 불공(佛供)의 의미이며 반승(飯僧)의 의미입니다. 이처럼 삼보께 공양한 공덕으로 스스로 복을 짓게 될 뿐만 아니라 그 공덕을 다른 이에게 돌림[廻向(회향)]으로써 조상을 천도하거나 다른 이를 위한 기도가 성취되는 것입니다.

법회(法會)란, 부처님께서 가르침을 널리 펼치신 것을 상징화합니다. 이후 부처님 제자인 스님들이 부처님의 가르침을 대중에게 펼치는 것을 말합니다. 스님들이 부처님 가르침을 전하는 법회는 부처님 당시에도 있었습니다. 당시 육재일(六齋日)에 모인 재가자들이 스님들에게 설법을 요청하니, 부처님께서 이에 허락하셨다는 기록이 있습니다.

기도라고 하면, 타력 신앙을 떠올릴 수 있지만, 어느 것 하나 온존하게 타력적인 것은 없습니다. 우리는 감응(感應)이라는 말을 많이 씁니다. 또는 '불보살의 힘을 입는다'는 의미로 가피(加被)라고도 합니다. 이 말의 뜻은 신앙하는 마음이 불보살에게 통하는 것을 뜻하는데, 이는 일방적인 말이 아닙니다. '감(感)'이란 '불러들인다(招引)'의 뜻으로 중생이 불보살에게 다가가는 의미이며, '응(應)'이란 불보살께서 이에 응하여 다가오신다는 뜻입니다. 연못물이 맑아진 만큼(感) 달이 비치는 것(應)처럼, 중생이 부딪쳐 온 만큼(感) 불보살께서 응해 주시는 것(應)입니다. 따라서 중생의 다가감(感)과 불보살의 응해주심(應)이 서로 통하여 하나가 된다는 뜻입니다. 불보살의 가피(加被)도 이런 측면에서 이해해야 합니다.

모든 의식이나 공부도 마찬가집니다. 자력(自力) 신앙이니 타력(他力) 신앙이니 구분을 짓기도 하지만, 앞서 감응(感應)이라는 뜻을 볼 때 결코 백 퍼센트 타력이란 있을 수 없습니다. 내가 노력하지 않는데 불보살이 응해줄 리 천부당만부당한 말입니다. 자력이니 타력이니 하는 말의 뜻은 어느 측면이 부각되는지 하는 차이뿐이지, 기도하는 노력 없이 어떻게 감응을 받을 수 있겠습니까? 즉, 어떻게 자력이 없이 타력이 있을 수 있겠습니까? 이런 의미에 있어서도 불공, 법회, 재, 기도 등은 함께 연결되어 있습니다. 어떤 측면을 중심으로 진행하는가에 따라 구분할 뿐입니다.

법회로 지혜를 밝히다

법회는 매주 또는 매월 정기적으로 봉행하는 정기 법회와 '부처님 오신 날' 등 특별한 날 봉행하는 특별 법회가 있습니다.

정기 법회가 열리는 날도 사찰 여건에 따라 다릅니다. 보통 전통적인 날로 음력 초하루 법회와 보름 법회가 있습니다. 오늘날은 사회생활에 맞추어 일요일 등 특정 요일에 하기도 합니다. 그리고 일반 법회와 비슷하지만, 기도 법회를 중심으로 진행하는 약사재일(8일), 지장재일(18일), 관음재일(24일) 등이 있습니다. 특별 법회는 불자들에게 계를 주는 수계 법회, 새로운 삶을 안겨 주는 방생 법회, 부처님 오신 날 봉축 법회 등이 있습니다.

물론, 이 모든 것을 사찰에서 다 진행하는 것은 아닙니다. 그 사찰의 여건에 따라 차이가 많이 납니다. 어떤 절은 정기 법회로 초하루 법회만 하기도 합니다.

■ **육재일과 팔재계**

재일(齋日)은 원래 인도 풍습으로 행해졌던 것입니다. 부처님 당시 육재일에 재가자들이 스님들에게 법을 청한 것을 보아도 알 수 있습니다. '재(齋)' '단식(斷食)' 내지 '부정(不淨)을 피한다'는 의미의 '우포사나' 혹은 '포사다'로 포살이라 음역되기도 합니다. 매월 육재일에 사람들이 그 전날 밤부터 종교 의식의 장소에 모여 (정오 이후의) 단식을 하며 하루를 경건히 보냈던 관습에서 유래한 행사입니다. 매월 8, 14, 15, 23, 29, 30일의 6일이 이에 해당합니다.

참고로, 육재일은 재가자들이 신심을 청정히 하고자 팔재계(八齋戒)를 지키고 착한 일을 행하는 정진일입니다.

팔재계란 팔관재계(八關齋戒)라고도 합니다. 이는 재가자들이 하루 밤낮 동안 받아 지키는 계율로, 다음과 같습니다. ① 중생을 죽이지 말라. ② 훔치지 말라. ③ 음행하지 말라. ④ 거짓말하지 말라. ⑤ 술 먹지 말라. ⑥ 꽃다발을 쓰거나 향 바르고 노래하고 춤추며 가서 구경하지 말라. ⑦ 높고 넓고 크며 잘 꾸민 평상에 앉지 말라. ⑧ 때 아닌 적에 먹지 말라.

이러한 육재일은 매달 10일의 십재일로 발전하여, 십재일을 특정 불보살과 배대하여 그 의미를 강조합니다. 다음은 『석문의범(釋門儀範)』의 십재일송(十齋日頌)입니다.

일정팔약십사현(一定八藥十四賢)   십오미타팔지장(十五彌陀八地藏)
이십삼대사관음(二十三大四觀音)   팔노구왕회석가(八盧九王晦釋迦)

1일 정광여래, 8일 약사여래, 14일 현겁천불, 15일 아미타불, 18일 지장보살
23일 대세지보살, 24일 관세음보살, 28일 노사나불, 29일 약왕보살, 30일
석가모니

이러한 십재일 가운데, 각 사찰의 여건과 신앙에 따라 기도 법회를 진행합니다.

■ 불교의 5대 명절

대표적인 봉축 법회인 불교의 4대 명절은 부처님 오신 날(음력 4월 8일), 성도재일(음력 12월 8일), 출가재일(음력 2월 8일), 열반재일(음력 2월 15일)입니다. 여기에 우란분절[백중: 음력 7월 15일]을 합해 불교의 5대 명절이라 말합니다.

'부처님 오신 날'은 너무도 잘 알려져 있습니다. 그러나 오신 분은 한 분인데, 오신 날은 나라마다 다르다는 사실은 그렇게 알려져 있지 않습니다. 이는 경전마다 기록이 다르기 때문입니다. 참고로, 우리나라를 비롯한 대만, 홍콩 등 동북아시아 국가에서는 음력 4월 8일이고, 일본에서는 양력 4월 8일입니다. 네팔에서는 네팔력 1월 15일이고, 태국, 미얀마, 라오스, 캄보디아, 스리랑카, 인도 등 동남아 지역에서는 인도력으로 지내는데, 음력 4월 15일에 해당합니다.

부처님 오신 날에는 봉축 법회 및 기타 여러 의식과 행사가 진행됩니다. 특히 부처님을 목욕시키는 관불(灌佛) 의식이 진행됩니다. 이 의식은 부처님이 탄생하실 때에 제석천왕 등의 신들이 천상에서 향기로운 물을 가져와 아홉 마리 용이 오색향수로 부처님의 몸을 목욕시켰다는 탄생 이야기에서 비롯됩니다. 이 의식에는 중생 스스로 탐욕의 때를 씻고, 깨끗한 지혜를 얻어 성불하겠다는 염원이 담겨 있습니다.

성도일(成道日)은 부처님께서 깨달음을 얻으신 의미를 돌이켜보는 가운데, 스스로 정진을 다짐하는 날입니다. 사찰에 따라 성도일 7일 전부터 성도의 의지를 다지는 가운데 선원 및 강원에서는 가행정진을 행합니다. 이를 용맹정진(勇猛精進)이라고 합니다. 해인총림의 경우 성도일 전 일주일 동안 선원 및 강원 대중 모두가 일주일간 철야 참선에 임하고 있으며, 개인 및 각 사찰에서도 이 기간 내지 성도재일 전날 저녁부터 다음날 아침까지 가행정진을 행합니다. 전날부터 부처님의 가르침이 널리 퍼지기를 기원하며 연등을 답니다.

출가일에서 열반일까지는 음력 2월 8일부터 15일까지 만 7일에 해당됩니다. 이에 출가에서 열반에 이르기까지, 96년부터 이 기간을 '불교도 경건주간'으로 설정하고 여러 사찰에서 각종 행사를 진행하고 있습니다. 『입당구법

순례행기』을 보면, 당나라에서도 이 기간 동안 무차대회(無遮大會)를 베풀었음을 알 수 있습니다. 무차대회란 승속(僧俗)을 구별하지 않고, 남녀를 가리지 않고, 귀천의 차별 없이 다같이 평등하게 잔치를 베풀며 물품을 나누어주고 법을 펼치는 법회를 말합니다.

천도재, 영가에게 가피를

천도 의식이란 천혼(薦魂), 천령(薦靈)의 의미로 불보살님께 재를 올려 경을 독송하고 공양 등을 올려 죽은 이가 천상이나 정토에 태어나기를 기원하는 의식입니다. 우란분절을 포함하여 49재 등 기제사에 이르기까지 모든 의식이 천도 의식에 포함됩니다.

"만일 남자나 여인이 세상에서 착한 인(因)을 닦지 아니하고 여러 가지 죄를 짓게 되면 목숨이 마친 뒤에 여러 권속이 그를 위하여 이익되는 일체 착한 일을 하더라도 칠분 공덕 가운데 일분 공덕은 망인이 얻고 육분 공덕은 산사람의 이익이 되나니 이런 까닭으로 현재 미래세의 선남자 선여인이 말씀을 듣고 스스로 복을 지으면 분대로 온전히 얻으리라."

– 『지장경』 「이익존망품」

■ 우란분절(盂蘭盆節)

우란분절은 음력 7월 15일로 백중(白衆) 또는 백종(百種)이라고 합니다. 이 날은 부처님의 십대제자 가운데 신통제일인 목련존자가 어머니를 아귀도에서 구해 낸 날입니다. 부처님의 가르침을 받아 7월 15일 안거 자자일에 스님들에게 공양을 올려 어머니를 천도시킨 유래에 따라 현세의 부모와 선망부모를 위해 우란분절을 지냅니다.

'우란분'은 범어 울람바나(ullambana)의 음역이고 도현(倒懸)이라 번역합니다. '거꾸로 매달렸다'는 뜻입니다. 『부모은중경』에 중생이 지옥에 떨어질 때는 문을 통해 들어가는 것이 아니라 업풍에 불려 와서 거꾸로 매달려 온다고 합니다. 또한 우란분절은 안거를 마치는 날인 자자일에 자신의 허물을 대중[衆]에게 고백[白]하는 날이므로 백중(白衆)이라 불렸습니다.

한편, 백 가지 음식을 장만하여 재를 베풀어 중생을 구제한다고 하여 백종(百種) 또는 백종(魄縱)이라고 불리게 되었습니다. 망혼일(亡魂日)은 돌아가신 어버이에게 그 해에 난 새로운 과실을 먼저 올리는 데서 유래한 이름입니다. 그밖에 여러 이름과 뜻이 있습니다.

오늘날 우란분절에 천도재를 지내는 것도 바로 목련존자의 효심을 본받아 스님들의 힘을 빌어 부모나 조상 영가를 고통에서 구해 내려는 마음에서 비롯되었습니다.

다른 날도 아니고 7월 15일에 우란분재를 올리도록 부처님께서 정하신 것은, 여름 안거를 마치는 날이라 즐겁게 한곳에 모인 스님들의 공덕으로 영가를 천도하여 천상이나 정토에 태어나게 할 수 있기 때문입니다. 즉, 출가자의 수행 공덕과 보시자의 공양 공덕이 함께 어우러졌을 때 어떤 악업의 중생도 구제될 수 있다는 것입니다. 우란분재의 공덕이 목련존자의 어머니에 그치지 않고 많은 중생이 함께 천도되었다는 것은 어머니에 대한 마음이 모든 중생에 대한 자비심으로 나아가도록 가르침을 줍니다.

■ 49재

일반인들이 절을 접하게 되는 의식 가운데 하나가 49재입니다. 49재란 사람이 죽으면 그의 명복을 빌어주는 의식입니다. 돌아간 날로부터 49일간 부처님께 공양하고 돌아가신 이에게 경전을 읽어줌으로써 망령이 지혜의 눈이 열려 좋은 곳으로 갈 수 있도록 기원하는 것입니다.

사람이 죽으면 곧 내생의 몸을 받아 나기도 하고 7일 만에 태어나거나 혹은 49일 만에 태어나기도 합니다. 스님을 청해 장례를 치르기까지 염불과 독경을 하고, 장례 후 바로 사찰에 위패를 모시고 반혼재(反魂齋)를 합니다. 그리고 죽은 날을 포함하여 7일째 되는 날마다 재를 올리는데, 이는 7일을 간격으로 다음 생이 결정된다는 것에 의거합니다. 49재의 천도 의식은 천도 비용의 많고 적음이나 재의 규모가 중요한 것이 아니라 유가족들의 간절한 기도와 발원으로 극락왕생을 기원하는 일념이 문제입니다.

■ 수륙재(水陸齋)

수륙재란 물이나 육지에 있는 외로운 귀신들과 배고파 굶주리는 아귀들에게 법식(法食)을 베푸는 법회입니다. 자손들이 재를 지낸 공덕으로 천도한 영가들도 있지만, 자손 없이 무주구천을 떠도는 영가들도 있습니다. 이를 위한 천도재가 수륙재입니다. 옛날에는 국가적으로 행해졌지만, 지금은 개별 사찰에서 진행됩니다.

이는 바로 대승불교의 보살 정신과 관계됩니다. 아무도 관심 두지 않은 영혼을 달래는 마음이, 이웃에게는 어떻겠습니까?

■ 영산재(靈山齋)

석가모니부처님께서 영축산에서 법을 설하실 때의 모습을 이 세상에 재현한 것이 영산재입니다. 앞의 수륙재가 외로운 귀신과 아귀들을 중심으로 지내는 재라면 영산재는 온 세계 모든 성현들을 모아 공양하고 온 세계의 스님들을 청하여 봉양하고 법문을 듣고 그 공덕으로 시방의 외로운 혼령들을 천도하는 재입니다. 수희 동참자 모두 공덕을 얻게 되니 재의 범위로 보아서 매우 거대한 성격을 띱니다.

■ 생전예수재(生前預修齋)

생전예수재는 말 그대로 살아생전에 미리 수행과 공덕을 닦아두는 재입니다. 속설에는 자신의 49재를 미리 지내는 것이라고도 합니다. 그래서 다른 말로는 역수(逆修)라고도 합니다.

생전예수재는 윤달에 지냅니다. 따라서 이삼 년 간격으로 지내게 되는데, 윤달은 '여벌달', '공달', 또는 '덤달'이라고 하여, 보통 달과는 달리 걸릴 것이 없는 달이고 탈이 없는 달이라고 합니다. 속담에는 송장을 거꾸로 세워도 탈이 없다고 할 만큼 탈이 없는 달로 되어 있습니다. 이처럼 탈이 없고 복만 있는 '덤달' 윤달이기 때문에 현세의 복만이 아닌 내세의 복을 지성껏 닦는 '생전예수재'를 지내기에도 가장 좋은 때라고 전해져 온 것입니다.

그러나 이것을 잘못 이해하면 중세 시대의 면죄부와 다를 것이 없습니다. 말 그대로 미리 닦는다는 의미가 생전예수재이니, 그 기간 동안 지나온 자신의 잘못을 참회하고 이웃을 돌아보며 정성스러운 마음으로 기도 발원하여야 할 것입니다.

이외에도 절에서는 많은 의식들이 진행됩니다. 입춘, 정월 대보름, 단오, 칠월칠석, 동지 등 세시풍속과 관련하여 많은 기도와 법회가 진행됩니다. 살펴보면, 이 모든 것이 삼보에 예를 올리는 것을 계기로 자신을 돌아보라는 부처님의 방편 교설입니다.

> 가장 가난한 이나 몸이 불편하거나 말 못 하고 귀먹고 눈 어두운 가지가지 힘든 자를 만나서 보시를 하고자 할 때에 자비스러운 마음으로 하심하여 웃으며 자기 손으로 보시하거나 사람을 시켜 보시하거나 부드러운 말로 위로하면 이 사람이 얻은 복덕은 일백 갠지스 강의 모래알 수만큼 많은 부처님께 공양한 공덕과 같으니라."
>
> — 『지장경』「교량보시공덕연품」

중생에게 공양한 것이 많은 부처님에게 공양한 것이라는 뜻입니다. 불보살님과 대중에게 공양 올리는 것이 재(齋)의 의미라고 했으니, 일상생활 속에서 이웃과 나누고 섬기며 산다는 것이 바로 넓은 의미의 재(齋)라고 할 수 있습니다. 여법하게 제불보살님과 대중에게 공양하는 것도 의미 있는 신행생활이지만 늘 이웃과 함께 하는 마음과 실천 또한 의미 있는 일일 것입니다. 그 공덕이 다 어디에 가겠습니까? 모두 자신을 위한 공덕이고, 조상을 위한 공덕이고, 이웃을 위한 공덕이 아니겠습니까?

"중생공양(衆生供養)이 제불공양(諸佛供養)이라."